Peter Köpf · Die Lotto-Mafia

Peter Köpf

Die Lotto-Mafia

Wer beim Glücksspiel wirklich gewinnt

C. Bertelsmann

Umwelthinweis:
Dieses Buch und der Schutzumschlag
wurden auf chlorfrei gebleichtem Papier gedruckt.
Die Einschrumpffolie (zum Schutz vor Verschmutzung)
ist aus umweltschonender und recyclingfähiger
PE-Folie.

1. Auflage

Umschlaggestaltung: Design Team München
Satz: Uhl + Massopust, Aalen
Druck und Bindung: Graph. Großbetrieb Pößneck
Printed in Germany
ISBN 3-570-00194-6

Inhalt

Einleitung

Es muß Anfang des Jahres 1763 gewesen sein, da schenkte Casanova den Preußen ein diesen damals noch unbekanntes Laster: das Lotto. Alle anderen waren hier auch schon bekannt. Dafür mangelte es dem Staat an Geld. Die Schlesischen Kriege waren teuer gewesen, und noch immer herrschte Ebbe in der Staatskasse. Gemeinsam mit Casanova spazierte Friedrich der Große an diesem Tag durch den Park von Sanssouci.

»Sie kennen doch bestimmt Calzabigi«, erkundigte sich der König der Preußen. Gerade nämlich hatte er den Italiener Giovanni Antonio Calzabigi damit beauftragt, eine Lotterie einzurichten.

»Ja, Sire«, antwortete Casanova, »denn vor sieben Jahren haben wir in Paris die genuesische Lotterie eröffnet.«

»Und diese ist für Sie auch eine Art Steuer?«

»Ja, Sire. Es ist eine Steuer der exzellenten Gattung, wenn der König den Gewinn nützlichen Zwecken zuführt.«

Noch immer war Friedrich der Große nicht zufrieden: »Aber der König kann dabei verlieren.«

Casanova beruhigte ihn: »In einem von zehn Fällen.«

Casanova mußte offenbar auch in der Lage gewesen sein, Monarchen zu betören. Unmittelbar nach dem Gespräch, am 8. Februar 1763, erklärte ein Erlaß Friedrichs des Großen alle Lotterien einschließlich der Klassenlotterien zum

Staatsmonopol und führte das Lotto ein. »5 aus 90« hieß das Spiel – es sorgte für Pegelanstieg in den Staatskassen. Später hat der vorsichtige Herrscher die Lotterie verpachtet. Sicher ist sicher.

Heute können die staatlichen Lotterien in keinem Fall mehr verlieren. Die Höhe der Gewinne errechnet sich bei Toto und Lotto aus den Einsätzen, und selbst da, wo feste Gewinne die Spieler locken (Glücksspirale, Sofortlotterien), haben die Statistiker ausreichend Sicherheitspuffer eingeplant.

Den Brauch, einen Teil der Einsätze für gemeinnützige Zwecke abzuzweigen, haben die Veranstalter beibehalten. Sogar die Bundesregierung legte sich vor dem Europäischen Gerichtshof eindeutig fest: »Gelder, die aus der Betätigung des Spielbetriebs entstanden sind, sollen nicht demjenigen zufließen, der sich diese Einnahmequelle erschlossen hat. Vielmehr sollen diese Gelder unter gemeinwohlorientierten Gesichtspunkten der Gesellschaft zugute kommen (z. B. für Sport, Kultur, Soziales, Umwelt).«[1]

Die Lotterien sind in Deutschland in der Hand der Länder. Jedes gibt dem Glücksspiel Regeln, und diese sind in jedem Bundesland anders. Die Lotteriesteuer beträgt zwar überall ein Sechstel der Einsätze – aber wie die Konzessionsabgaben und Zweckerträge verwendet werden, das bestimmen die Landesregierungen selbst. Und die – besser gesagt: deren verantwortliche Politiker – haben in diesen Zeiten der knappen Kassen ihre eigenen Interessen. Beispiel Berlin:

Es ging um 20 Millionen Mark. Eine Überweisung in dieser Höhe hatte der Lawn-Tennis-Turnier-Club »Rot-Weiß« e. V. von der Stiftung Deutsche Klassenlotterie Berlin erhalten, um seine Tribüne auszubauen. Damit sollte sichergestellt werden, daß die deutsche Tennisspielerin Steffi Graf auch in Zukunft während der German Open die Hauptstadt beehrt und mit ihr die ganze weibliche Weltelite dieser Sportart. 20 Millionen Mark sind eine Menge Geld, und auch andere Sportvereine, die dahindümpelnde Hauptstadtkultur oder Hunderte von sozialen Einrichtungen hätten sich über eine Zuwendung aus diesem Sondertopf gefreut. Doch die 20 Millionen erhielt ein Nobel-Tennisclub, über dem wenige Jahre zuvor schon einmal das Lottofüllhorn ausgeschüttet worden war.

Drei Boulevardzeitungen hat die deutsche Hauptstadt. Doch der Skandal blieb aus. Dem *Tagesspiegel* war die Story nur eine kleine Meldung im Lokalteil wert. Ein ganz normaler Berliner Lottospieler, nennen wir ihn Otto Lotto, 46, verheiratet, zwei Kinder, stellte sich dagegen schon die Frage, wer denn da so großzügig mit seinen Spieleinsätzen umgegangen war und sie einem »Großkotz-Club« in den Rachen geworfen hatte. Entschieden hatte der Stiftungsrat, der in Berlin die sogenannten Zweckerträge aus den staatlichen Lotterien verteilt – jährlich zwischen 125 und 140 Millionen Mark. Senat und Abgeordnetenhaus stellen darin je drei Mitglieder, alle sechs gehören den beiden großen Volksparteien CDU und SPD an. Mittenmang: CDU-Fraktionschef Klaus-Rüdiger Landowsky und sein Parteifreund, der Bundestagsabgeordnete Dankward Buwitt. Wäre Otto Lotto Angehöriger der hauptstädtischen Honoratiorenriege, wäre er sicher auch Mitglied in besagtem Tennisclub. Und wen würde er da auf den Hauptversammlungen regelmäßig treffen? Landowsky und Buwitt! Außer ihnen zählt eine ganze Reihe von prominenten Berlinern aus Politik und Wirtschaft zu den Mitgliedern. Weil schon auch einmal die Günstlinge der Genossen ihren Teil der Lottomittel abbekommen, sprechen die Grünen in der Hauptstadt von einer geschlossenen Gesellschaft und von »Regierungsfilz«.

Aber so ist das eben beim Lotto: Einer gewinnt, dem großen Rest bleiben die Brosamen. Dabei klingen die Werbebotschaften der 16 Ländergesellschaften, die das Glücksgeschäft betreiben, ganz anders: »Toto-Lotto, ein großer Gewinn für alle«, wirbt die Sport-Toto GmbH Staatliches Zahlenlotto Rheinland-Pfalz. Von jeder eingesetzten Mark, so lassen uns die Koblenzer Glücksspielmanager wissen, »werden 50 Pfennig dafür benutzt, Millionäre zu machen, und fast 39 Pfennig werden zugunsten von guten Taten eingesetzt«. Jede Spielmark leiste also für das Land Altenhilfe, fördere den Behindertensport oder pflege ein Denkmal. Dies sei »eine Tatsache, die noch viel zu wenigen bekannt ist«.

Leider entspricht diese »Tatsache« nicht der Wahrheit. Wer Lotto spielt, ein Rubbellos zieht oder auf Ergebnisse tippt, will gewinnen. »Ja, renn' nur nach dem Glück, doch renne nicht zu sehr! Denn alle rennen nach dem Glück, das Glück rennt hinterher.« In seinem »Lied von der Unzulänglichkeit menschlichen Strebens« spottet Bertolt Brecht über die Glückssucher. Das Lied könnte auch auf die Glücksspieler zutreffen. Denn am schnellsten und erfolgreichsten beim Zugriff auf die Millionen sind die Finanzminister und die in den 16 Länderresidenzen der Lottogesellschaften Beschäftigten. Weit mehr als zehn, teils bis zu 18 Prozent des Einsatzes der deutschen Tipper gehen für exorbitante Gehälter, Provisionen, Verwaltungsbauten und -kosten drauf. Bei den Klassenlotterien, Süddeutsche Klassenlotterie (SKL) und Nordwestdeutsche Klassenlotterie (NKL), ist der Kostenanteil noch erheblich höher.

Aber immerhin ist die Chance, beim Lotto sechs Richtige zu haben, mit eins zu 14 Millionen dreimal größer als die Wahrscheinlichkeit, vom Blitz getroffen zu werden. Und so zahlen die Deutschen jährlich mehr als zwölf Milliarden Mark an den 22 000 Toto-Lotto-Annahmestellen des Landes ein, mehr als die Hälfte allein für die Hoffnung auf sechs Richtige am Samstag. Zusammen mit den Spielbanken, den

Rennwetten, den Daddelautomaten und anderen Glücksspielen ist das ein riesiger Markt. Rund 1000 Mark durchschnittlich geben die Deutschen für Wetten und Glücksspiel jährlich aus – mehr als etwa die Engländer (800 Mark). In Europa nimmt der Glücksspielmarkt unter den Wirtschaftsbranchen den 13. Rang ein, noch vor der Computerindustrie oder dem Werft- und Schiffbau.[2]

Der Erfolg der staatlichen Lotterien, um die es hier geht, basiert auf einem harten Wettbewerb mit ungleichen Chancen. Bis heute ist keine Lotterie zugelassen worden, die nicht staatlich kontrolliert wäre und unter der Regie der 16 Lotteriegesellschaften stünde. Der Markt für Neues, behaupten Politiker und Lottomanager stets, wenn Konkurrenz droht, sei gesättigt. Gegen ausländische Wettbewerber wehren sie sich mit den Argumenten, der den Menschen innewohnende Spieltrieb müsse begrenzt werden. Das ist nach dem Gesetz sogar ihre Aufgabe. Die Freizügigkeit der Lotterien in Europa ist deshalb bis heute eingeschränkt.

Wie bei den Fernsehlotterien trägt auch beim Lotto zur hohen gesellschaftlichen Akzeptanz bei, daß der Spielverlust einem guten Zweck zukommt, wie es heißt. Das schwer durchschaubare System aus Verordnungen und Sonderregelungen bedingt allerdings auch die offensichtliche Selbstbedienungsmentalität einiger Lottofunktionäre. »Öffentliche und private Interessen«, so stellt der Berliner Journalist Harry Nutt fest, »treten hier eng aneinander auf und sind als unüberschaubares Feld für lobbyistische Aktivitäten und persönliche Bereicherungen vorstellbar.«[3] Das vorliegende Buch soll Licht auch in dieses Dunkel bringen.

Wer nicht gewinnt, kann sich damit trösten, wenigstens einem guten Zweck genutzt zu haben – sagt uns die Werbung. Und so glaubt nicht nur die *Frankfurter Allgemeine Zeitung*, daß von den Einsätzen »ein hoher Prozentsatz sozialen, kulturellen und sportlichen Zwecken zugeführt worden ist«. Der Bonner Jurist Fritz Ossenbühl kommt deshalb in einem Gutachten zum Schluß, »daß die öffentlichen Lotterien grundsätzlich eine höchst nützliche Bedeutung für das Gemeinwohl haben«. Was aber ist ein »hoher Prozentsatz«?

Weder gelangt die Hälfte der Einsätze an die Gewinner, noch kommen alle Überschüsse gemeinnützigen Zwecken zugute. Von den 39 Pfennigen für letzteres geht ein Sechstel an die Finanzminister der Länder und damit an den allgemeinen Staatshaushalt – insgesamt rund zwei Milliarden Mark jährlich. Daß Politiker immer dem Gemeinnutz dienen, kann leider nicht behauptet werden. Wie der Rest der Lotterieüberschüsse ausgegeben wird, haben die Bundesländer unterschiedlich geregelt. In manchen werden, wie in Berlin, tatsächlich mehr oder weniger gemeinnützige Zwecke bedient. Doch wo es um Millionen geht, da sind Begierden. Die Kultur-, Sport- und Sozialpolitiker rangeln und zerren um jede Lotteriemark. Selbst höchste Landespolitiker sind sich nicht zu schade, beim Gemauschel um die Millionen mitzumischen.

Eine Übersicht über den Lottosumpf hat außerhalb der Lottogesellschaften niemand. Bayerns Staatliche Lotterieverwaltung entzieht sich gar vollständig einer Kontrolle, die über das Beamtenwesen hinausgeht. Jahresabschlüsse werden nicht veröffentlicht. »Ihrem Wunsch auf Zusendung eines Geschäftsberichts können wir leider nicht entsprechen«, schrieb die Behörde, »da die Staatliche Lotterieverwaltung als Unternehmen einer öffentlich-rechtlichen Körperschaft weder nach dem Gesetz über die Rechnungslegung von bestimmten Unternehmen und Konzernen (Publizitätsgesetz) noch nach dem Handelsgesetzbuch zur Offenlegung und Bekanntgabe ihres Jahresabschlusses verpflichtet ist.« Auch NordwestLotto in Schleswig-Holstein zeigt sich frostig. Schon die Frage nach der Zahl der

Annahmestellen bereitete in der dortigen Pressestelle Kopfzerbrechen, und sie weigerte sich, auch nur einen Geschäftsbericht zur Verfügung zu stellen. Eine höchst undemokratische Geheimniskrämerei! In Nordrhein-Westfalen hat sich Manfred Busch, bündnisgrüner Abgeordneter im Düsseldorfer Landtag, die Zähne ausgebissen beim Versuch, hinter die Kulissen der Westdeutschen Lotterie GmbH & Co. zu blicken. Das sei, sagt er, ein »richtiger Sumpf«, die Gesellschaft habe sich »allseitig interessengeleitet abgeschottet«.[4]

Wem es jedoch gelingt, den Nebel zu lichten, der erkennt, wo die Millionen der Tipper bleiben: in vielen Bundesländern dienen sie – was meist verschämt verschwiegen wird – als Einnahmequelle für die Finanzminister der Länder, verschwinden also wie Steuern in den öffentlichen Haushalten. In den Ländern, in denen die Zweckerträge gemeinnützigen Zwecken zugute kommen sollen, fehlt es an Transparenz. Häufig führt das zu einer Verwendung der Mittel, die nicht den Lotteriegesetzen und schon gar nicht den Interessen der Spieler entspricht, die sich in diesen Fällen um ihre Einsätze betrogen fühlen dürfen. Und schließlich erlauben Politiker einigen Lotteriegesellschaften, einen allzu üppigen Teil der Einsätze zusätzlich zu den Bearbeitungsgebühren für die Verwaltung abzuzweigen. Immer wieder führt dies zu ausgeprägten Fällen von Selbstbedienung durch Lottofunktionäre. Häufig genug sind das ehemalige Politiker.

Und schließlich: Weil die Lotterien ausgesprochen einträgliche Geschäfte mit garantiertem Gewinn zugunsten der Länderhaushalte sind, wehrt eine Koalition aus Politik, Sport und Veranstaltern jeden Versuch ab, Alternativen zum staatlichen Glücksspielangebot aufzubauen. Dem offensichtlich verärgerten Lottospieler Frank Rösner aus Bürgstadt ist zuzustimmen: Unter dem Titel »Die Lotto-Mafia« analysierte er den »Lottoschwindel« am Beispiel

Bayern. Sein Resümee, das er im Internet verbreitet: »Die Lottospieler sind lediglich die Melkkühe des Finanzministers.« Doch andere melken mit!

1. Lotto: »Eine Steuer der exzellenten Gattung«

Goldene Ringe, silberne Becher und Schalen im Wert von 106 rheinischen Gulden waren beim Münchner Schützenfest von 1467 zu gewinnen. Nicht für die Schützen freilich, sondern für diejenigen, die sich ein Los kauften. Es soll dies die älteste Lotterie Deutschlands gewesen sein. Andere folgten – sie hießen »Glückshäfen«. In München, hat der Mitarbeiter der Staatlichen Lotterieverwaltung Bayerns, Willi Weindl, festgehalten, schrieben sechs Schreiber die Lose, »der Augustin Eurl bündelte die Zettel, zwei Unparteiische aus dem Volke, der Fischer Arnold von Bernried und der Metzger Stoper von Erding, hoben die Zettel aus dem Glückshafen. Bei jedem Gewinn mußte die Stadtkapelle blasen.« Der Stadt brachte das Spektakel ebenfalls einen schönen Gewinn.[5]

1612 veranstaltete die Hamburger Bürgerschaft die erste Geldlotterie, eine Klassenlotterie, bei der über einen bestimmten Zeitraum mehrere Gewinnklassen ausgelost, also in den Ziehungen Preise verschiedener Art ausgespielt wurden. Die Ratsherren hatten beschlossen, ein Asyl für Obdachlose bauen zu lassen – andere Quellen sprechen von einem Werk- und Zuchthaus. Wie heute oft auch fehlte es am nötigen Kleingeld. Die Hamburger überlegten und kamen auf die Idee, eine »Lotterey« nach holländischem Muster auszurufen. Der erste Gewinnplan wies 20 727 Gewinne auf: Bargeld, Leib- und Erbrenten sowie Wertgegenstände. Die beiden Höchstgewinne betrugen 1000 Mark. Dem Rat der Stadt standen schließlich 70 000 Mark zur Verfügung.

Bald bekamen die Klassenlotterien auch in deutschen Landen eine Schwester: das Lotto. Es war 1519 in Genua entstanden, nach dessen Stadtverfassung im 16. und 17. Jahrhundert zur Ergänzung des Großen Rates der Stadt (der Signoria) aus einer neunzigköpfigen Bürgerliste fünf Personen in den Senatorenstand *(governatori)* gelost wurden. Bald wollte das Volk sogar die Bestimmung der Kardinäle dem Zufall überlassen. Die Kirchenoberen reagierten auf solche Vorschläge wütend. War das Vertrauen auf einen weisen Ratschluß des Herrn nicht stark genug? Oder wußten die Herren um ihre bescheidenen Fähigkeiten, die da oben zweifellos erkannt wurden und zu einem ungünstigen Los führen mußten? Die Kardinäle wurden jedenfalls weiter auf traditionelle Weise bestimmt.

Bald schrieben clevere Geschäftemacher statt der Namen 90 Zahlen auf ihre Lose. Ein Ratsherr namens Benedetto Gentile und ein Mathematiker, von dem nur der Nachname Tonti bekannt ist, gelten als Lottoerfinder. Fünf Richtige waren zu tippen, das war der Anfang des »Lotto di Genova«. Es wurde zur Mutter des Zahlenlottos. Die Regierenden betrachteten dieses Spiel mit zwiespältigen Gefühlen, die Päpste belegten die Lotterie sogar mit dem Bann. Die Spiellust bremste das kirchliche Verdikt allerdings nicht. Nach und nach verurteilten aber auch die deutschen Fürsten das Glücksspiel meist als gotteslästerlich und verboten es. Doch diese Auffassung änderte sich rasch, freut sich heute die Rheinland-Pfälzische Lotteriegesellschaft auf ihrer Internet-Seite: »Die Staatsmächte entdeckten das Glücksspiel als Einnahmequelle für nützliche, öffentliche Zwecke.« Und zur Sanierung der durch Kriege und verschwenderische Hofhaltung maroden Staatsfinanzen.

1731 hob Papst Clemens XII. das zeitweilige Verbot des Glücksspiels auf. Ausgerechnet das katholische Bayern war es, das in deutschen Landen zuerst ein Zahlenlotto einführte. Der aus Italien kommende gebürtige Engländer Georg Suttöun hatte dem Kurfürsten Karl Albrecht eine Spielidee unterbreitet und Geld für die leeren Staatskassen versprochen. Er erhielt 1735 als Oberdirektor des Lottoamtes die Zusage für eine Provision von zehn Prozent der Einnahmen. Neun Ausspielungen waren jährlich geplant. Auf jeder der 90 Kugeln war außer einer Zahl auch der Name eines armen Mädchens vermerkt. Bei der Auslosung bekamen die fünf gezogenen Mädchen je 20 Gulden. Es war möglich, auf eine Zahl zu setzen, auf zwei oder drei Zahlen sowie auf bestimmte Kombinationen. Offenbar waren Suttöuns Kenntnisse der Mathematik und der Statistik nicht ausreichend für solch ein Unternehmen. Denn schon in der fünften Ausspielung gewann der Augsburger Kaufmann Franz Karl Bernhardt auf einen »Dreyer« 21 000 Gulden, das Unternehmen war pleite, und die kurfürstliche Kasse, aus der ein Teil des Gewinns bezahlt werden mußte, hatte ein gewaltiges Loch.

Nachdem intensiv über Absicherungsmaßnahmen nachgedacht worden war, verpachtete 1751 in Österreich Kaiserin Maria Theresia dem Conte Ottavio di Cataldi das Lottoprivileg. Frankreich folgte. 1761 versuchte es auch Bayern aufs neue, vergab das Privileg an zwei Italiener und begnügte sich zunächst mit einem jährlichen Pachtzins von 24 000 Gulden. Alle Regenten führten die Lotterie auch ein, weil sie verhindern wollten, daß Geld ins Ausland abfloß.

1763 versprach der Italiener Giovanni Antonio Calzabigi, der bereits in Paris zusammen mit dem Librettisten Christoph Willibald Glucks und Giacomo Casanova eine erste Lotterie betrieb, dem Preußenkönig Friedrich dem

Großen die Sanierung seiner Staatsfinanzen durch das Lotto. Mit dem Patent vom 1. Februar 1763 wurden sämtliche Lotterien des Landes einem staatlichen Monopol unterworfen. Jede private Lotterie mußte unterbleiben. Das Lotterieverbot stand unter der Überschrift »Eingriffe und Beeinträchtigungen des Besteuerungsrechtes«.

Daß handfeste fiskalische Interessen das Lotterieverbot begründeten, verdeutlicht auch das eingangs zitierte Gespräch Friedrichs des Großen mit Casanova. Lotto sei »eine Steuer der exzellenten Gattung«, hatte Casanova gesagt. Für ihn aber hatte dieses Spiel offenbar auch noch einen anderen, einen besonderen Kitzel. Casanova soll sogar um Herzen gespielt haben. Der Marquise von O. schrieb er:

»Ich will Sie bitten, mir ein Vergnügen zu machen. Hier sind zwei Zechinen, setzen Sie dieselben in das Lotto und geben Sie mir das Los, wenn Sie mich besuchen, oder schicken Sie es mir. Aber sorgen Sie dafür, daß niemand etwas davon erfährt.«

»Sie werden es morgen bestimmt erhalten«, antwortete die Marquise. »Doch weshalb sagen Sie mir, daß ich es schicken soll?«

Die 3 und die 40 hatte die Marquise gesetzt, Casanova gewann damit 500 Zechinen, so wird berichtet, und eine Liebesnacht.

1769 ließ der Große Kurfürst Clemens Wenzelslaus im Koblenzer Stadtteil Ehrenbreitstein verkünden, daß mehrere Kaufleute die Konzession erhalten hätten, eine Zahlenlotterie im Kurstaat Trier zu betreiben. Auch die hessischen Landesherren griffen begierig das neue Spiel auf, Lottogesellschaften schossen in der zweiten Hälfte des 18. Jahrhunderts in Wiesbaden, Kassel, Darmstadt und Marburg aus dem Boden. Am 16. Dezember 1769 besiegelte Fürst Carl zu Hessen-Nassau die erste Zahlenlotterie auf hessischem Boden. Die Bayern – nachdem das Spiel sich als sichere Einnahmequelle erwiesen hatte – nahmen es wie-der in Staatsregie und trachteten danach, die Einnahmen möglichst aus den Nachbarstaaten abzuziehen. Tatsächlich stammte ein großer Teil der Einnahmen aus der Schweiz, aus Straßburg und vor allem aus den freien Reichsstädten Frankens und Schwabens, die zum Teil eigene Lotterien betrieben. 1771 spielte unter Herzog Carl Eugen auch Württemberg Lotto.

Jedoch, die Moral! Nicht nur die Kirche empörte sich über das Glücksspiel. Auch unter den Bürgern entbrannte ein heftiger Meinungsstreit. Schon 1766 legte die Akademie der Wissenschaften ein Gutachten vor, wonach »alle bloße Glücksspiele dem gemeinen Wesen schädlich« seien, weil sie »träge, liederliche, und betrügerische Leute machen«. Sie rissen den »activesten Circulationssaft« aus dem Eingeweide des gewerblichen Volkes, sie reizten zur Begierde der Menschen nach Reichtum ohne Mühe und Arbeit. Lottospieler seien unnütze Glieder der Republik, das Spiel verleite dazu, immer wieder nachzusetzen bis zum Verlust des Vermögens. Ein Gutachten aus dem Jahre 1803 kommt zum Schluß, »daß das Lotto di Genova unter allen Hazardspielen das unverhältnismäßigste ist«.

Zunächst hatte diese Einschätzung keinen Erfolg. Die Menschen frönten ihrem neuen Hobby. Selbst der Geheime Rat Johann Wolfgang von Goethe konnte nicht widerstehen und beteiligte sich 1797 an der 117. Hamburger Staatslotterie. Seine Nummer 7666 gewann nicht. Im »Faust« aber schrieb er: »Wie glücklich würde sich der Affe schätzen könnt' er nur auch ins Lotto setzen!«

Die Praxis aber schien der Akademie recht zu geben. 1801 berichtete der Generalkommissär von Franken, von Thürheim: »Der vierte Teil des Städtchens Roth a. S. war in kurzer Zeit zugrunde gerichtet worden und hatte Betten und Mobilien versetzt. In dem kleinen Fürth wurden in

4 Jahren 51 500 fl. verspielt. Weitere Spuren der Verwüstungen durch das Lotto wiesen die gerichtlichen Akten der Schuldklagen, Konkurse, Ehescheidungen, usw. auf.«

Schon 1780 mußten in Frankfurt alle Lottokontore ihre Pforten wieder schließen, in Wiesbaden 1790. Preußenkönig Friedrich Wilhelm II. mußte nach nur fünf Jahren in der Markgrafschaft Ansbach-Bayreuth das preußische Lotto aufheben, weil es zwar hohe Gewinne einbrachte, fränkische Lottobeamte aber durch Veruntreuungen und Betrügereien aufgefallen waren. Dabei waren die Erträge aus dem Lotto höher als die gesamten Steuereinnahmen. Preußen selbst gab das Lotto 1810 nach 275 Ziehungen wieder auf. Die Klassenlotterien und die Spielbanken blieben allerdings erhalten.

1849 sah die Nationalversammlung die Abschaffung aller Lotterien in deutschen Staaten vor, sie wurde dann aber aufgelöst. 1861 verbot auch Bayern das Lotto, obwohl Finanzminister Seinsheim es überhaupt nicht fassen konnte, daß man »eine Steuer, die jedermann mit Vergnügen bezahlt, zu der niemand gezwungen wird, mit einem Betrage von mehr als 2 Millionen fl. jährlich gleichsam wie einen nichtsnutzigen Fetzen Papier zum Fenster« hinauswerfe.

Lotto war in Deutschland damit gestorben. Die Klassenlotterien aber wurden fortgesetzt. 1938 etablierten die Nationalsozialisten die Klassenlotterie als Reichslotterie für ganz Deutschland. Es muß angenommen werden, daß aus den Erträgen auch militärische Ausgaben finanziert wurden, mehr noch, daß die Klassenlotterie möglicherweise zu diesem Zweck als Reichslotterie eingeführt wurde.

Nach dem Zweiten Weltkrieg gab es auch rasch wieder Lotterien. Am 25. Oktober 1945 veranstaltete Berlin die erste Stadtlotterie. 352 946,80 Reichsmark brachte sie in die öffentlichen Kassen, 150 000 Reichsmark dem Finanzamt, den Rest dem Magistrat. Solche Lotterien zum Wiederaufbau veranstalteten zahlreiche Städte. Die Länder gründeten das Fußballtoto neu, und auch die Klassenlotterien kehrten in Bayern, Baden-Württemberg und Hessen schon im September 1947 als Süddeutsche Klassenlotterie zurück.

Lotto gab es erst am 11. Januar 1953 wieder. Berlin spielte damals ein »5 aus 90« und wollte das Spiel auf die ganze westdeutsche Republik ausdehnen. Insbesondere die Totogesellschaften, die eine neue Konkurrenz fürchteten, sprachen sich gegen das Lotto aus. Noch 1955 wollten die Ministerpräsidenten von Baden-Württemberg und Rheinland-Pfalz beim Bundesgerichtshof klären lassen, ob das Zahlenlotto verboten werden kann. Vergebens! Auch diese beiden Länder traten schließlich dem Deutschen Lottoblock bei, letztes westdeutsches Mitglied wurde am 4. Oktober 1959 Westberlin.

Am 9. Oktober 1955 veranstalteten Bayern, Hamburg, Nordrhein-Westfalen und Schleswig-Holstein die erste Ziehung des neuen Zahlenlottos. Im ehemaligen Hotel Mau am Hamburger Holsterwall griff das Waisenkind Elvira Hahn in eine Trommel aus Plexiglas. Als der Notar die erste Plastikkugel öffnete und das Papierröllchen entfaltete, ging ein Raunen durch den Raum. Elvira hatte die 13 gezogen. Die weiteren Glückszahlen der ersten Ziehung: 41, 3, 23, 12, 16. Der erste Sechser brachte dem Gewinner 59 492 Mark.

Am 4. September 1965 kam es zur ersten Fernsehziehung von »6 aus 49« live aus dem Studio des Hessischen Rundfunks. Lottofee war damals noch Karin Dinslage. Am 10. August 1967 trat die damals sechsundzwanzigjährige Fremdsprachensekretärin und Fernsehansagerin des Hessischen Rundfunks, Karin Tietze-Ludwig, ihr Amt an, das sie zum letzten Mal am 17. Januar 1997 um 19.52 Uhr ausübte.

Lotto wurde zum Renner, auch wegen der hohen Gewinne. Bis 1974 war die Gewinnsumme auf eine halbe Million begrenzt, wurde dann jedoch auf 1,5 Millionen erhöht. Die Umsätze stiegen rasant an. 1981 verdoppelte der Lottoblock Einsätze und Gewinne, 1985 führte er den Jackpot ein. Das Jackpot-Fieber hatte seinen bisherigen Höhepunkt am 10. September 1994: 42 Millionen lagen im Jackpot. Im August 1998 sammelten sich immerhin 35 Millionen Mark an, und die im selben Monat erstmals ausgestrahlte Lotto-Show mit Ulla Kock am Brink dürfte noch mehr Menschen reizen, Lottoscheine auszufüllen.

Mehr als zwei Drittel aller Spieleinsätze im Deutschen Lotto- und Totoblock fallen heute auf »Lotto am Samstag« und dessen Zwilling am Mittwoch. Der Marktführer weist damit eine beispiellose Erfolgsgeschichte vor. Doch wo viel Licht ist, ist auch viel Schatten.

2. Die Ziehung: Geht alles mit rechten Dingen zu?

Otto Lotto teilt seinen Alptraum mit allen Tippern: Sechs Richtige, aber die Millionen werden ihm nicht ausgezahlt. Metin Yürük hielt einen Schein in der Hand, auf dem die richtigen Zahlen angekreuzt waren. Er war ungültig. Deshalb betrat er am 2. Februar 1994 um 9.11 Uhr die Stuttgarter Lottozentrale. Er legte dem Pförtner ein Protestschreiben auf den Tisch, in dem er die Auszahlung seines Lottogewinns von rund 2,5 Millionen Mark verlangte. Dann nahm er einen Benzinkanister aus seiner Sporttasche, übergoß sich mit dem Inhalt und drohte, sich und das Haus anzuzünden. Es dauerte dreieinhalb Stunden, bis die Polizei den Mann überwältigen konnte. Der Kurde mit türkischem Paß erklärte, er sei um seinen Lottogewinn betrogen worden.

Am 22. April 1992 will er wie immer dieselben Zahlen gespielt haben. Der Durchschlag des Tippscheins trug die Registriernummer 0018304. Doch bereits am Freitag hatte die Annahmestelle das Fehlen des Scheins sowie sechs weiterer bemerkt und diese für ungültig erklärt. Ein Aushang an der Annahmestelle sollte die Spieler davon informieren. Lottosprecher Klaus Sattler sprach sofort von einem »massiven Betrugsversuch«, den man »eindeutig belegen« könne. Heute vermutet er, daß der Mann in einem unbeobachteten Augenblick in der Annahmestelle die Scheine gestohlen, durch die Registrierkasse gezogen und am Samstag abend nach Ziehung der Zahlen die Kreuzchen gemacht habe. »Viele versuchen so etwas«, weiß Sattler, »aber es gelingt nie.« Doch das Ermittlungsverfahren wegen Verdachts der Urkundenfälschung gegen Metin Yürük mußte eingestellt werden.

Ein zweiter Fall: 15, 21, 24, 33, 38, 39. Diese sechs Zahlen hatte ein achtundachtzigjähriger Rentner aus Hessen im November 1995 angekreuzt. Es waren die sechs Richtigen. Doch in Hessen war bereits das Online-Zeitalter angebrochen. Der Computerbeleg, den der Mann erhalten hatte, hatte nur eine dieser Zahlen korrekt übernommen: 17, 22, 30, 35, 39, 46. Die Richter des Landgerichts Wiesbaden und des Oberlandesgerichts Frankfurt wollten dem Tipper seine Geschichte allerdings nicht glauben. Sie hielten den Schein offenbar für gefälscht. Es sei »äußerst unwahrscheinlich, daß überhaupt Lesefehler vorkommen«. Vielmehr sei denkbar, der Annahmestelle statt des Originalscheins eine Farbkopie mit den quittierten Ziffern vorzulegen und das Original erst später mit den nun bekannten Gewinnzahlen auszufüllen. Daß auf dem Spielschein keine Spuren von Manipulation zu erkennen waren, ließ die Richter unbeeindruckt.

Vermutlich hatten sie recht. Die Maschine ist unbestechlich, und der Kunde kann seine Zahlen unmittelbar nach dem Tip auf seinem Spielschein kontrollieren und korrigieren, falls tatsächlich etwas schiefgelaufen ist. Und es steht fest: Niemand hat etwas davon, wenn einem Spieler der Gewinn vorenthalten wird. Er verteilt sich dann eben auf weniger Gewinner oder bleibt im Jackpot.

Fest steht aber auch: Wo viel Geld ist, sind auch Schurken. Wochenlang machte sich deshalb im Jahr 1991 der Innenausschuß des Landtages von Sachsen-Anhalt Gedanken, wie künftig das neue Lotteriewesen in Magdeburg dem

Zugriff von Betrügern verschlossen bleiben sollte. Als ultimative Lösung wurde ernsthaft gehandelt: Das Landeskriminalamt soll den Wettbewerb kontrollieren! Doch dann entschieden die Politiker sich doch anders. Der Berichterstatter des Innenausschusses, der Abgeordnete Ulrich Seidel (CDU), erklärte am 4. Juli 1991 im Landtag, von dieser Idee sei man abgekommen, weil sonst »der Wettbetrieb ungewollt in die Nähe des Kriminellen gerückt wird«. Die Regelung wurde gestrichen, »andere Aufsichtsmittel« seien vorhanden und reichten aus. Die Kontrolle bei den Ziehungen übernimmt regelmäßig ein Notar. Offenbar ist dadurch aber nicht in jedem Fall gesichert, daß bei den Auslosungen alles mit rechten Dingen zugeht. Ein Bezirksdirektor der Staatlichen Toto-Lotto GmbH Baden-Württemberg, Max Boxheimer, löste durch ein Gespräch mit einem Fernsehredakteur Empörung bei den Spielern aus. Der Sender S3 und später auch das ZDF berichteten über folgende Vorfälle: Bei einer Sonderauslosung am 8. Juni 1991 soll der Notar gesagt haben: »O Gott, das ist ja ein Ausländer, am besten ist, wir stecken den Spielschein wieder in die Kiste.« Nur auf persönliches Einschreiten des anwesenden Bezirksdirektors sei dies unterblieben.

Im Juni 1993 sollten in einer weiteren Sonderauslosung 26 Golf Cabrios unters Volk gebracht werden. Wert: 1,5 Millionen Mark, die aus nicht abgeholten Gewinnen finanziert worden waren. Weil die neuen Modelle nicht verfügbar waren, sei die Verlosung abgesagt, das Geld an den Staatshaushalt abgeführt worden. Die Lottogesellschaft erklärte dagegen, die Mittel seien im Gewinnfonds zurückgehalten und in einer späteren Sonderauslosung bereitgestellt worden. An anderen Sonderauslosungen, so ein Zeuge, nahmen zwischen 1988 und 1993 nicht alle Scheine teil: In der Regel wurde in dieser Zeit aus den Dauerscheinen eine der Quote entsprechende Zahl von Gewinnen ausgelost. Doch das geschah nicht immer, wie der damalige Finanzminister Gerhard Mayer-Vorfelder im Februar 1994 dem Landtag gestehen mußte: Bei vier Landessonderauslosungen habe »wegen der relativ wenigen auszulosenden Gewinne eine Berücksichtigung von Dauerscheinen aus den Vorwochen nach dem Quotenverfahren nicht stattgefunden. In zwei Sonderauslosungen mit jeweils ca. 300 auszulosenden Gewinnen wurden die Dauerscheine der Vorwochen nicht berücksichtigt.«

Und schließlich wurde offenbar bei einer Fernsehaufzeichnung eine Rubbel-Star-Sonderauslosung wiederholt, weil die Prozedur zu lange gedauert und so nicht den Gefallen des Aufnahmeleiters gefunden hatte. Der Finanzminister berichtete dem Landtag auf Anfrage, die gezogenen Lose seien in die Lostrommel zurückgelegt worden. Die Namen der verhinderten Gewinner ließen sich nicht mehr rekonstruieren, weil nach Auskunft des Süddeutschen Rundfunks auch das Band mit der Aufzeichnung der für ungültig erklärten Auslosung nicht mehr vorhanden sei. Den Namen des aufsichtführenden Notars wollte Mayer-Vorfelder nicht nennen – sein Ministerium und dasjenige für Justiz hätten »unter dem Gesichtspunkt des Persönlichkeitsschutzes Bedenken«. Der zuständige Notar habe trotz des Vorfalls weiter Ziehungen beurkundet.[6]

Dem Bezirksdirektor wurde dagegen »wegen gravierender Verletzung seiner Vertragspflichten« gekündigt, insbesondere derjenigen der Verschwiegenheit. Mit seinen öffentlichen Behauptungen, »mit völlig unhaltbaren Vorwürfen und Verleumdungen«, habe er eine »Diffamierungskampagne« gegen die Lotterie-GmbH eingeleitet. Auch der Vorwurf, der Notar habe eine Ziehung zu manipulieren versucht, sei »frei erfunden, die übrigen Vorwürfe ebenfalls unhaltbar«. Das Oberlandesgericht Stuttgart bestätigte die Rechtmäßigkeit der Kündigung, weil seine Vertragspflicht den Bezirksdirektor »zur Loyalität im Sinne widerspruchfreien Verhaltens« verpflichte. Der Gang an die Öffentlichkeit könne nur »ultima ratio« sein. Das Gericht meinte aber: »Der Senat geht zugunsten des Klägers davon aus, daß die von ihm aufgestellten Tatsachenbehauptungen der Sache nach zutreffen.«[7]

Der *Spiegel* griff einen weiteren Fall auf, der geeignet schien, Zweifel am Gebaren der Lotterien aufkommen zu lassen: Bis 1992 verkaufte die Glücksspirale von den zehn Millionen Losen jeweils nur etwa die Hälfte, also die mit den Anfangsziffern 0 bis 5. Die Gewinne fielen aber auf alle Lose, also auch auf die mit den Anfangsziffern 6 bis 9. Fast die Hälfte der Gewinne fiel also auf Lose, die gar nicht verkauft worden waren. Bis heute würden nicht alle Spielscheine unter die Leute gebracht, etwa in den kleinen Ländern wie Bremen oder dem Saarland. »Das alles geschieht unter notarieller Aufsicht«, wundert sich das Nachrichtenmagazin. Auch bei der Süddeutschen Klassenlotterie (SKL) werden nicht alle 1,6 Millionen Lose verkauft (Nordwestdeutsche Klassenlotterie: 1,5 Millionen), ebenso bei allen Losbrieflotterien. Das braucht allerdings niemanden zu stören, wenn die Relation zwischen Gewinnen und Einsätzen stimmt, also bei der Hälfte der verkauften Lose die Hälfte der bereitstehenden Gewinne ausgezahlt wird. Niemand kann erwarten, daß die Lotterien in diesem Fall alle Gewinne ausgeben. Manchmal wird die Quote der Gewinne über dem Durchschnitt liegen, manchmal darunter. Im Durchschnitt vieler Veranstaltungen wird die Relation stimmen. Die Teilnehmer und der *Spiegel* hätten allenfalls Grund zu jammern, wenn alle großen Gewinne auf hohe, also nicht verkaufte Losnummern fielen – oder dies bereits im Vorfeld so festgelegt worden wäre. Fehler werden überall gemacht, aber gerade bei den staatlichen Lotterien sollten sie nicht passieren. Denn das Lotteriemonopol wurde ja damit begründet, daß die Beschränkungen einen »Schutz des einzelnen vor nicht ordnungsgemäßer Gewinnauszahlung und vor Manipulationen im Spiel« böten. Das Abrutschen des Lotterie- und Glücksspielwesens »in ein kriminelles Milieu und die organisierte Kriminalität mit all ihren schweren Nachteilen für Staat und Gesellschaft (Betrug, Beschaffungskriminalität, ›Geldwäsche‹)« solle verhindert werden, wie die Bundesregierung beim Europäischen Gerichtshof erläuterte.[8]

Spieler, die darauf vertrauen, daß die Ziehungen ohne Manipulation verlaufen, freuen sich über die Aussicht auf Gewinne. Bei allen Lotterien sind Quoten festgelegt, die bestimmen, welcher Anteil der Einsätze wieder ausgeschüttet wird. Oft bleiben die tatsächlich verteilten Gewinne hinter diesen Quoten zurück.

Im April 1989 sollte Norddeutschland ein neues Spiel spielen: Es hatte den Namen »Carlot« bekommen. In Frankreich als »Tapis vert« seit zwei Jahren auf dem Markt, sollte »Carlot« auch am deutschen Markt neue Spielerkreise erschließen. Die Ziehung der Rommé-Spielkarten wurde im Regionalfernsehen übertragen und sollte damit vor allem junges Publikum anziehen. Zwischen 3 und 19 Millionen Mark Umsatz versprachen sich die Lottomanager wöchentlich. Doch das neue Angebot wurde ein Flop. Ganze 111 000 Mark machten die Wetter in Schleswig-Holstein, Niedersachsen, Bremen und Hamburg für das neue Spiel locker. Im Herbst 1990 war deshalb Schluß mit »Carlot«.

Der Skandal an diesem Spiel wurde kaum realisiert: die niedrige Ausschüttung. 44,5 Prozent der Einsätze sollten planmäßig an die Spieler gehen, erheblich weniger als der bisherige Durchschnitt im Toto- und Lottoblock. Bei einer Gewinnwahrscheinlichkeit von 1 zu 38 416 konnte errechnet werden, wie hoch die Gewinne sein mußten, damit im Durchschnitt die festgelegte Auszahlungsquote erreicht wird. Weil die Möglichkeit sogenannter Überplanspiele gegeben war, wurde der Spitzengewinn reduziert, vom siebentausendfachen Einsatz auf den fünftausendfachen. Ebenso wurde bei den niedrigeren Gewinnen verfahren. Denn theoretisch hätte es mehr Gewinne geben können, als Einsätze zur Verfügung standen. Die Lotterie hätte dann das gleiche Schicksal ereilt wie die erste bayerische im Jahr 1735, die nach fünf Ziehungen wegen eines Spitzengewinns pleite ging.

Während beim Lotto 50 Prozent der Einsätze auf die Gewinner verteilt werden sollen, wurde bei »Carlot« vorher eine reduzierte Höhe des Spitzengewinns festgelegt, um die Gesellschaften vor einem merkwürdigen Zufall abzusichern. Erklärt werden kann das etwa so: Dreimal hintereinander eine Sechs zu würfeln ist statistisch gesehen unwahrscheinlich. Gleichwohl kommt es vor. Bei »Carlot« trat der ungünstigste Fall (für die Betreiber) nicht ein. Im Gegenteil: Weil es während der gesamten Spielzeit nie zu einem Überplanspiel kam, betrug die effektive Ausschüttungsquote ganze 27 Prozent. Bei Frankreichs »Tapis vert« gingen 60 Prozent der Einsätze an die Gewinner.

Auch beim Lotto wird nicht genau die Hälfte der Spieleinsätze ausgeschüttet, weil die Gewinnquoten abgerundet werden. Außerdem bleiben Millionen an Gewinnen liegen: Hessen beispielsweise meldete 1995 rund 18 Millionen Mark, seit der Einführung von Online ein Plus von acht Prozent. Die Hamburger vergaßen 1995 vier Millionen Mark, 1996 sogar 5,5 Millionen Mark, Bayern gibt »gut 20 Millionen Mark« an, Nordrhein-Westfalens WestLotto blieb auf mehr als 18 Millionen Mark sitzen (1995), vor Einführung von Online auf 15,5 Millionen Mark. Im Durchschnitt vergessen die Spieler bundesweit, rund 3,5 Prozent der Gewinne abzuholen, rund 200 Millionen Mark.

Was geschieht mit den nicht abgeholten Gewinnen? In

Hamburg freut sich der Finanzsenator über jeden Gewinn, der liegenbleibt. Er fließt direkt dem Landeshaushalt zu. In Saarbrücken darf die Saarland-Sporttoto GmbH Gewinne, die nicht binnen drei Monaten abgeholt wurden, behalten. Auch in Rheinland-Pfalz wollte das Finanzministerium an die nicht abgeholten Gewinne ran, immerhin durchschnittlich sechs Millionen Mark im Jahr. Der Vorstoß, der vom Landesrechnungshof nach eingehenden Untersuchungen der Gesellschaft empfohlen worden war, hatte Erfolg. Die Haushaltsplaner des Landes rechneten für die Jahre 1998 und 1999 mit je 2,9 Millionen Mark, 40 Prozent der nicht abgeholten Gewinne. 60 Prozent werden in Sonderauslosungen ausgespielt – abzüglich der Werbekosten.

In Schleswig-Holstein schlug FDP-Fraktionschef Wolfgang Kubicki vor, mit den nicht abgeholten Gewinnen das notorisch defizitäre »Schleswig-Holstein Musik Festival« zu finanzieren. Zwei Millionen Mark, meinte er, wären mindestens abzuzweigen. Statt dessen sprang inzwischen die Lottostiftung als Hauptsponsor ein und verschenkt nun eine halbe Million Mark (zuvor 200 000 Mark). Daneben sponsert die S-Finanzgruppe (Landesbank, Sparkassen-Verband, Landesbausparkasse und Provinzial-Versicherung) mit 1,575 Millionen Mark.

Ob die nicht abgeholten Gewinne verfallen, dem Zweckertrag zugewiesen werden müßten oder neu ausgespielt werden dürfen, darüber streiten sich die Experten. Manche Verantwortliche scheinen noch Unbehagen zu verspüren, wenn weniger ausgeschüttet wird als versprochen. Anläßlich einer Anhörung der Saarland-Sporttoto GmbH gab ein Sprecher zu, daß man »ein bißchen Probleme mit dem Paragraphen« habe, »wo es um die 50 Prozent geht«. Beim Spiel 77 gebe es eine Wahrscheinlichkeitsrechnung, die von 43,4 Prozent ausgehe. Bei der Super 6 sei die »Gewinnbelastung« etwa 45,5 Prozent, bei der Glücksspirale rund

40 Prozent, bei den Losbriefen ebenfalls zwischen 40 und 45 Prozent. »Man müßte also bei einem neuen Gesetz auf jeden Fall auf diese unterschiedlichen Arten der Lotterien eingehen.« Bis heute stehen in keinem Landesgesetz die genauen Grenzen der Quotenschwankungen festgeschrieben. Den Unternehmen bleiben Millionen übrig.

Niedersachsens damaliger Innenminister und jetziger Ministerpräsident Gerhard Glogowski gab 1991 zu, daß in den letzten beiden Jahren Gewinne in Höhe von 10,6 und 12,6 Millionen Mark nicht abgeholt worden seien. Es sei allerdings, erläuterte Glogowski damals, weder in der Konzessionsurkunde noch in den Teilnahmebedingungen von einer Zwangsauskehrung die Rede. Vielmehr bezweckten die Bestimmungen lediglich, »daß Gewinne in dieser Höhe ermittelt und bereitgehalten werden und die Berechtigten darüber unverzüglich verfügen könnten«.[9]

In Baden-Württemberg fand man einen Kompromiß: Im Rahmen einer Strukturreform wurde nach dem dortigen Lottoskandal der Gewinnfonds »ausgekehrt«, wie es hieß, also an das Land abgeführt. Auch die jahrelang angesparten horrenden Summen der »Rückstellung für Wettwagnisse« in Höhe von 4,7 Millionen Mark gingen Ende 1994 an den Landeshaushalt. Für die Zukunft wurde festgelegt: Von den nicht abgeholten Gewinnen erhält der Finanzminister von Stund an 60 statt wie bisher 40 Prozent. Bei 11,5 Millionen Mark, die 1996 in Sonderausspielungen ausgeschüttet wurden, müssen demnach mehr als 17 Millionen Mark statt an die Spieler an den Landeshaushalt gegangen sein.

Selbst bei den abzuführenden Zweckerträgen schummelt manche Gesellschaft und enthält den Vereinen und Verbänden, Kultureinrichtungen und sozialen Projekten damit Mittel vor. In Bremen etwa blieben die Abgaben aus der Sofortlotterie meist hinter den gesetzlichen Bestimmungen zurück. Paragraph 10 des Lotteriegesetzes bestimmt, daß mindestens 21 Prozent des Einsatzes als Abgabe abzuführen seien. Die Sofortlotterie wies 1995 eine Abgabe von nur 20,54 Prozent auf, vier Prozent weniger als im Vorjahr. Damit bekamen Sportbund, Fußballbund und die Schwerpunktprogramme von Bremen und Bremerhaven rund 80 000 Mark weniger zugewiesen. Die Geschäftsführung der Bremer Toto und Lotto GmbH begründet dieses Minus damit, daß das Konzept der Sofortlotterie geändert worden sei. Der Abverkauf der Serien sei deshalb eingestellt worden.[10] Im folgenden Jahr hatte man sich bei den Empfängern offenbar an die bescheideneren Zuwendungen aus der Sofortlotterie gewöhnt. Diesmal lag der Ausschüttungssatz noch unter dem des Vorjahres: 20,27 Prozent. Außerdem gingen die Umsätze dramatisch zurück. Statt 777 000 erwirtschaftete die Sofortlotterie nur noch 590 000 Mark für gemeinnützige Zwecke.

Doch richtig abgekocht werden die Tipper hinsichtlich desjenigen Teils ihrer Einsätze, der nicht als Gewinn ausgeschüttet wird, sowie der Nebenkosten ihres Hobbys.

3. Wie die Lottospieler abgezockt werden

Am 3. Februar 1993 ging der Traum eines jeden Lottospielers in Erfüllung: Die Westdeutsche Lotterie GmbH & Co. (WestLotto) zahlte in Nordrhein-Westfalen mehr Geld an die Gewinner aus, als alle Spieler zusammen an diesem Wochenende für ihre Tips eingesetzt hatten, knapp 40 Millionen Mark. Ausgeschüttet wurden aber 46 Millionen Mark. Die hohe Quote von fast 116 Prozent kam zustande, weil zusätzlich eine Sonderauslosung gespielt wurde. Außer den 20 Millionen Mark, die als Gewinnanteil von den Einsätzen zur Verlosung kamen, fielen auf Nordrhein-Westfalen noch einmal 26 Millionen Mark aus den Zusatzgewinnen. So schön ist es beim Lotto allerdings nicht jedes Wochenende. Woche für Woche freuen sich andere: die Veranstalter und ihre Angestellten.

Wenn Otto Lotto am Samstag seine Kreuzchen macht, hofft er in erster Linie auf den großen Gewinn. 50 Pfennig jeder Mark sollen wieder an die Gewinner ausgeschüttet werden. Auch beim Toto und beim Rennquintett, das nur noch in Nordrhein-Westfalen, Bayern, Hessen, Hamburg und Rheinland-Pfalz angeboten wird, steht die Hälfte der Einsätze den Tippern zu. Bei Losbrieflotterien sollen mindestens 40 Prozent an die Spieler gehen, die Zusatzlotterie Spiel 77 sieht $43\frac{1}{3}$ Prozent vor, die Super 6 bis zu 50 Prozent.

Insgesamt wird bei den Spielen des Deutschen Lotto- und Totoblocks im Vergleich mit allen Wettunternehmen ein sehr hoher Anteil der Einsätze einbehalten (siehe folgende Tabelle).

Einsatzabzüge der westdeutschen Spielangebote

Spielangebot	Einbehaltene Einsätze (in %)	Zweckertrag
Lotto	50%	(20 bis 25% Abgabe, deren Verwendung in den Ländern unterschiedlich geregelt ist)
Toto	50%	
Spiel 77	56%	
Super 6	54%	
Losbrieflotterien	60%	
Glücksspirale	60%	28% an drei Destinatäre
Klassenlotterien	46–48%	Überschuß an Landeshaushalte
Spielbank (Roulette)	3%	10% vom Gewinn an Haushalt
Geldspielautomaten	40%	nur Abgabe/Steuer pro Gerät
Buchmacher	22%	0
Trabrenn-Totalisator	26–27%	mindestens 10,75%
Galopprenn-Totalisator	25%	mindestens 10,75%
Goldene 1	69%	50% (Deutsches Hilfswerk)
Aktion Sorgenkind	70%	40%

Knapp 17 Pfennig von jeder Mark, ein Sechstel der Einsätze, behält der jeweilige Landesfinanzminister als Lotteriesteuer. Die Gesellschaften bleiben ansonsten von Körperschaft-, Gewerbe- und Vermögensteuer befreit. Weitere 20 bis 25 Pfennige werden als Konzessionsabgabe oder Zweckertrag einbehalten. Sie sollen gemeinnützigen Zwecken zugute kommen. Wie das in den Ländern geregelt wird und wohin das Geld letztendlich fließt, soll später gezeigt werden. Mit dem Rest sollen die Lotterieverwaltungen den Spielbetrieb finanzieren, also dafür sorgen, daß immer genügend Spielscheine da sind oder das Online-System funktioniert, aber auch die Gehälter ihrer Angestellten bezahlen und – da will Otto Lotto mal nicht so sein – Be-

triebsfeste finanzieren. Weil den Lottogesellschaften die Vergütungen aus den Einsätzen nicht genügen, erheben sie auf jeden Spielschein eine Bearbeitungsgebühr. Diese geht nach Abzug der Lotterie- sowie der Mehrwertsteuer meistens an die Gesellschaften. Der Landesrechnungshof Schleswig-Holstein hält dies für unrecht. Er vertrat 1991 die Auffassung, die Lotterien müßten ihren Verwaltungsaufwand aus den Einsätzen bestreiten. Die Aufsichtsbehörde sah ihre Meinung gestützt durch die Tatsache, daß auch von der Spielscheingebühr Lotteriesteuer abgezogen wird. Der Ruf blieb ohne Folgen.

Statt dessen beanspruchten die Betreiber immer mehr Mittel und erhöhten die Bearbeitungsgebühren, etwa 1995. In Niedersachsen gingen 1995 zwar die Spiel-, Wett- und Lotterieeinsätze um 67,7 Millionen Mark auf 1,16 Milliarden Mark zurück, dafür hat jedoch die im Vorjahr vorgenommene »Anpassung der Bearbeitungsgebühren« zusätzliche Mehrerlöse von 3,9 Prozent in Höhe von nunmehr 37,8 Millionen Mark gebracht. Insgesamt kassierten die 16 Betreibergesellschaften 1996 von den Tippern mehr als 365 Millionen Mark an Spielscheingebühren. Und auch von den Einsätzen wird ein Teil für die Abwicklung des Spielbetriebs einbehalten: in Rheinland-Pfalz jahrelang 12,9 Prozent, inzwischen 11,4 Prozent oder 180 Millionen Mark. Sachsen-Anhalts Glücksspiel-GmbH darf 11,3 Prozent oder 23 Millionen Mark hierfür verbrauchen, außerdem für einige Jahre einen Teil der Zweckerträge. Zusammen mit den Anteilen aus den Einsätzen, die für die Geschäftsbesorgung abgezweigt werden, stehen den Lotterieverwaltungen jährlich rund zwei Milliarden Mark zur Verfügung. Geldvernichtung oder Arbeitsbeschaffung? Der Hannoveraner Diplomökonom Norman Albers sieht »überhaupt keine Notwendigkeit, den Wettbewerb im Preiskartell durchzuführen«. Das bedeute lediglich »16mal Gesellschaft, 16mal Wasserkopf, 16mal Protzbauten, 16mal Fuhrpark…«. Eine republikweit arbeitende Gesellschaft wäre genug. So aber bleibt der Glücksspielmarkt auch in staatlicher Hand undurchschaubar. Den Zusammenschluß der Landesunternehmen zum Deutschen Lotto- und Totoblock mit der Planung einheitlicher Spielangebote, der Poolung der Einsätze und der Ermittlung einheitlicher Gewinnquoten nennt der Buchmacher sogar »ein umfassendes Preiskartell«.[11] Der Wettbewerb, der im neoliberalen Zeitalter ansonsten allerorten gefordert wird, bleibt beim Glücksspiel außen vor. Zum Vorteil der Spieler geschieht das nicht.

Zwar sind die Lotteriefirmen rechtlich selbständig, doch sind daran überwiegend die Länder, Sportorganisationen (Rheinland-Pfalz und Saarland) oder Landesbanken (Nordrhein-Westfalen, Niedersachsen) beteiligt. Die Deutsche Klassenlotterie Berlin, die trotz ihres irreführenden Namens Toto und Lotto, die NKL jedoch nur als einer von vielen Lotterieeinnehmern betreibt, ist eine Anstalt des öffentlichen Rechts und damit wie die anderen Ländereinrichtungen eine Institution der öffentlichen Hand. Lediglich der Rechnungshof darf die Firma kontrollieren. Die Ergebnisse bleiben allerdings stets im verborgenen. Eine öffentliche Kontrolle kann auf diese Weise so gut wie nicht stattfinden.

Das ist in allen 16 Bundesländern so: In Bayern mehr noch als anderswo steht der Glücksspielmarkt komplett unter der fürsorglichen Kuratel der Staatsregierung. Die Staatliche Lotterieverwaltung bietet nicht nur die Blockspiele an, sondern fungiert auch als Dachorganisation der SKL und der bayerischen Spielbanken. Albers stellt dazu fest: »Das bayerische Finanzministerium ist folglich gleichzeitig Genehmigungsinstanz, Anbieter und Kontrollbehörde.« Deshalb sei »von einer potentiellen Vermischung von Regulierungs- und Insiderinteressen auszugehen«.[12]

Wo die öffentliche Hand ihre Lottofirmen wie auch die Spielbanken als GmbH organisiert hat, kann sie sich auf das Unternehmensgeheimnis berufen und sich gegen die Offenlegung der Rechnungsabschlüsse wehren. Sorgsam wird darauf geachtet, daß keine Interna an die Öffentlichkeit dringen.

Der Dumme ist der Spieler, dem die Insiderinteressen von Politikern, Wohlfahrts- und Sportverbänden verborgen bleiben. Er wird abgezockt, und zwar in größerem Maße, so mutmaßt Albers, als wenn die Glücksspiele von privaten Wirtschaftsunternehmen veranstaltet würden. Er fordert eine Marktlösung, bei der derjenige Anbieter zum Zuge kommt, der die niedrigste Einsatzbelastung erhebt.[13]

Einsätze und Bearbeitungsgebühren im Deutschen Lotto- und Totoblock (in TDM)

Land	1995 Einsätze	1995 Bearbeitungsgebühren	1996 Einsätze	1996 Bearbeitungsgebühren
Baden-Württemberg	1 708 731	39 301	1 628 638	37 629
Bayern	1 938 207	48 323	1 870 782	47 692
Berlin	547 205	8 887	540 646	10 748
Brandenburg	171 375	4 948	179 199	4 805
Bremen	104 894	4 804	106 539	5 228
Hamburg	350 398	11 892	340 727	11 069
Hessen	1 021 984	ca. 40 000	1 008 300	38 700
Mecklenburg-Vorp.	104 876	3 296	109 619	3 495
Niedersachsen	1 159 600	37 800	1 182 876	36 483
Nordrhein-Westfalen	3 020 103	109 568	2 965 634	107 303
Rheinland-Pfalz	695 340	13 836	659 179	13 036
Saarland	200 588	5 631	194 100	5 200
Sachsen	336 267	10 103	361 634	13 657
Sachsen-Anhalt	195 127	5 288	201 025	7 400
Schleswig-Holstein	451 986	17 515	461 800	ca. 17 430
Thüringen	158 836	5 192	165 555	5 276
Gesamt	12 165 517	366 389	11 976 253	365 151

4. Wo die Millionen liegen: Wertpapiere und Paläste

Eine Lotterie, so bestimmen es die Lotteriegesetze aller Bundesländer, darf nur betrieben werden, wenn die Verwaltungskosten sich in einem vertretbaren Rahmen halten. Davon kann leider nicht in jedem Fall die Rede sein. In einigen Lotterieburgen hat sich offenbar ein Hang zum Luxus breitgemacht – auf Kosten der Spielteilnehmer. Einige Lotteriegesellschaften erwirtschaften aus ihrem Wertpapiervermögen jährlich Millionen. Am meisten fallen zahlreiche mehr als repräsentative Verwaltungsbauten auf. Die neue Zentrale in Koblenz etwa, 1995 bezogen, nennt die rheinland-pfälzische Landtagsabgeordnete Ise Thomas einen »Palast«. Wer solche Investitionen bezahlt, ist klar.

Die Schwaben sind bekannt für ihre Sparsamkeit. Im Falle der Staatlichen Toto-Lotto GmbH richtete sich das Augenmerk der Manager allerdings nicht auf Kostenvermeidung im Betrieb, sondern auf das Ansparen von Vermögen aus den Einsätzen der Spielteilnehmer. Bei Umsatzerlösen von 1,745 Milliarden Mark im Jahr 1992 (1993: 1,691 Milliarden Mark) bildete die Gesellschaft hohe Gewinnrücklagen, die 1992 auf 25,9 Millionen Mark angewachsen waren. Außerdem legten die Geldscheffler vom Lotto jahrzehntelang Reserven für Wettrisiken zurück, die niemand ernsthaft zu benennen vermag. Diese Mittel sind in Wertpapieren, Festgeldern oder Darlehen an die Landesholding angelegt. Allein die Zinsen auf diese eingesparten Wetteinsätze brachten damals bei sechs Prozent 25 Millionen Mark ein. Diese Gewinne hätten, so meinte der Rechnungshof, als Zweckertrag an das Land abgegeben werden müssen. Statt dessen habe die Gesellschaft zuletzt ein Geschäftsgebäude für rund 50 Millionen Mark gebaut und EDV- und andere Geschäftsausstattung für rund 25 Millionen Mark erworben. Auch die 35 Millionen Mark für die neue Online-Technik könne die GmbH »aus der Westentasche« bezahlen, denn sie habe »100 Millionen DM an Wertpapieren und Festgeld auf der hohen Kante«. Sogar ein Steinway-Flügel wurde angeschafft, eine kleine Kunstsammlung in den Räumen der Gesellschaft angelegt und dafür eigens eine Kraft eingestellt – die Exfrau des Geschäftsführers!

Kredite mußten die Stuttgarter für diese Luxusausstattung nicht aufnehmen. 1996 standen in der Bilanz zu Buche: für 46 Millionen Mark Sachanlagen, also Grundstücke und Bauten, Betriebs- und Geschäftsausstattung, 44 Millionen Mark in Form von Wertpapieren und 40 Millionen Mark als Gewinnrücklagen. An Zinserträgen meldeten die Württemberger 5,5 Millionen Mark. 1996 erhöhte die Gesellschaft das Stammkapital. Von den hierfür anfallenden 20 Millionen Mark wurden 19,1 Millionen Mark durch Beschluß der Gesellschafterversammlung den Rücklagen entnommen, die letztendlich aus den Einsätzen der Spieler stammen. Schon 1994 hatte der Rechnungshof die Gesellschaft als »überkapitalisiert« bewertet.[14] Hinzu kommt, daß Manager und Angestellte fürstlich zu nennende Gehälter bekamen und daß es die Stuttgarter Manager offenbar verstanden, übriges Geld auch in ihrem persönlichen Umfeld anzulegen – bei Vereinen etwa durch Spenden oder durch die Anstellung von Bekannten oder Verwandten.

Fallbeispiel 1: Der Lottoskandal von Stuttgart: »Beute von Freundeskreisen«

30 000 Mark hatte der Aufsichtsrat der Staatlichen Toto-Lotto GmbH Stuttgart am 1. April 1993 für den Ausbau des Rosensteinkellers in der Löwentorstraße 36 genehmigt, später noch einmal 90 000 Mark draufgesattelt. Schließlich kostete der Umbau des Kellers knapp 500 000 Mark. In erster Linie, hieß es, sollten dort, im Untergeschoß der neuen Lotteriezentrale, Treffen der Verkaufsstelleninhaber organisiert werden. Motivationsseminare? Jedenfalls sollten in dem Keller jährlich 26 Veranstaltungen stattfinden, mit 100 bis 150 Personen. Im rustikalen Gewölbe sollte selbstverständlich rustikales Essen angeboten werden. Das würde die Kasse der Gesellschaft entlasten, rechneten die Autoren der Sitzungsvorlage vor, weil im eigenen Haus günstiger bewirtet werden kann. Schon nach sechs bis sieben Jahren würden sich die Kosten amortisiert haben. Aber auch »gesellige Zusammenkünfte« sollten hier, zwischen Killesberg und Wilhelma, Landespolizeidirektion und Naturkundemuseum, ermöglicht werden: »Stammtische für Sportler, Künstler, Galeristen, Politiker«, also für alle, die an der Vergabe von Lottomitteln Interesse haben. Die Rechnung ging nicht auf, wie der Rechnungshof nachwies, dafür war einer regelmäßiger Gast in der neuen Einkehre: der damalige Finanzminister Gerhard Mayer-Vorfelder, gleichzeitig Aufsichtsratsvorsitzender beim Schwaben-Lotto. Er hatte den Ausbau genehmigt, nun traf er sich im Rosensteinkeller mit den Honoratioren der Stadt. Im Landtag, später auch im Volksmund, wurde das Gewölbe nach dem geläufigen Namenskürzel Mayer-Vorfelders »MV-Keller« genannt.

Der Ausbau des Kellers war nur ein Mosaiksteinchen eines Lottoskandals, der an andere zur gleichen Zeit virulente Skandale nahtlos anschloß. Er erschütterte die Landesregierung, und die Große Koalition wackelte. Nachdem eine Wirtschaftsprüfungsgesellschaft und der Rechnungshof die Lottogesellschaft durchleuchtet hatten, forderte die Opposition den Rücktritt des Finanzministers Mayer-Vorfelder, gegen den auch die Staatsanwaltschaft ermittelte. Mayer-Vorfelder überlebte den Orkan. Er verzichtete lediglich auf seinen Sitz im Lottoaufsichtsrat. Im Finanzausschuß zeigte sich der Finanzminister beleidigt: Er könne nicht einsehen, »eine Fülle von Arbeit zu leisten« und dann Vorwürfe zu ernten. Als das Gremium im Juni 1994 den Bericht des Untersuchungsausschusses diskutierte, nahm ein Parteifreund den Finanzminister noch einmal mit einer merkwürdigen Begründung in Schutz: »Der Aufsichtsrat der Toto-Lotto GmbH habe seine Arbeit sicherlich gewissenhafter erfüllt als der Durchschnitt der Aufsichtsräte in der Bundesrepublik.«[15]

Im Gegensatz zu Mayer-Vorfelder mußte Lottochef Peter Wetter zurücktreten. Außerdem gab's vom Amtsgericht im Mai 1995 einen Strafbefehl über 52 500 Mark (210 Tagessätze à 250 Mark) wegen Untreue in fünf Fällen. Auch die Stellvertreter Wetters mußten Strafen zahlen: die Direktoren Dieter Leinmüller und Gerhard Ruch, der in den achtziger Jahren als Oberregierungsdirektor im Finanzministerium auch Prokurist bei der Holding Landesbeteiligungen Baden-Württemberg gewesen war – unter dem Geschäftsführer Benno Bueble, der später im Aufsichtsrat der Staatlichen Toto-Lotto GmbH saß.

Wo anfangen, wo ziehen am Wollfaden, damit sich das Knäuel aus Verschwendung, Bereicherung und Begünstigung des privaten und beruflichen Umfeldes auflöst? Der Aufsichtsrat der Staatlichen Toto-Lotto GmbH hatte 1989 große Ziele. Unter dem Tagesordnungspunkt 5 berieten die schwäbischen Lottomacher, wie es in der Zukunft gelingen könnte, »den Glücksspielmarkt zu erobern und hierbei kreativer, aktiver und aggressiver aufzutreten«. Der Aufbruch hatte einen Namen: Peter Wetter. Der hatte gerade, am 11. Januar 1989, seinen Dienstvertrag als alleiniger Geschäftsführer erhalten. Dienstbeginn war am 1. März. Seit 1972 gehörte der CDU-Politiker dem baden-württembergischen Landtag an – das sollte bis 1992 noch so bleiben. Ein vielbeschäftigter Mann, der auch im privaten Bereich nicht auf der faulen Haut liegen wollte. Unter anderem war Wetter Vorsitzender des Fördervereins Alt-Stuttgart e.V., Kuratoriumsmitglied der Denkmalstiftung Baden-Württemberg und Ehrenvorsitzender der von ihm 1977 mitgegründeten Kunststiftung Baden-Württemberg. Der ehemalige Landesvater Lothar Späth erzählte gern, daß die Kunststiftung einst Anne Sophie Mutter eine Geige besorgt habe. Lange Jahre war Wetter Vorsitzender des Beirats, der laut Satzung in Person seines Vorsitzenden gegenüber dem Geschäftsführer weisungs- und kontrollbefugt ist. Das Kuratorium der Stiftung leitete nach dem Ausscheiden des Verlegers Christof Müller-Wirth die SPD-Politikerin Susanne Weber-Mosdorf, die nicht nur Gesellschafterin der Stiftung war, sondern auch im Aufsichtsrat der Staatlichen Toto-Lotto GmbH saß.

Über Wetters Gehalt bei der Toto-Lotto GmbH hätte sich dessen Vorgänger Alfred Entenmann – er übernahm die Geschäftsführung kurzfristig noch einmal von Juli bis Dezember 1994 – gewundert: Entenmann hatte 1987 genau 127 315 Mark verdient, dazu Tantiemen in Höhe von 13 000 Mark. 1988 bekam er 129 867 plus 20 000 Mark. Für die zwei Monate, in denen er 1989 als Geschäftsführer arbeitete, erhielt er 20 304 Mark sowie eine Erfolgsprämie von 20 000 Mark. Wetter begann mit 121 000 Mark für zehn Monate. 1990 wurde sein Gehalt von 142 000 Mark um 25 000 Mark Tantiemen aufgebessert, 1991 erhielt er samt einer Sonderzuwendung für's vorangegangene Jahr

175 920 Mark plus 35 000 Mark Tantiemen, 1992 genau 170 856 plus 55 000 Mark und 1993 schon 177 909 plus 70 000 Mark. Für die private Nutzung des Dienstfahrzeuges, eines Daimler-Benz, wurden 8 878 Mark veranschlagt. Trotz eines Umsatzrückgangs 1993 von 1,703 auf 1,653 Milliarden Mark (ohne Bearbeitungsgebühren) genehmigte der Aufsichtsrat Wetter eine erhöhte Erfolgsprämie. 1990 und 1992 sei der Umsatz überdurchschnittlich gestiegen, hieß es, der Rückgang im abgelaufenen Jahr sei »konjunkturbedingt«.

Bis zum Jahr 1992 zahlte die Landeskasse an den Abgeordneten Wetter 6 539 Mark Diäten plus eine steuerfreie Kostenpauschale von 1 829 Mark monatlich, die Wetter neben seinem Geschäftsführergehalt bei der Lotterie kassierte. Anläßlich der Diskussionen um die Höhe der Politikerdiäten hatten die Abgeordneten diese regelmäßig mit dem Argument verteidigt, ihr Mandat entspreche einem Fulltime-Job. Peter Wetter bewältigte demnach deren zwei und einige Teilzeitjobs. Daß der Lottochef Doppelverdiener sei, darauf hatte der Rechnungshof schon Jahre zuvor hingewiesen. Das Finanzministerium versprach damals, es werde über die Landesvertreter im Aufsichtsrat darauf hinwirken, daß zumindest die Tantiemen des Geschäftsführers für die Dauer seines Landtagsmandats auf maximal 25 000 Mark begrenzt würden. Dies, so der Rechnungshof in seinem Bericht, sei offenbar nicht gelungen.

Noch etwas erregte in der Öffentlichkeit Aufsehen: Der Geschäftsführer, so berichteten die Medien, werde nach seinem Ausscheiden ein Ruhegehalt bekommen. Der Finanzminister, der als Lottoaufsichtsratschef zunehmend in die Kritik geriet, wollte die Höhe der Pensionen für die Geschäftsführer und Vorstandsvorsitzenden bei den ganz- oder halbstaatlichen Landesunternehmen nicht nennen. Er habe »erhebliche datenschutzrechtliche Bedenken«. Es handle sich um »vertraulich vereinbarte Vertragsverhältnisse, über die das Finanzministerium nicht disponieren kann«.[16] Dann wurde doch bekannt: Vom 28. Februar 1995 an, dem 65. Geburtstag Wetters, durfte sich der Lottogeschäftsführer auf eine Pension freuen. Nach nur vierjähriger Tätigkeit in der Lottozentrale hatte er bereits einen Anspruch auf 40 Prozent des letzten Gehalts, also knapp 100 000 Mark jährlich (im Falle seines Todes erhält die Witwe eines ehemaligen Geschäftsführers 60 Prozent des Ruhegehalts). Selbstverständlich ist die Pension an die allgemeine Gehaltsentwicklung gebunden, steigt also mit den Löhnen der Beschäftigten. Dem Rechnungshof ist eine »derart günstige Versorgungszusage bisher noch nicht bekannt geworden«. Die Frage, ob nach der Verurteilung Wetters die Pension gekürzt worden sei, beantwortete Ministerialdirektor Benno Bueble stellvertretend für seinen Chef Mayer-Vorfelder: Ein Widerruf der Versorgungszusagen (»ganz oder teilweise«) sei »nur unter besonders engen Voraussetzungen« zulässig. Diese seien »nicht gegeben«. Insgesamt zahlte die Stuttgarter Toto-Lotto GmbH also 226 500 Mark (1996) an Ruhegehältern. Übrigens: Neben seiner Lottopension erhielt Wetter auch eine »Altersentschädigung« für seine Tätigkeit als Landtagsabgeordneter, mehr als 5 000 Mark monatlich.

Seinen 60. Geburtstag feierte der Geschäftsführer in der Firma. Für die Kosten, erläuterte Mayer-Vorfelder später, sei Wetter zu 57 Prozent selbst aufgekommen, für den Rest die Staatliche Toto-Lotto GmbH. »Maßgebend für die Aufteilung war der geschäftliche bzw. private Bezug der eingeladenen Personen. Die Kosten für das begleitende Rahmenprogramm hat die Gesellschaft getragen.« Genaue Summen nannte er nicht.

Wetter ließ auch andere am Lottoglück teilhaben. Gegenüber dem Jahr 1987, so stellten die Rechnungsprüfer fest, hatten sich die Abteilungen in nur fünf Jahren auf acht verdoppelt, die Zahl der Abteilungsleiter, ursprünglich zwei, sich innerhalb kürzester Zeit vervierfacht. Innerhalb von vier Jahren konnten die Manager ihre Gehälter um bis zu 75 Prozent steigern. Knapp 200 000 Mark Jahresgehalt erhielt ein Hauptabteilungsleiter 1993, 150 000 Mark konnte ein Abteilungsleiter einstreichen. Hinzu kamen Leistungsprämien von bis zu 18 000 Mark. Statt auf knapp 600 000 Mark im Jahr 1989 summierten sich diese Tantiemen für die Spitzenkräfte 1993 auf mehr als 1,5 Millionen Mark. Zu viele Chefs würden mit übertariflichen Gehältern bedacht, monierte der Rechnungshof.

Aber nicht nur sie, alle Angestellten erhalten wegen des »Haustarifs« erhöhte Löhne und Gehälter. Die dritte Ebene der Gruppenleiter brachte es immer noch auf bis zu 144 000 Mark im Jahr. Im Gegensatz zu Angestellten in der freien Wirtschaft, deren Überstunden bei übertariflichem Gehalt meist nicht extra honoriert werden, ist bei der Staatlichen Toto-Lotto GmbH nach 38,5 Stunden Schichtende. Der Samstag, an dem beim Lotto zwangsläufig gearbeitet werden muß, gilt als Feiertag – das heißt, es gibt zusätzliches Geld: Überstunden für 1,1 Millionen Mark schrieben die Mitarbeiter 1992 auf, für eine knappe Million im Jahr darauf.

Dabei nahm die Zahl der Mitarbeiter rasant zu: Während 1989 im Jahresdurchschnitt 103 Vollzeitbeschäftigte die Arbeit bewältigten, benötigte die Gesellschaft vier Jahre später 156 Angestellte (1996: 149 Angestellte). Zwischen 1989 und 1993 haben sich die Kosten für Personal von knapp 14 auf mehr als 22 Millionen Mark erhöht; 4,3 Millionen Mark der Differenz sind den Tariferhöhungen geschuldet, der Rest den Neueinstellungen. Von jedem gespielten Schein entfielen deshalb statt wie zuvor 16 nun 24 Pfennige auf Personalkosten. Deutlich wird: Die Lottoverwaltung wurde aufgeblasen – ein Wasserkopf auf Kosten des Zweckertrags, eine teure Arbeitsbeschaffungsmaßnahme. Für die Angestellten das große Los.

Nicht nur mit ihrem Gehalt dürfen die Angestellten zufrieden sein. Geachtet hat Kunstfreund Wetter auch darauf, daß das Ambiente im neuen Haus höheren Ansprüchen genügt. 150 000 Mark im Durchschnitt gab die Gesellschaft in den letzten Jahren für Kunstwerke aus, zumeist Gemälde, die Flure, Treppenhaus und Casino veredeln. Diese »Sammlung Staatliche Toto-Lotto GmbH« sollte später einmal regionalen Galerien und Museen zur Verfügung gestellt werden – zur Imagewerbung. Der Rechnungshof stellte verwundert fest, daß das Verwaltungsgebäude »insbesondere im 3. Obergeschoß eher einem Museum für moderne Kunst als einem Betriebsgelände gleicht«. Die zwei Mitglieder der Fachjury, die gemeinsam mit dem Geschäftsführer die Bilder auswählen, erhalten selbstverständlich eine Aufwandsentschädigung – 1 200 Mark pro Sitzung. Zur Assistentin des Geschäftsführers, die Schreibkram und Organistion managen sollte, wurde die Exfrau von Peter Wetter ernannt. Davon will der Aufsichtsrat nichts gewußt haben, jedenfalls nicht der Vorsitzende. Sie sei, so Klaus Sattler, der Sprecher des Unternehmens, eine »ausgewiesene Fachfrau« gewesen (»Die hat was drauf«) und habe damals ein Gehalt bekommen, das »eine Stufe über dem einer Sekretärin« gelegen habe. Allenfalls moralische Bedenken will er gelten lassen: Die Anstellung der Exfrau des Geschäftsführers sei aus diesem Blickwinkel »vielleicht nicht der Stein des Weisen« gewesen.[17]

Außerdem beklagte sich der Finanzminister darüber, daß Wetter ihm Informationen über Beziehungen zu von ihm vorgeschlagenen Bewerbern um Bezirksdirektorenstellen in Baden-Baden und Waiblingen vorenthalten habe. Das Oberlandesgericht Stuttgart ging in einem späteren Prozeß davon aus, daß der Vorwurf der »Vetternwirtschaft bei der Vergabe von wichtigen Positionen [...] nicht jeder Grundlage entbehrt«.[18]

Auch nach außen zeigte Wetter, daß bei der Staatlichen Toto-Lotto GmbH nun ein anderer Wind wehte. Zwischen 300 000 und 450 000 Mark verteilte der Geschäftsführer jährlich an Spenden, ein Posten, der erstmals 1989, im ersten Dienstjahr Wetters, im Wirtschaftsplan auftauchte. Spenden, über die der Geschäftsführer allein entscheiden konnte, gingen an die Freunde des Kammerorchesters Stuttgart e. V. ebenso wie im Jahr des Münsterjubiläums an die Stadt Ulm, an die Akademie Weiß-Institut für Musiklautenforschung und an den AMSEL-Förderkreis Ursula Späth. In diesen Fällen vergab Wetter Schecks in fünfstelliger Höhe, meist einmalig. Regelmäßig bedacht wurden aber die Kunststiftung Baden-Württemberg GmbH und die Denkmalstiftung Baden-Württemberg, obwohl sie ohnehin bereits über den Landeshaushalt umfangreiche Zuschüsse aus Lottomitteln bekommen (1993: 735 000 bzw. 2,5 Millionen Mark). Sie konnten sich auf ihr Kuratoriums- bzw. Beiratsmitglied Peter Wetter verlassen: Jährlich gab es noch einmal Zehntausende von Mark als Spende. Die Kunststiftung – wir erinnern uns: Wetter war Beiratsvorsitzender und Mitgründer – erhielt 1989 mit 150 000 Mark die Hälfte der zur Verfügung stehenden Spendenmittel, in den folgenden Jahren 105 000, 31 500, 50 000 und 36 000 Mark.

Die gemeinnützige GmbH vergab bisher rund 600 Stipendien (inzwischen je 20 000 Mark) in den Sparten bildende Kunst, darstellende Kunst, Film/Video, Literatur und Musik. Sie hat rund 200 Gesellschafter, die quer durchs Land eine breite Basis sichern – Privatpersonen, Städte, Landkreise, Firmen, Gewerkschaften und Verbände. Dazu gibt es einen zu 75 Prozent mit Politikern besetzten Beirat und ein Kuratorium. Alle Gremienmitglieder verbindet die Aufgabe,

Mäzene zu werben. Das Land verdoppelt die jeweils aufgebrachte Summe bis zu einer Höhe von 450 000 Mark und finanziert das Haus der Kunststiftung in der Stuttgarter Gerokstraße.

Der Denkmalstiftung ließ das Kuratoriumsmitglied Wetter jährlich 25 000 Mark zukommen. Der Förderverein Alt-Stuttgart e. V., dessen Vorsitzender er war, durfte Zuwendungen zwischen 14 000 und 30 000 Mark entgegennehmen. Über insgesamt 100 000 Mark durfte sich der Männerturnverein Stuttgart e. V. freuen – als einziger von mehr als 1000 Turnvereinen des Landes. Daß ein Mitglied der erweiterten Geschäftsleitung der Staatlichen Toto-Lotto GmbH dort Schatzmeister war, hatte mit der Spendenvergabe nichts zu tun, wie Wetter erklärte. Vielmehr habe er die Mittel selbständig im Hinblick auf das 150. Vereinsjubiläum gewährt.[19]

90 Prozent der Spenden vergab Wetter an kulturelle Einrichtungen, was der Geschäftsführer damit begründete, daß »er als Kunstförderer bekannt sei«. Viele Spendenanfragen aus Kunst und Kultur würden deshalb an ihn gerichtet. Dem Rechnungshof fiel auf, daß mit »er« der Geschäftsführer selbst gemeint war, der aber Gelder der Gesellschaft verteilte. Der Präsident des Rechnungshofs nahm zur Spendenpraxis Wetters im Finanzausschuß folgendermaßen Stellung: Wenn eine Spende dem Sponsoring oder der Werbung diene, dann sei dagegen nichts einzuwenden. Wenn der Geschäftsführer aber, nachdem er erst ein halbes Jahr im Amt sei, ein Viertel des Spendenetats seiner Kulturstiftung zuschiebe, ohne daß davon jemand etwas erfahre, dann werde damit nichts für das Ansehen der Toto-Lotto GmbH getan. Wenn dagegen eine Spende zur Anschaffung einer Harfe für eine junge Künstlerin gegeben und diese öffentlich bekanntgemacht werde oder wenn ein Kunstpreis gestiftet werde, dann könne man diese Spenden als opera-

tiv ansehen, weil sie zur Imagepflege geeignet seien. Das gilt selbst dann, wenn die Harfe an eine Stipendiatin der Kunststiftung Baden-Württembergs ging, deren stellvertretender Vorsitzender ein Lotteriemanager ist. Spenden, die unter der Hand vergeben würden, ohne daß die Öffentlichkeit etwas davon erfahre, sollten nach Ansicht des Rechnungshofs künftig unterbleiben.

Dem Rechnungshof sind weitere Details aufgefallen, die auf eine Interessenkollision schließen lassen: Den Spenden der Gesellschaft liegen teilweise Bittbriefe zugrunde, die an die Privatperson Wetter gerichtet waren. Entsprechend persönlich waren die Briefe gefaßt. Bei den Belegen der Gesellschaft fand der Rechnungshof darüber hinaus eine steuerliche Spendenbescheinigung, die nicht auf den Namen der Gesellschaft, sondern auf denjenigen Wetters und dessen Privatanschrift ausgestellt war.[20] Grundsätzlich stellte der Rechnungshof die Berechtigung zur Spendenvergabe in Frage. Auch der Aufwand für Werbung und Öffentlichkeitsarbeit sowie Kultur- und Sportsponsoring der Toto-Lotto GmbH hatte sich in fünf Jahren bis 1993 auf mehr als 17 Millionen Mark verdoppelt. Statt knapp 100 000 Mark (1989) setzten die Lottomanager 1993 mehr als 2,2 Millionen Mark für Öffentlichkeitsarbeit beziehungsweise Sponsoring ein. Die sparsamen Schwaben wurden ihrem Ruf überhaupt nicht gerecht. Ein Kostenbewußtsein, bilanzierte der Rechnungshof, sei »nur in eingeschränktem Umfang vorhanden«.

Im Winter 1994, als diese Fakten langsam bekannt geworden waren, begannen auch die parlamentarischen Mühlen zu mahlen. Am 24. Januar lagen zwei brisante Kleine Anfragen auf dem Tisch des Hohen Hauses, die Turbulenzen auslösten. Dietmar Schöning (FDP) fragte nach der »Besetzung hochdotierter Stellen mit Verwandten und Bekannten sowie der geschiedenen Ehefrau des Geschäftsführers, Rolle und Tätigkeit des Aufsichtsrats bei der Anstellung der ehemaligen Gattin, Aufgabenstellung und Dotierung dieser Position«. Schöning wollte von der Landesregierung wissen: »5. Trifft es zu, daß u. a. ein Schwager der geschiedenen Ehefrau sowie ein Rechtsanwalt aus der früheren Bürogemeinschaft des Geschäftsführers der Toto-Lotto GmbH Bezirksdirektoren der Toto-Lotto GmbH geworden sind, und wann ist das gegebenenfalls geschehen?«

Antwort: »Der Besetzung einer Bezirksdirektion mit dem erwähnten Schwager der geschiedenen Ehefrau des Geschäftsführers hat der Aufsichtsrat am 14. Februar 1990 zugestimmt.« Auch die Besetzung einer weiteren Stelle durch einen Rechtsanwalt habe der Aufsichtsrat abgesegnet. Eine Bürogemeinschaft habe allerdings nicht existiert. Der Rechtsanwalt sei damals Minderheitsgesellschafter einer Steuerberatungsgesellschaft gewesen, an der der Geschäftsführer wesentlich beteiligt sei. Verwandtschaftliche oder berufliche Beziehungen seien dem Aufsichtsrat damals nicht bekannt gewesen. Wetter verteidigte die Bestallung des Schwagers damit, dieser habe sich als Bezirksdirektor bewährt und bessere Umsätze erzielt als andere.

Auch Frage 7 beschäftigte sich mit Wetters Verwandten: »Welche Funktion hat die geschiedene Ehefrau des Geschäftsführers der Toto-Lotto GmbH für die Toto-Lotto GmbH erfüllt, und welche Aufgaben nimmt sie heute im einzelnen wahr?«

Zunächst sei sie freie Mitarbeiterin zur Beratung der Gesellschaft bei der Einrichtung des dritten Obergeschosses des neuen Verwaltungsgebäudes gewesen, hieß es nebulös. Heute sei sie als Festangestellte »im wesentlichen mit dem Aufbau einer eigenständigen Kunstsammlung der Gesellschaft und der Organisation von Kunstausstellungen innerhalb und außerhalb des Geschäftsgebäudes der Gesellschaft befaßt«. Unterzeichnet ist die Antwort auf die Kleine Anfrage von Gerhard Mayer-Vorfelder.[21]

Sprecher Klaus Sattler betont heute, daß die Stelle ausgeschrieben gewesen sei. Die ganze Wahrheit ist: Ausgeschrieben war die Stelle nur intern, von zwei Bewerberinnen wurde die Exfrau des Geschäftsführers als geeigneter beurteilt. Der Betriebsrat habe der Einstellung zugestimmt. Das Gehalt: Tarifgruppe 6.1 des Rahmentarifvertrages für die Arbeitnehmer der Staatlichen Toto-Lotto GmbH in Stuttgart. Die *Frankfurter Allgemeine Zeitung* wies darauf hin, daß Wetters Exfrau, die Kunsthändlerin ist, dem Geschäftsführer des österreichischen Unternehmens TeleControl Bilder angeboten habe. Dieselbe Firma hatte sich zu dem Zeitpunkt um Millionenaufträge für die EDV-Umrüstung bemüht und schließlich auch den Zuschlag erhalten. Eine Verbindung der beiden Geschäfte sah Wetter nicht, er nannte solche Vermutungen »völlig absurd«, »völlig abwegig und in hohem Maße unseriös«. Der deutsche Toto- und Lottoblock habe sich mit Ausnahme Hessens und der ostdeutschen Bundesländer für eine gemeinsame Ausschreibung entschieden. Bei den Beratungen habe er »nichts zu entscheiden gehabt«.[22] Später bestätigte Finanzminister Mayer-Vorfelder im Landtag, die Staatliche Toto-Lotto GmbH habe »bisher nur kleinere Aufträge an die Firma TeleControl vergeben«. Auf eine Ausschreibung wurde verzichtet – »im Blick auf die Spezialkenntnisse dieser Firma in der Software-Entwicklung«.[23]

Immer mehr Details wurden im »Ländle« bekannt, und der Landtag mußte sich in den folgenden Wochen immer wieder mit diesem Thema beschäftigen. Mayer-Vorfelder mußte dem Landtag gegenüber zugeben, daß die Zahl der Dienstfahrzeuge, Marke Mercedes-Benz, in fünf Jahren von eins auf achtzehn angewachsen war. Sonst nicht sehr auskunftsfreudig, wenn es um zusätzliche Details ging, bemerkte Mayer-Vorfelder, daß elf der Wagen »an die Bezirksdirektoren kostendeckend vermietet werden«. Daß die Zahl dieser Bezirksdirektoren in den vergangenen Jahren um 14 erhöht worden war, verschwieg der Aufsichtsratschef. Außerdem stiegen die Kosten für den Fuhrpark in fünf Jahren von 50 000 Mark auf 184 000 Mark im Jahr 1993.[24]

Nachdem der Rechnungshof dem Landtag seinen Prüfbericht übergeben hatte, forderten die Grünen im Landtag gemeinsam mit der FDP den Ministerpräsidenten auf, seinen Finanzminister zu entlassen. Der Grünen-Abgeordnete Reinhard Bütikofer erklärte, Mayer-Vorfelder habe mit der Lottoaffäre, die längst ein Fall Mayer-Vorfelder sei, »politischen Flurschaden« angerichtet, indem er sich als »Schirmherr eines Selbstbedienungsfilzes betätigt« habe. Und das auch noch, obwohl die Amtszeit des Aufsichtsrats bereits 16 Monate abgelaufen war, ohne daß dies bemerkt oder korrigiert worden wäre. Beschlüsse, die in dieser Zeit gefaßt worden waren, wurden später eilig bestätigt. Wörtlich lautete der Beschluß, der wenige Tage nach Abgabe des Rechnungshofberichts erging: »Der Aufsichtsrat genehmigt die auf der Grundlage der in der anliegenden Zusammenstellung aufgeführten unwirksamen Beschlüsse eingeleiteten bzw. umgesetzten Maßnahmen und Handlungen der Geschäftsführung.« Auch die Tantiemenregelung für 1991 wurde damit bestätigt. Statt dessen, so wurde Mayer-Vorfelder vorgehalten, hätte er die Chance nutzen sollen, die überhöhten Leistungen an den Geschäftsführer nachträglich zu reduzieren.

Damit, meinte die Opposition, habe sich der Finanzminister als oberster Kassenverwalter des Landes desavouiert. Bütikofer zitierte aus einem früheren Plenarprotokoll, wonach Mayer-Vorfelder gesagt hatte: »Wir haben ein Sozialsystem, das zum Mißbrauch einlädt. In dem Augenblick, in dem ein Sozialsystem so verändert wird, daß es nicht mehr zum Mißbrauch einlädt, geht der Mißbrauch enorm zurück.« Bütikofer tauschte einige Begriffe aus und sorgte für Erheiterung im Plenum, jedenfalls auf der linken Seite: »Wir haben in diesem Fall ein Beziehungs- und Freundschaftssystem, das zum Mißbrauch einlädt. In dem Augenblick, in dem dieses System verändert wird, so daß es nicht mehr zum Mißbrauch einlädt, geht der Mißbrauch enorm zurück.« In Sachen Toto-Lotto sei Mayer-Vorfelder in einer Person in gleich vier Funktionen am Tisch gesessen: als Aufsichtsratsvorsitzender der Toto-Lotto GmbH, als Minister, als Präsident des VfB Stuttgart und als politischer Freund des Geschäftsführers. Daß der VfB Stuttgart »sehr stark bevorteilt« wurde, glaubte der SPD-Abgeordnete Karl-Peter Wettstein an folgenden Fakten erkennen zu können: Die Staatliche Toto-Lotto GmbH hatte einen Werbevertrag mit der Guido Buchwald Sport Marketing GmbH über nahezu 100 000 Mark jährlich abgeschlossen. Außerdem existierten Verträge mit weiteren ehemaligen Spielern des VfB Stuttgart, etwa Johann »Buffy« Ettmayer. Zahlreiche VfB-Profis erhielten Honorare für Benefizspiele, dagegen nur zwei vom Karlsruher SC und nicht ein einziger von den beiden anderen damaligen Profiteams im »Ländle«, SC Freiburg und Waldhof Mannheim.[25] Konkrete Summen gab die Gesellschaft nicht preis.

Die Beziehungsverquickung machte Bütikofer noch an weiteren Beispielen deutlich: Der Amtschef des Finanzministeriums, Benno Bueble, verhandelte mit dem Geschäftsführer der Toto-Lotto GmbH, Peter Wetter, über dessen Bezüge, gleichzeitig kontrollierte Wetter im Finanzausschuß als Fachsprecher der CDU das von Bueble geleitete Ministerium. Die Einstellung von Angehörigen, die Förderung des eigenen Sportvereins, das alles sei »Selbstbedienungsfilz« und mache die Lottogesellschaft zur »Beute von Freundeskreisen«.[26]

Die Koalitionspartner CDU und SPD gerieten am

15. Juni 1994 heftig aneinander, weil die Abgeordneten der SPD bei der Abstimmung über Mayer-Vorfelders Verbleib als Minister sich lediglich der Stimme enthalten, nicht jedoch für den Finanzminister die Hand heben wollten. SPD-Fraktionschef Ulrich Maurer (SPD) war erzürnt darüber, daß die CDU zwei Lotto-Aufsichtsratsmitglieder angriff, die der SPD angehörten, statt sich mit der Verantwortung des Finanzministers für den Lottoskandal zu beschäftigen. Er sah die Union »in einem klimatischen Zustand, der in dieser Koalition unannehmbar ist«. Maurer hatte allen Grund zur Erregung: Unmittelbar vor ihm hatte sein CDU-Kollege Günther Oettinger aus Bettelbriefen des Stuttgarter Bürgermeisters Rolf Lehmann (SPD) an Wetter zitiert. Lehmann saß von 1993 an selbst im Lottoaufsichtsrat. Dabei ging es nicht nur um eine Spende von 25 000 Mark als Sponsoring für eine Kulturveranstaltung der Stadt Stuttgart, sondern auch um die Bitte, Wetter möge doch Anzeigen der Toto-Lotto GmbH im SPD-Mitgliedermagazin *Vorwärts* schalten. Bei den Lesern, 62 000 baden-württembergischen Sozis, handle es sich um kaufkräftiges Publikum, hatte Lehmann geschrieben. Abgeordnete der CDU und der Republikaner lachten an dieser Stelle herzhaft. Wetter hatte das Ansinnen damals abgelehnt, nun kündigte Maurer an, er werde überprüfen, in welchen Mitgliederzeitungen die Gesellschaft tatsächlich geworben hat.[27]

Ulrich Maurers Resümee traf dennoch den Nagel auf den Kopf: »Die Reisetätigkeit beispielsweise, der Umfang, die Teilnehmerzahl, vieles, was im persönlichen Beziehungsbereich angelegt war, wäre in einem ordentlich geführten privatwirtschaftlichen Unternehmen nicht denkbar gewesen.« Das Unternehmen unter Staatsaufsicht aber schmälerte mit seiner Freigebigkeit lediglich die Überschüsse, also die Mittel, die an den Haushalt gehen und dort für gemeinnützige Zwecke vergeben werden sollten. Im Finanzausschuß war später die Rede von »institutionalisierter Verschwendungssucht«.

Auch das Finanzministerium gab sich zerknirscht: »Die gegenwärtige Regelung, wonach die Kosten für die Geschäftsbesorgung, gleichgültig in welcher Höhe sie entstehen, im wesentlichen zu Lasten der Zweckerträge gehen, ist nicht unproblematisch.« Es sei zu überlegen, »ob nicht eine Bremse gegen die ungezügelte Expansion der Geschäftskosten eingebaut werden sollte«, schrieb der Ministerialdirektor im Finanzministerium, Benno Bueble, an seinen Chef Mayer-Vorfelder. Die Idee, für die Gesellschaft in Zukunft einen bestimmten Prozentsatz als Provision festzuschreiben, mit dem sie dann alle Ausgaben zu bestreiten habe, hatte Peter Wetter in der Aufsichtsratssitzung vom 22. Juni 1993 abgelehnt. Wegen der anstehenden Umstellung auf Online-Betrieb ergebe sich eine Doppelbelastung für das Personal. Die Angelegenheit wurde damals vertagt, bis Vorschläge für eine Neuorganisation vorlägen. Bis heute hatte niemand eine Idee.[28]

Online: Mit Innovationen Geschäfte machen

Am 2. Oktober 1995, um sechs Uhr morgens, begann in den knapp 230 Annahmestellen in Bremen das Computerzeitalter. Die Bremer Toto und Lotto GmbH hatte sie alle mit Computern ausgestattet und den Spielbetrieb auf Online umgestellt. Die Kosten wälzten die Lotteriemanager auf die Spieler ab: Eine neue Gebührenstruktur für Online-Spielaufträge sorgte für 8,2 Prozent mehr Gebühreneinnahmen. »Die weiteren Online-Einführungskosten sowie die allgemeinen Kostensteigerungen mußten daneben durch eine befristete Reduzierung der Toto-Lotto-Zweckabgaben abgedeckt werden.« Nach Ablauf der Garantiezeiten werde mit zusätzlichen Kostenbelastungen für die Hardware- und Softwarewartung zu rechnen sein.[29]

Alles korrekt, meint der ehemalige Präsident des Landesrechnungshofs Bremen, Hartwin Meyer-Arndt. Der Innensenator habe das Verfahren nicht beanstandet, »weil es keine anderen Quellen gibt, aus denen man das hätte bezahlen können«. Für einen »vorübergehenden Zeitraum« sei das zu akzeptieren.

Aber was ist ein »vorübergehender Zeitraum«? Die Gesellschaft hatte bereits in den vorhergegangenen Jahren einen Teil ihrer Überschüsse zurückgelegt. Jetzt erhöhte sie nicht nur die Gebühren, sondern kürzte auch den Annahmestellen die Provisionen, weil diese angeblich weniger Arbeitsaufwand haben. Das ist umstritten. Zwar fällt mit Online eine Menge Papierkram weg, aber dafür müssen die Tipper auch mittwochs und samstags betreut werden. Mit 500 Mark Anschlußgebühr bat die Zentrale ihre Kollektoren außerdem noch zur Kasse. Ein Monopolbetrieb kann sich das leisten. Wer nicht mitspielt, fliegt raus. Nicht nur einige Rechnungshöfe kritisierten das. Ohnehin sind Rechnungsprüfer der Meinung, daß den Gesellschaften zur Abwicklung des Spielbetriebs die Bearbeitungsgebühren ausreichen müßten. Statt dessen gestatten ihnen Politiker aller Länder, sich auch aus den Einsätzen zu bedienen. Und dann sollen bei einer Investition auch die großzügigsten Geschäftsbesorgungsverträge nicht ausreichen?

Alle Lotteriegesellschaften haben sich ihre Zukunftsinvestition von anderen bezahlen lassen. Sie wollen sich damit nicht nur gegen mögliche Konkurrenz aus dem Ausland wappnen, sondern vor allem höhere Umsätze erreichen. Die Aussichten dafür erscheinen rosig, denn das wichtigste Ergebnis eines Feldversuchs auf Helgoland war: Die Umsätze stiegen um 100 Prozent. Auch die Hessen, die als erste komplett vernetzt waren, meldeten im ersten Jahr acht

Prozent Wachstum. Schnell zogen alle anderen Bundesländer nach in der Hoffnung, mit dem neuen Service neue Spieler anzulocken.

Auch der schleswig-holsteinische Finanz-Staatssekretär Joachim Lohmann zeigte sich 1995 hoffnungsvoll, »daß damit auch der Umsatz gesteigert« werde. In der Landeshauptstadt Kiel hätten Tests das »überraschende Ergebnis« eines Umsatzplus von 34 Prozent in zwölf Wochen erbracht. Das wichtigste aber: »Mittel- und langfristig ist damit auch die Einführung von neuen Gewinnspielen möglich, die weit über das traditionelle Spielangebot hinausreichen«, so die Staatliche Toto-Lotto GmbH Baden-Württembergs. Längst wird über ein tägliches Lotto diskutiert. Die Online-Technik hat dafür die Voraussetzungen geschaffen.

Die Verlogenheit der Argumentation, der Staat müsse seine Bürger vor dem Glücksspiel schützen, hat sich mit dieser öffentlich ausgesprochenen Spekulation wieder einmal erwiesen, auch wenn sich die Umsätze dann doch nicht so erhöhten wie erwartet.

Die Lotteriegesellschaften rechneten bundesweit mit Modernisierungskosten von einer halben Milliarde Mark. 50 Millionen Mark kalkulierte beispielsweise Niedersachsen allein für die Investitionen, zusätzlich soll jedes Jahr die Hälfte der Summe an Betriebskosten hinzukommen. Solche Zahlen entlockten den Managern allenfalls ein Schulterzucken. Die notwendigen Mittel holten sie sich bei allen am Spiel Beteiligten. Beispiel Brandenburg: Rund elf Millionen Mark investierte die Land Brandenburg Lotto GmbH in die Umstellung ihrer Annahmestellen auf Online. »Diese Investition«, warb die Gesellschaft vor der Presse, »zahlt sich für die Lottospieler sofort aus: Lotto-Online bietet schnelles Spiel, schnelle Gewinnauszahlung und vielleicht auch neues Glück.«

Online bringt vor allem neue Kosten, allerdings nicht in erster Linie für die Gesellschaften. Eine knappe Million pro Jahr spart die Lottogesellschaft in Potsdam durch die Kürzung der Provisionen für die Annahmestellen um ein halbes Prozent. Während diese 1995 und 1996 8,1 Prozent der Einsätze (einschließlich Umsatzsteuer, also 6,9 Prozent netto) kassieren durften, waren es 1997 noch 7,5 Prozent (netto 6,5 Prozent). Der Anteil der Gesellschaft erhöhte sich umgekehrt proportional von 5,3 auf 5,9 Prozent. Außerdem mußten sich die Annahmestellen mit einmalig 300 Mark an der Investition beteiligen, zusammen rund 225 000 Mark. Auch von der Konzessionsabgabe, die eigentlich über die Ministerien für gemeinnützige Zwecke verteilt werden soll, durfte die Lotterie-GmbH für Computerinvestitionen und Rücklagenbildung eine Menge einbehalten – 1995 und 1996 jeweils rund sechs Millionen Mark. Und wenn's dann immer noch nicht reicht, wird eben noch mehr abgezweigt. Antje Edelmann, Lottosprecherin in Brandenburg, freut sich, daß das Ministerium mitspielt: »Wir überweisen, was übrig ist.«

Auch Otto Lottos Spielerkollegen in Brandenburg müssen bluten. Die Erhöhung der Bearbeitungsgebühren, beispielsweise um zehn Pfennig für den Spielschein »6 aus 49«, wird für die Großinvestition eine weitere Million Mark pro Jahr einbringen. Und schließlich bezahlt jeder Tipper, der vermeiden will, daß ihm beim neuen Lotto ein Gewinn entgeht, zehn Mark für seine zwei Jahre gültige »Lottocard«. 15 563 waren wenige Wochen nach Abschluß der Umrüstung verkauft, macht 155 630 Mark zusätzliche Einnahmen. »Um die hundert«, berichtet die Sprecherin, »kommen jede Woche dazu.«[30]

Damit sie auch künftig ihre Gewinne sicher erhalten, müssen Lottospieler eine solche Karte kaufen. Macht fünf Mark pro Jahr und Nase. Die Lotterieverwaltungen halten die Gewinne von Spielteilnehmern ohne Kundenkarte 13 Wochen bereit, dann verfallen sie. Wer eine Kundenkarte hat, bekommt seinen Gewinn keinesfalls sofort überwiesen, sondern nach einer Frist von sechs Wochen und unter Abzug einer Überweisungsgebühr von einer Mark. Bei Gewinnen über 5000 Mark wird der Gewinner benachrichtigt und erhält seinen Gewinn nach sechs Tagen angewiesen, ebenfalls gegen eine Gebühr von einer Mark.

Die Toto-Lotto Niedersachsen GmbH nahm innerhalb eines Jahres für 150 000 Karten 1,5 Millionen Mark ein. Sie gelten ebenfalls zwei Jahre. Rheinland-Pfalz meldete 1996 Erlöse aus Kundenkarten in Höhe von 162 400 Mark. Hessen hatte bis dahin schon 350 000 Karten verkauft, macht 3,5 Millionen Mark für die GmbH-Kasse. Der Verkauf dieser Kundenkarten wurde sogar »werblich gesondert gefördert« – Motto: »Sischä ist sischä!« Das mutet an wie der Ruf nach dem Brandstifter als Feuerwehrmann: Erst verursachen die Lotteriezentralen mit Online das Feuer, dann bieten sie das Löschwasser an – natürlich gegen Gebühr. Auch die hessischen Annahmestellen mußten sich mit einmalig 950 Mark an den Investitionen beteiligen, die Provision wurde von sieben Prozent ohne Bearbeitungsgebühr auf einen Anteil von 6,45 Prozent abgesenkt, wobei nun auch die Spielscheingebühren »verprovisioniert« werden.

Die Bremer Toto und Lotto GmbH kassierte 1995 rund 4,4 Millionen Mark an Bearbeitungsgebühren von den Tippern, zwei Jahre später waren es 5,228 Millionen Mark – eine Mehreinnahme von annähernd 18 Prozent. Auch die Bremer begründeten den Zuwachs verschämt: »Mit der Online-Einführung wurden die Bearbeitungsgebühren geändert.«[31] Der Senator für Inneres genehmigte die Finanzierung der Rationalisierungsmaßnahmen durch eine »neue Gebührenstruktur für Online-Spielaufträge«. Doch nicht nur direkt wurden die Tipper zur Ader gelassen: Durch eine »befristete Reduzierung der Lotto-Toto-Zweckabgaben« zur Deckung der Kosten für die Online-Einführung standen Sportvereinen, sozialen Einrichtungen, Kultur oder Umweltschutz weniger Mittel zur Verfügung.

In Sachsen-Anhalt veranschlagte die Lotto-Toto GmbH die Online-Kosten 1995 und 1996 auf insgesamt 13,7 Millionen Mark. Von den 18 Millionen Mark, die 1995 als Zweckerträge hätten abgeführt werden müssen, durften die Magdeburger 1,051 Millionen Mark »für den Aufbau der Gesellschaft« einbehalten, 1996 sogar acht Prozent, mehr als 1,5 Millionen Mark, »zur Deckung der mit der Online-Einführung verbundenen Mehraufwendungen«. Jede Annahmestelle mußte hierfür einmalig 600 Mark investieren. Weil die Umsätze 1996 um vier Prozent stiegen, konnte sich die Gesellschaft im Geschäftsbericht über diese günstige Investition doppelt freuen: »Mit Online erzielten 1997 [!] weit weniger Verkaufsstellen zusammen mehr Umsatz [...] als im Vorjahr.« Und: »Die 1996 abgeschlossene Umstellung auf die neue Onlinetechnik löste bei den Kunden ein positives Echo aus. Wir rechnen daher mit weiteren Umsatzsteigerungen.« Für die Ausstellung von Kundenkarten, die eine automatische Auszahlung der Gewinne aufs Konto sichern, nahm die Gesellschaft 153 930 Mark ein.

Ob die neue Technik zu Rationalisierungen beim Personal führen wird, bewerten die Gesellschaften je nach politischer Opportunität: Baden-Württembergs Toto-Lotto GmbH schrieb hierzu: »Durch diese Investitionen können im Unternehmen langfristig Arbeitsplätze gesichert werden.« Sachsen dagegen spricht von einer »infolge der Online-Einführung notwendigen Reduzierung der Verkaufsstellenanzahl«. Wie bei jeder Rationalisierung ist diese zweite Einschätzung realistischer.

In Nordrhein-Westfalen mußten wegen der Einführung von Online 60 Frauen mit unbefristeten Verträgen, die älter als 55 Jahre waren, in den Vorruhestand gehen – versehen mit einem ordentlichen Überbrückungsgeld, das sie bis zum Rentenalter versorgt. Schon 1996 wies die Bilanz drei Millionen Mark mehr für die Altersversorgung aus als im Jahr zuvor. Außerdem mußten sich 127 Studenten mit befristeten Verträgen einen neuen Job suchen. Im Gegenzug entstanden 40 neue, qualifizierte Dauerarbeitsplätze, vornehmlich in der Datenverarbeitung.

Großer Nutzen für Otto Lotto und andere leidenschaftliche Spieler ist durch die Etablierung von Online noch nicht abzusehen – im Gegenteil: Nach der Einführung standen etwa in Niedersachsen Automobile im Wert von 900 000 Mark auf dem Parkplatz der Lotteriezentrale herum: ein BMW Z3, sieben Audi A4 Avant und sechs VW Passat Variant. Sie blieben nach vier Sonderauslosungen im März und April 1996 übrig, weil sich die Gewinner nicht meldeten. Sie hatten online getippt. Auch in Hamburg standen zur gleichen Zeit zwei Kleinwagen aus Sonderziehungen, die vergessen worden waren. In Niedersachsen suchten kurz vor Weihnachten 1996 die Zeitungen den Gewinner eines Mercedes E 200 – Wert: 56 000 Mark. Er könne den Gewinn noch bis heute abholen, hieß es, und alle Regionalzeitungen druckten den Fahndungsaufruf nach, nicht ohne die dramatische Warnung: Nach 17 Uhr verfällt der Gewinn!

Rund 200 Millionen Mark an Gewinnen, rechnen die Lotteriestrategen, sollen den Tippern jährlich seit der Einführung von Online entgehen, weil Gewinne übersehen oder vergessen und die Gewinner nicht mehr erfaßt werden – außer sie haben eine »Lottocard«.[32]

Werbung: Mit Millionen den Spieltrieb zügeln?

Winfried Wortmann, Chef von WestLotto, macht sich Sorgen um das nachlassende Interesse der Jugend. »Viele wissen gar nicht genau, wie es geht«, jammerte Wortmann. Das sei das erste Hemmnis für die Jugend beim Betreten einer Annahmestelle. Das müßte ihn freilich freuen, kommt er doch seiner Aufgabe in hervorragender Weise nach, nämlich den Spieltrieb der Menschen in geregelten Bahnen zu halten und diesen furchtbaren Trieb nicht zu fördern. Doch statt über weitere Maßnahmen nachzudenken, die unsere jungen Menschen von den Lottobuden fernhalten, wollte Wortmann die Annahmestellen für »ihn«, den Jugendlichen, »attraktiver machen«. »Die heutige Generation erwartet einen anderen Auftritt, eine stark erlebnisorientierte Welt.«[33]

Alle Lotteriemacher denken so und deshalb auch ständig über neue Konzepte nach. Die 16 Ländergesellschaften sind zu einem gerngesehenen Kunden bei Werbeagenturen geworden. Die PR-Etats wuchsen in den letzten Jahren rapide. Andreas und Bernhard Fischer-Appelt durften sich darüber freuen. Ihre Agentur Media Concept bekam Ende 1996 den Zuschlag für ein Werbekonzept der Lotteriegesellschaft Brandenburgs. Mit einem siebenstelligen Etat sollte sie sich überlegen, wie mit dem Zugpferd, Boxweltmeister Henry Maske, das Glücksspiel anzukurbeln sei. Schleswig-Holsteins NordwestLotto vergab an die Agentur Halbfas & Partner einen Auftrag von 3,5 Millionen Mark.[34]

Konkrete Zahlen geben die Lottomanager nicht gern bekannt. Die Kosten für Werbung, die Otto Lotto und mit ihm alle Spieler mit ihren Einsätzen und Bearbeitungsgebühren bezahlen, werden gehütet wie Staatsgeheimnisse. Einige Daten aber belegen: Die Ausgaben für Werbung steigen. 1990 investierten die staatlichen Lotterieveranstalter genausoviel Geld in Werbung wie die damalige Bundesbahn oder weit mehr als das Doppelte im Vergleich zur Bundespost. Heute gilt die Marge von einem Prozent der Einsätze, was einen jährlichen Werbeaufwand von mehr als 120 Millionen Mark bedeutet.

Nur wenige Gesellschaften geben heute die Höhe ihrer Werbeetats preis: Rheinland-Pfalz gab von 1989 bis 1993 rund 4,4 Millionen Mark mehr für Werbung aus, als die vom Landesrechnungshof für angemessen gehaltene Quote von einem Prozent des Umsatzes erlaubt hätte. Besonders in den neuen Bundesländern muß der Appetit auf das neue Spiel noch immer mit riesigen Werbeetats gefördert werden. In Sachsen-Anhalt etwa liegt der Anteil der Werbung am Umsatz mit jährlich über sechs Millionen Mark bei mehr als drei Prozent.

Auch die kommerziellen Tippgemeinschaften haben ihre Etats erhöht und Prominenten hochdotierte Werbeverträge angeboten: Boris Becker soll von Faber in fünf Jahren seit 1992 rund zwölf Millionen Mark erhalten haben, Ralf Schumachers Abschluß mit Günther soll mit einer Million Mark dotiert sein.[35]

Lotto ist alles andere als eine Wohltätigkeitsveranstaltung. Das Unternehmen agiert »am Markt, um Umsätze zu machen«, wie der Sprecher des Schwaben-Lottos, Klaus Sattler, endlich einmal offen zugibt. »Eigentlich ist das ein Wirtschaftsunternehmen.«[36] Die erfolgreichen Produkte müssen gepflegt, neue Produkte »ins Bewußtsein der Menschen gepowert werden«.

Allein für die Losbrieflotterie standen der Nordwest-Lotto Schleswig-Holstein 1997 bei einem Umsatz von rund 18 Millionen Mark für die Werbung 1,5 Millionen Mark zur Verfügung. Auch auf außergewöhnliche Maßnahmen verzichten die Gesellschaften nicht, wenn sie zur Umsatzsteigerung beizutragen versprechen: Schon 1988 reisten

45 Leiter von Annahmestellen auf Kosten von Nordwest-Lotto nach Teneriffa. Diese »Werbung« für die Losbrieflotterie kostete die Gesellschaft 71 402 Mark. Im folgenden Jahr flogen 51 Personen mit, die Kosten stiegen auf 87 969 Mark – »Erfolgsprämien zur Motivationssteigerung«, wie der Rechnungshof meinte. Dabei erhielten die Annahmestellen Provisionen, die in ausreichender Weise Leistungsanreize darstellten. Das Finanzministerium verteidigte die Wettbewerbe, die »in der Wirtschaft üblich« seien. Es setzte sich durch, der Annahmestellenwettbewerb durfte fortgesetzt werden. 1997 standen dafür 125 000 Mark im Etat.

Doch damit nicht genug: Ein Teil der nicht abgeholten Gewinne wird landes- oder bundesweit in Sonderauslosungen erneut ausgespielt. In Niedersachsen etwa wurden diese Überbleibsel stets in Sonderausspielungen neu verlost. Allerdings nicht ohne kräftig die Werbetrommel zu rühren: Erstmals wurden Zahlen aus den Jahren 1989 und 1990 bekannt. Von 10,6 beziehungsweise 12,6 Millionen Mark, die für eine erneute Ausspielung zur Verfügung standen, verwendete die Toto-Lotto Niedersachsen GmbH 4,9 beziehungsweise 4,7 Millionen Mark für »Kosten einschl. Werbung«. Damit gab sie 46 beziehungsweise 38 Prozent der Gewinne für die Werbung aus. Obwohl auch die Landtagsabgeordneten diese unerfreuliche Bilanz heftig diskutierten, änderte sich an den hohen Werbeaufwendungen für Sonderauslosungen nichts – jedenfalls nicht zum Guten: 1995 wurden bei Sonderauslosungen nur noch 3,6 Millionen Mark an Geld- und 1,3 Millionen Mark an Sachgewinnen ausgeschüttet.

Die Kampagnen für die Sonderauslosungen durfte maßgeblich ein in Langenhagen ansässiges Werbeunternehmen übernehmen, mit dessen Geschäftsführer einer der damals drei Geschäftsführer von Toto-Lotto Niedersachsen befreundet war. Erst nachdem dies bekannt geworden war, gab es erstmals eine öffentliche Ausschreibung für diese Millionenaufträge. Besagte Werbeagentur ist noch heute für die Toto-Lotto Niedersachsen GmbH tätig und gestaltet auch den Geschäftsbericht. »Ja, wahrscheinlich kannte unser Geschäftsführer den Chef der Werbefirma«, bestätigt Pressesprecher Herbert John. »Aber für heutige Entscheidungen spielt das keine Rolle mehr.« Schließlich gebe es alle drei Jahre eine Ausschreibung.[37]

Der Ökonom und Buchmacher Norman Albers dagegen hält Spezl-Wirtschaft bei den Lotterien für üblich: »Rein zufällig ist der Chef der beauftragten Werbeunternehmen oft ein Spezi des Geschäftsführers.« Nachweise dafür sind schwierig zu führen. Merkwürdig mutet dagegen an, daß eine Werbeagentur, die in Niedersachens Lotteriegesellschaft aktiv ist, auch in Sachsen-Anhalt tätig ist. Vielleicht gab es ja in Magdeburg keine Werbefachleute. Oder es hat damit zu tun, daß frühere Geschäftsführer aus Niedersachsen der Schwestergesellschaft in Magdeburg beim Aufbau zur Hand gingen.

Merkwürdig auch, wenn, wie in Hessen, im Aufmacher des Geschäftsberichts 1995 eine Werbeagentur (»Die Kreativen der Frankfurter Werbeagentur Boebel/Adam«) und deren neue Lottokampagne (diese habe »schon Kultstatus erreicht«) gefeiert werden. Es habe für die »schrillen Kinofilme und schrägen Funkspots [...] Werbepreise und Nominierungen in rauhen Mengen« gehagelt, die Kampagne habe »beim fachkundigen Publikum Begeisterung« ausgelöst. Den Geschäftsbericht, im Stile einer besseren Schülerzeitung auf sechs Seiten zusammengefaltet, hat die Agentur Boebel/Adam selbst erstellt und dafür von der Lotterie-Treuhandgesellschaft mbH selbstverständlich auch Geld bekommen. 120 000 Mark, jedes Exemplar zu 90 Mark. Die Lottogesellschaft verteidigte die hohen Kosten so: »Es war anläßlich unseres Jubiläums eine aufwendige ›Verpackung‹ für den GF-Bericht erstellt worden, in der Video- und Audiokassetten mit der neuen Werbelinie integriert waren.«[38]

Daß zur besten Sendezeit für die staatlichen Glücksspielangebote geworben wird, verdeutlicht, daß die vorgebliche Begründung für deren Bestand, nämlich die den Menschen innewohnende Wettneigung zu kanalisieren, lediglich staatliche Interessen schützt. Niedersachsens Lotteriegesellschaft nennt im Geschäftsbericht die wahren Absichten ihrer Werbemaßnahmen: »Zielsetzung der Werbung war im Jahr 1995, das positive Meinungsbild über Toto-Lotto zu erhalten und zu verstärken sowie die übrigen Angebote wie Toto, Spiel 77, Super 6, Glücksspirale, die Rubbellos-Lotterie, NKL und Toto-Lotto-Touristik hervorzuheben. Insgesamt waren die Werbe- und Marketingaktivitäten darauf ausgerichtet, regelmäßige Spieler zu binden, unregelmäßige Spieler durch Information über das abwechslungsreiche Spielangebot zu Stammkunden zu machen und Nichtspieler an unsere Angebote heranzuführen.«

Neben der Werbung sorgt umfangreiches Sponsoring dafür, daß Toto-Lotto ständig präsent ist. Fast 100 Vereine und Verbände erhielten Sponsoring-Verträge, etwa der Fußballoberligist SVG Göttingen und die Bundesligaschwimmer der SG Hildesheim, viele Vereine Wettkampf- oder Trainingsbekleidung. Zwei Millionen Mark stehen jährlich für Sportsponsoring zur Verfügung, für Kultursponsoring 400 000 Mark. Werbung für die Lotterie wird damit bei Jazzveranstaltungen wie der einmal jährlich stattfindenden Streetparade in Celle, »Swinging Hannover« oder beim Jazzfestival in Westoverledingen getrieben, aber auch bei Kultur- und Altstadtfesten im ganzen Land. Das alles gehört natürlich zur heute üblichen Strategie eines Wirtschaftsunternehmens.

Aber für Lotto? Dürfen Millionen ausgegeben werden zur Animation für eine an sich nicht gewünschte Freizeitbeschäftigung? Der Landesrechnungshof in Hannover »läßt offen, ob Werbung für Glücksspiele überhaupt zulässig ist«. Denn eigentlich sind Otto Lotto, unser Berliner Lottospieler, und alle anderen Glücksspieler und Tipper für den Staat eine zwiespältige Figur. Einerseits freuen sich die Finanzminister, daß jemand freiwillig Geld abliefert für ein Spiel, das ihnen jährlich Milliarden in die Kassen spült. Derzeit liefern die 16 Lotteriegesellschaften rund fünf Milliarden Mark jährlich an Steuern, Zweckerträgen, Konzessionsabgaben und Überschüssen ab. Andererseits machen sich die Tugendwächter unter den Politikern Sorgen um die moralische Gesundheit des Volkes. Und weil das Volk einen schlechten Ruf hat bei den Mächtigen, mißtrauen sie Spielern, Wettern und Zockern zutiefst.

Der englische Nationalökonom Alfred Marshall hielt Menschen wie Otto Lotto schon 1890 für nicht geeignet für regelmäßige Arbeit und die höheren und dauerhafteren Freuden des Lebens. Aus ethisch-moralischen Gründen und weil es nicht sein durfte, daß sich jemand ohne Arbeit Eigentum verschaffte, war Glücksspiel im vorigen Jahrhundert verpönt.

In England und in den USA, aber auch in Deutschland ist Glücksspiel deshalb gesetzlich verboten. Jedenfalls unterliegt die Einführung einer Lotterie einem sogenannten Erlaubnisvorbehalt, bedarf also einer staatlichen Genehmigung. Bis heute heißt es in Paragraph 284 des Strafgesetzbuches: »Wer ohne behördliche Erlaubnis ein Glücksspiel veranstaltet oder hält oder die Einrichtung hierzu bereitstellt...« Es ist also nicht ganz verboten, oder genauer: Es ist nur dem Staat erlaubt, Lotterien zu veranstalten oder zu genehmigen. Bei Toto und Lotto spielt der Staat den »Dealer« und achtet peinlich darauf, daß ihm keiner ins Handwerk pfuscht. Klar, sagt sich Otto Lotto, die wollen sich die Millionen selbst sichern, statt sie jemand anderem zu schenken. Offiziell aber soll das Monopol des Staates dazu dienen, so der Bundesgerichtshof, »die wirtschaftliche Ausbeutung der Spielleidenschaft des Publikums unter staatliche Kontrolle und Zügelung zu nehmen«. Das Glücksspiel gilt heute als sozialschädlich, auch wenn dieses Urteil eher der extremen Spielsucht einiger weniger entspringt, was im Fall von Tabak oder Alkohol keineswegs zu Verboten führt.

Die staatlichen Lotterien heizen den Markt durch raffinierte Spielangebote weiter an: Die 1991 eingeführte Superzahl erhöht zwar die Quoten, aber sie vermindert die Chancen auf den absoluten Spitzengewinn auf ein Zehntel, die Wahrscheinlichkeit liegt bei 1 zu 140 Millionen. Mit den Jackpots, die dadurch entstehen, kann vorzüglich geworben werden. In der anhaltenden massiven Werbung für die nationalen Veranstaltungen, der Diskussion um ein tägliches Lotto und der Vergabe weiterer Spielbankkonzessionen sieht der Spielsuchtexperte Gerhard Meyer eher den »Schutz des eigenen Marktes« als vorrangiges Ziel. Auch Albers erscheint der Schutzgedanke lediglich als »politischer Vorwand«. Weder sei es so, daß niedrigere soziale Schichten vermehrt zu Glücksspiel neigten, denn ausgerechnet Beamte zeichnen sich durch höhere Teilnahme aus, noch konnte er nach seinen Umfrageergebnissen einen erhöhten Geldaufwand für Glücksspiele bei Arbeitslosen bestätigen.[39] Mehr noch: Erst durch die staatliche Regulierung entstünde das, was der Staat angeblich mit seinem Eingreifen verhindern will: Der Schutz der Konsumenten führe zu Schranken beim Marktzutritt, zu Strafsteuern sowie zu erhöhten Transaktionskosten und damit zu einem Vermögensverlust der Spieler. »Auf diese Weise kann die Regulierung des Glücksspielwesens niemals hinfällig werden und trägt folglich zur Verfolgung von Politikerinteressen dauerhaft bei.«[40] Die massive Werbung, die für Lotto betrieben wird, fördere sogar »eine positive Einstellung gegenüber Glücksspielen allgemein«, meint Gerhard

Meyer, und »weckt Bedürfnisse nach dem schnellen Geld«.[41] »Die Werbung«, so kritisierte auch der Landesrechnungshof Schleswig-Holstein in seinen »Bemerkungen« schon 1991, »muß sich in engen Grenzen halten und darf nicht zur Entfachung zusätzlicher Spielleidenschaft führen.« Seien Lotterien nur durch permanente Steigerung der Werbeetats abzusetzen, spreche dies dafür, daß »über ein natürliches Bedürfnis hinaus geworben wird«. Das Finanzministerium meinte dagegen, es sei Aufgabe des NordwestLotto, sich gegen andere Anbieter, etwa die Spielhallen, zu behaupten, »und das in der Bevölkerung vorhandene Spielbedürfnis auf das staatliche Glücksspielangebot zu lenken«.

Seit 1998 nutzen die Veranstalter mit ihrer »Lotto-Show« das Medium, das am meisten geeignet ist, Massen anzuziehen: das Fernsehen. Liegengebliebene Gewinne werden nun denkbar publikumswirksam ausgespielt. Bei WestLotto heißt es: »Bisher für Sonderauslosungen verfügbare Gewinnanteile bringt Lotto in die Fernsehveranstaltung ein.« Ziel der Show ist: »die Zuschauer begeistern, neue Spieler gewinnen«.

WestLotto war schon immer sehr phantasievoll, wenn es um die Werbung fürs Produkt ging. 1995 bot sie mit dem »Lotto-Super-Ding« einen, wie der Geschäftsbericht vermerkt, »Publikumsanreiz fürs Mittwochslotto«, durch den sich bei der Sonderveranstaltung der Umsatz fast vervierfachte. Wer 100 Scheine in Folge spielte, bekam außer den üblichen Gewinnchancen zusätzlich die Garantie auf die Hälfte seines Einsatzes. Heute befürchtet Geschäftsführer Winfried Wortmann baldige europäische Konkurrenz, die über Offshore-Lottozentralen den deutschen Markt angreife. »Käme es dazu, zeichnet sich schon heute ab, über welche Hebel der Wettbewerb ausgetragen würde: Ausschüttungsquote und Jackpot. In der richtigen Dosierung äußerst wirksam, falsch verabreicht töten sie das Spiel.«

Wo die Grenzen sind, zeigen Beispiele in Großbritannien, den USA oder in Spanien. Dort stehen bisweilen umgerechnet weit mehr als 100 Millionen Mark auf dem Spiel. Ein vierunddreißigjähriger Mann aus dem US-Staat Kentucky knackte im Januar 1996 den Jackpot mit 130 Millionen Mark. Allein. In England freute sich zur gleichen Zeit eine vierköpfige Tippgemeinschaft über 90 Millionen Mark für ihre sechs Richtigen mit Zusatzzahl. Erst zwei Wochen zuvor hatten drei Engländer einen Gewinn von 94 Millionen Mark erzielt, den bislang größten Jackpot auf der Insel. Wenn solche Anreize dazu führen, daß deutsche Tipper ihr Geld im Ausland setzen, dann ist zu erwarten, daß der Lotto- und Totoblock dem etwas entgegensetzen wird.

Bisher sind die Möglichkeiten für so außerordentlich hohe Jackpots in Deutschland begrenzt. Blieben die Tipper nach zehn aufeinanderfolgenden Ausspielungen auch in der elften erfolglos, so wird die Gewinnsumme in dieser Ausspielung der nächstniedrigeren Gewinnklasse zugeschlagen. Möglich, daß die Lottochefs daran denken, diese Regelung zu kippen. Es wäre nicht die erste Grenze, die fällt, um das Spiel durch höhere Gewinne verlockender und damit werbefähiger zu machen. Yvonne Schnyder, Generalsekretärin von Intertoto in Basel meint: »Wir befürchten bei den Spielern einen Wettlauf um die höchsten Jackpots.«

Unabhängig davon, wie man es sieht, ist klar: Die Werbung für Toto und Lotto soll die Zahl der Teilnehmer und die Einsatzsummen erhöhen. Ginge es wirklich um eine Eindämmung des Spieltriebs, müßte die Werbung gestaltet sein wie etwa die Zigarettenwerbung: »Der Bundessozialminister warnt: Glücksspiel untergräbt die öffentliche Moral und kann zu Sucht führen.« Oder: »Glücksspiel ist nur für Dumme: Die Gewinnerwartung ist gering, Verluste statistisch gesehen mehr als wahrscheinlich.« Solche Werbung würde dem Gebot, Glücksspiel einzuschränken, entgegenkommen und hätte einen aufklärerischen Impetus. Statt dessen werden irrationale Szenarien vom sicheren Glück aufgebaut. Das alles demonstriert, »daß das staatliche Interesse sich allein an der fiskalischen Ergiebigkeit der Glücksspielbesteuerung orientiert und nicht, wie behauptet, am Konsumentenschutz«.[42]

Als sich Anfang der neunziger Jahre die Europäische Kommission aufmachte, den künftigen europäischen Glücksspielmarkt zu regulieren, ordnete sie die Frage statt dem Wirtschaftsrecht dem »Recht zur Wahrung der öffentlichen Sicherheit und Ordnung« zu. Eine Mogelpackung, denn wie gesehen verteidigen die Macher ihre Werbeetats zu Recht mit dem Argument, daß dies bei allen Wirtschaftsunternehmen so sei. Geht es um den Schutz des eigenen Marktes gegen ausländische Konkurrrenz, wird wieder der Ordnungsfaktor bemüht. Mal so, mal so, je nach Bedarf.

Anders die Österreicher: Sie begründeten die Anpassung der Lotteriegesetze an internationales Recht schon 1986 ehrlich und offen. Ziele seien »1. die Schaffung einer Einnahmequelle aus fiskalischer Sicht; 2. die Verringerung des Abflusses von Spielgeldern in das benachbarte Ausland; 3. die Schaffung eines zusätzlichen Angebotes für Ausländer«.[43]

Die Klassenlotterien: Ein Drittel für die Werbung

Johannes Rau hatte es sehr eilig: Einen Tag nachdem die DDR der Bundesrepublik Deutschland beigetreten war und zehn Tage bevor in den neuen Bundesländern die Landtage gewählt werden sollten diskutierte das Parlament in Düsseldorf eine Änderung des Gesetzes zur Einführung einer Klassenlotterie. Die ostdeutschen Länder sollten »eingeladen« werden, so Finanzminister Heinz Schleußer, sich an der nordwestdeutschen Variante der Klassenlotterie, der

NKL, zu beteiligen. Der bündnisgrüne Abgeordnete Manfred Busch spottete im Parlament, er verstehe jetzt den tieferen Sinn der Personalhilfe für die einstige DDR: Eifrige Finanzbeamte hätten sich offenbar mit nichts anderem zu beschäftigen, als den Vormarsch des legalen Glücksspiels in der ehemaligen DDR zu organisieren. Sein FDP-Kollege Hagen Tschoeltsch meinte: »Ich empfinde diese Eile schon mehr als peinlich.« CDU-Kollege Winfried Schittges zeigte dagegen »aus Konkurrenzgründen Verständnis, denn auch die Süddeutschen werden bei den Lotterieprognosen, die in den ehemaligen DDR-Ländern bereits angestellt worden sind, hoffnungsfroh in die östliche Zukunft geschaut haben«.[44]

Die Landesregierung dachte an das Geld, das wohl auch in der einstigen DDR durch solch eine Lotterie zu holen wäre. Zumal für die ersten Monate abzusehen war, daß die Lose für den Osten in den westlichen Ländern verkauft werden würden. 47 Millionen Mark hatte die NKL in diesem Jahr in die maroden Kassen des Landes gespült, aus Steuern und Überschüssen. Jede zusätzliche Million war natürlich willkommen. Weil die Klassenlotterien, SKL und NKL, keine Zwecklotterien sind, fällt nicht nur die Steuer an den Finanzminister, sondern er kann auch die Überschüsse der Lotterie beliebig zur Deckung seines Haushalts verwenden.

SKL und NKL beziehungsweise die Länderregierungen haben sich schließlich geeinigt und die Claims abgesteckt: Sachsen und Thüringen traten der SKL bei, die anderen Länder der NKL. 1997 setzte die SKL 1,953 Milliarden Mark um, die NKL mit 931 Millionen Mark etwa die Hälfte. Bei der SKL blieben davon lediglich 148 Millionen Mark als Reingewinn übrig, ganze 7,6 Prozent. Die NKL gab keine Zahlen preis. Annähernd eine halbe Milliarde Mark Lotteriesteuer und rund 200 Millionen Mark Überschüsse dürften aber in diesem Jahr an die Länder gegangen sein. Verteilt wird nach einem Schlüssel, der je zur Hälfte die Bevölkerungszahl und den Losabsatz in den jeweiligen Vertragsländern berücksichtigt.

Die Vertreter der Finanzminister im Staatslotterieausschuß dürften mit dem Umsatzwachstum zufrieden gewesen sein: Die SKL verdoppelte ihren Umsatz in sechs Jahren, und das nicht nur wegen der Lospreiserhöhung im Jahr 1995. Unzufrieden müßten sie aber mit den geringen Überschüssen gewesen sein, bleibt doch bei Toto und Lotto rund dreimal soviel übrig. Einer der Gründe dafür wird die Spieler freuen: 54 beziehungsweise 55 Prozent der Spieleinsätze schütteten SKL und NKL 1997 aus, es gab aber auch Gewinnquoten von 51 Prozent, etwa in der 83. Lotterie der NKL, weil überdurchschnittlich viele Gewinne auf nicht verkaufte Lose fielen. Mit diesen Quoten liegen die Klassenlotterien über der Konkurrenz vom Lotto.

Doch das erklärt nur zum Teil den geringen Überschuß. Nach Abzug der Ausschüttung, des Überschusses und der Lotteriesteuer fehlen immer noch knapp 25 Prozent der Spieleinsätze, deren Verbleib im dunkeln liegt. Und das soll auch so bleiben: »Bitte, haben Sie Verständnis dafür, daß der Verteilerschlüssel für die Ablieferung der Lotteriesteuer und Erträge, die Provisionssätze und deren Staffelung für die staatlichen Lotterieeinnehmer zu den Betriebsinterna der SKL gehören und demzufolge nicht publiziert werden.« Die Hamburger schrieben kurz: »Unser Unternehmen ist nicht publizitätspflichtig.«[45]

Ein Viertel der Einsätze sollen nach Informationen Manfred Buschs »als Provisionen an die Lotterieeinnehmer« gehen. »Das heißt, dieser Teil wird für die enormen Verwaltungskosten, Provisionen und insbesondere für die Vertriebskosten, die nämlich ausschließlich über die Post laufen, verausgabt.«[46]

Von diesen hohen Vergütungen müssen die staatlichen Lotterieeinnehmer, bei der SKL 1997 rund 180, die amtlichen Verkaufsstellen (2800 bei der SKL, rund 4500 Laden- und Versandgeschäfte bei der NKL) finanzieren. Entscheidend aber ist, daß »ein Anteil von ca. 30% enthalten ist, der mindestens wieder in die Werbung zu investieren ist (Mindestwerbeaufwand)«, wie die SKL erklärt.[47] Das bedeutet, daß ein erheblicher Teil der Spieleinsätze, geschätzt etwa acht Prozent, für PR ausgegeben wird – rund eine Viertelmilliarde Mark pro Jahr dürften hierfür bei den beiden Gesellschaften zusammenkommen. Das ist das Doppelte dessen, was die 16 Lotteriegesellschaften der Länder für Werbung insgesamt investieren – bei vierfachem Umsatz. Das Branchenblatt *Der Kontakter* meldete 1996 einen NKL-Werbeetat für Hamburg von 20 Millionen Mark. Er ging an die M-S-B+K Hamburg Werbeagentur für Directmarketing GmbH.[48]

Als die Diplomsozialarbeiterin Heidemarie Berger (SPD) im Düsseldorfer Landtag die Bemühungen der Landesregierung verteidigte, die NKL um die ostdeutschen Länder zu erweitern, erklärte sie: »Auch gewährleistet das System der staatlichen Lotterien [...] den Ausschluß aggressiver [...] Werbemethoden.« Sie scheint im Vorfeld einer neuen Ausspielung der Klassenlotterien selten in ihren Briefkasten zu blicken. 93 Prozent der 1994/95 von der SKL abgesetzten Lose wurden »über den Versandweg vertrieben, 7% über die Ladengeschäfte der staatlichen Lotterieeinnahmen und amtlichen Verkaufsstellen«.[49]

Nach dem Lotteriegesetz von Rheinland-Pfalz etwa stoßen die hohen Kosten, die der Betrieb der Klassenlotterie verursacht, an die obere Grenze. Dort heißt es: »Der Veranstalter hat die Kosten der Veranstaltung so gering wie möglich zu halten; sie sollen ein Viertel des Spielkapitals nicht übersteigen.«

Wenn die beiden Klassenlotterien in fremden Revieren wildern, könnte das sogar »strafrechtlich relevant« sein, wie Bremens Toto-Lotto-Sprecher Peter Zerfowski meint. Die SKL habe mit Bremen keinen Vertrag abgeschlossen. Umgekehrt holt sich die NKL Kunden aus südlichen Bundesländern. Die SKL wirbt sogar international für ihre Lose. Die Mehrheit der Lotterieunternehmen lehnt dies ab. Sie haben die deutschen Klassenlotterien deshalb 1997 aus den Weltverbänden ausgeschlossen.[50]

5. Immer sechs Richtige: Das Lottopersonal

Das »Totalisator« ist eine Versicherung, die sich immer auszahlt – für die Veranstalter. Wenn Otto Lotto mit seinen Freunden würfelt, kann ihn das Glück ganz schön verlassen. Angenommen, er und seine fünf Freunde spielen jeweils die nächste Bierrunde aus. Wessen Zahl fällt, der muß die Rechnung der ganzen Runde übernehmen. Im Jahresdurchschnitt wird jeder etwa gleich oft bezahlen. Aber an einem Abend fällt ständig Ottos Zahl. Das kann teuer werden.

Nicht so beim Lotto. Das Totalisatorprinzip macht Toto und Lotto zu einer »sicheren Bank«. Denn die Höhe der Gewinne richtet sich nach den Einsätzen. Die Hälfte der Einsätze wird ausbezahlt. Gibt es viele Gewinner, bekommt keiner den vollen Höchstgewinn, sondern jeder nur einen Anteil davon. Ein unternehmerisches Risiko besteht in keiner Weise. Wenn Otto Lotto seinen Spielschein abliefert, spielt er nicht wie etwa beim Roulette gegen das Unternehmen, das nur die Infrastruktur zur Verfügung stellt. Nein, er spielt gegen die Mitspieler. Der Verwaltungsaufwand wird, wie am Beispiel Rheinland-Pfalz aufgezeigt, mehr als ausreichend durch feste Prozentsätze abgedeckt, die – falls nötig – angepaßt, also aufgestockt werden. »Neben geringen Anreizen zur kostenmäßigen Effizienzkontrolle führt dies zu einer Ausrichtung an Partikularinteressen von Parteien und Lobbyisten.«[51] Statt den Ablauf effizient und kostensparend zu gestalten, genügt es den Lottomanagern, ihr Augenmerk auf die Verteilung garantiert hereinfließender Gelder zu richten.

Das beginnt mit den Gehältern für die Geschäftsführer, deren Höhe nicht nur in Baden-Württemberg inzwischen gehütet wird wie ein Staatsgeheimnis. Wenn die Opposition in den Landtagen Näheres in Erfahrung bringen möchte, wird meist gemauert. Das Plenarprotokoll PlPr 11/127 des nordrhein-westfälischen Landtags vom 20. April 1994 gibt beispielhaft und auf amüsante Weise wieder, wie da Geheimniskrämerei betrieben wird: Der Abgeordnete Daniel Kreutz, mit Bündnis 90/Die Grünen seinerzeit noch nicht in der Regierungsverantwortung, fragte Finanzminister Heinz Schleußer (SPD):

»Herr Minister, können Sie bestätigen, daß die beiden Geschäftsführer von WestLotto, also Herr Schwefer und Herr Maedge, jeweils rund 400 000 DM Jahresgehalt beziehen plus Dienstwagen der Dreiliterklasse und Fahrer?«

Der Finanzminister antwortete kurz angebunden: »Nein.«

Kreutz' Kollege Manfred Busch hakte nach: »Herr Minister, ist es richtig, daß die Treuarbeit, die offenbar die wesentliche Kontrolle der Lottogesellschaften durchführt, nicht die Aufgabe hat, die Gehälter der leitenden Angestellten zu prüfen?«

Schleußer antwortete: »Die Treuarbeit überprüft alle wesentlichen Punkte dieser Gesellschaft.«

Auf eine weitere Nachfrage hin wich Schleußer einer Antwort aus, indem er erklärte, es würden »ausschließlich vertraglich vereinbarte Gehälter und Zuwendungen gezahlt«. Weil das eine Selbstverständlichkeit ist, wurde gefragt, ob der Minister denn sagen könne, wie hoch die Gehälter sind. Schleußer: »Ich bin dafür, daß Sie die Betreffenden oder ggf. die Gesellschaft fragen.«

Das genügte den Abgeordneten noch immer nicht. Ob er denn die Gehälter kenne. »Auch dann, wenn ich sie kennen würde, würde ich sie hier nicht plenar darstellen.« Weil damit die Frage nicht beantwortet worden war, gab es noch zwei Nachfragen. Schließlich erklärte der Minister, was er gesagt habe, sei »nach meinem Dafürhalten eine ausreichende Antwort«. Landtagspräsidentin Ingeborg Friebe sprang dem bedrängten Minister bei. Sie erklärte die Frage für beantwortet und rief die nächste mündliche Anfrage auf.

Daniel Kreutz und Manfred Busch erinnern sich: Die Zahl von 400 000 Mark sei damals in der WestLB kursiert. Eine Bestätigung konnten sie dafür allerdings nicht erhalten. Die Lottogesellschaft, das sei ein »richtiger Sumpf«, hat Manfred Busch festgestellt, die habe sich »allseitig interessengeleitet abgeschottet«.[52]

Um so mehr, als in Nordrhein-Westfalen nicht einmal der Rechnungshof ein Prüfrecht hat, weil die Westdeutsche Landesbank (WestLB) und ihre Beteiligungsunternehmen nach Paragraph 112 Absatz 2 der Landeshaushaltsordnung auszunehmen sind. Die einzige Information, die Rückschlüsse darauf zuläßt, daß ein Lottogeschäftsführer auch in Nordrhein-Westfalen nicht im Armenhaus landet, stammt von der Düsseldorfer Staatsanwaltschaft. Dort wird seit April 1997 ein Ermittlungsverfahren gegen Theodor Schwefer wegen möglicher Steuerhinterziehung geführt. Bei Ermittlungen gegen die Westdeutsche Landesbank wurde offenbar ein Schweizer Konto Schwefers entdeckt, das Einlagen in Millionenhöhe aufweisen soll.[53]

Auch in den anderen Glücksspielgesellschaften dürfen sich die Geschäftsführer über attraktive Gehälter freuen. Die Deutsche Klassenlotterie Berlin (DKLB) zahlte 1995 für ihre zwei Vorstandsmitglieder 571 304,48 Mark »Bezüge einschl. Nebenleistungen und Beihilfen«, im Jahr darauf 543 498,87 Mark.

Die Geschäftsberichte der Toto-Lotto Niedersachsen GmbH weisen 1993 und 1994 für zwei Chefs Bezüge in Höhe von 612 553,95 sowie 627 273,12 Mark aus – »einschließlich Aufwendungen für Altersversorgung u. a.«. Auch damals war Reinhard Scheibe schon Geschäftsführer, aber für heute kann sein Pressesprecher Herbert John diese Gehälter »nicht bestätigen«. Weshalb sein Chef auf mehrere zehntausend Mark verzichten sollte, konnte John auch nicht sagen.[54] Die Toto-Lotto Niedersachsen GmbH belegt in ihrem Geschäftsbericht außerdem »Sonderzahlungen für Mitarbeiter und Geschäftsleitung« in Höhe von 1,257 Millionen Mark. Die Frage, wie sich diese Sonderzahlung verteilt, blieb unbeantwortet.

Bremens langjähriger Lotteriechef Horst Stäcker und sein Mitgeschäftsführer Harald Schnabel verdienten 1991 zusammen genau 441 244,24 Mark. Nach dem Ausscheiden von Schnabel waren es 1993 immer noch 403 313,82 Mark, die an Stäcker und Gert W. Bussenius gingen. Das Bemerkenswerte daran: Die umsatzschwächste Lotteriegesellschaft der Bundesrepublik leistet sich bis heute zwei Geschäftsführer.

Eine ganz eigenwillige Regelung, deren Dickicht nur schwer zu durchdringen ist, besteht in Schleswig-Holstein. »Aus grundsätzlichen Erwägungen«, bedauerte der Leiter der Stabsstelle bei der NordwestLotto Staatliche Lotterie des Landes Schleswig-Holstein (NordwestLotto), Klaus Scharrenberg, könne man »die von Ihnen gewünschten Informationen nicht zur Verfügung stellen«. Weil NordwestLotto Schleswig-Holstein ein Unternehmen und Sondervermögen des Landes sei, gebe es auch keinen Geschäftsbericht. Aber, meint Scharrenberg sicher sein zu dürfen, »wir in Schleswig-Holstein haben absolut eine reine Weste«. Das habe auch der Rechnungshof überprüft. Daß der Rechnungshof geprüft hat, trifft zu. Allerdings hat der Behörde nicht alles gefallen, was sie in Kiel gefunden hat.

Zunächst läßt sich in Deutschlands Norden unnötigerweise ein Landesunternehmen aus Lotteriemitteln alimentieren. In Schleswig-Holstein sind die beiden Geschäftsführer der NordwestLotto Angestellte der Landesbank, die als Geschäftsbesorger fungiert. Dieser werden die Gehälter der Lottomanager erstattet. Der Wirtschaftsplan 1996 nennt für 1995 unter »Personalkostenerstattung an die Landesbank« 713 600 Mark, für die beiden folgenden Jahre werden Summen genannt, die knapp unter 700 000 Mark liegen. Für die beiden Geschäftsführer sind 1997 zusammen rund 428 000 Mark veranschlagt – einschließlich sozialer und sonstiger Leistungen. Die Differenz erklärt sich, weil der Posten auch Versorgungsleistungen an zwei ehemalige Geschäftsführer sowie 15 Prozent Mehrwertsteuer enthält. Zu ihrem vergleichsweise bescheidenen Gehalt beziehen die beiden für ein zweites Amt als Geschäftsführer der Lottoverwaltungsgesellschaft zusammen zusätzlich 28 800 Mark.

Außerdem erhält die Landesbank jährlich 375 000 Mark zuzüglich Mehrwertsteuer. Bei Kündigung dieses Vertrags würden nach Meinung des Rechnungshofs 300 000 Mark eingespart werden[55], die als Zweckerträge für gemeinnützige Zwecke verwendet werden könnten – wenn dies denn so Praxis wäre in Schleswig-Holstein. Die Kosten für die Beratungstätigkeit der Landesbank könnten entfallen, weil diese Aufgaben auch NordwestLotto selbst übernehmen könnte – kostenneutral. Der Rat des Rechnungshofs blieb unbeachtet. Bis heute hat sich nichts geändert.

Attraktiv sind die Lottochefposten auch wegen der großzügigen Pensionsregelungen. Der Posten »Gesamtbezüge früherer Mitglieder der Geschäftsführung und Zahlungen für die Hinterbliebenen der Geschäftsführung« schlägt bei jeder der 16 Gesellschaften jährlich mit sechsstelligen Beträgen zu Buche. Die Saarland-Sporttoto GmbH (Saartoto) bezahlte 1992 mehr als eine halbe Million Mark,

1993 noch 476 000 Mark, 1996 kassierten die Pensionäre immerhin noch 291 000 Mark. Der Geschäftsbericht der hessischen Lottozentrale wies 1996 »lfd. Pensionen« von fast einer halben Million Mark aus. Einem vorzeitig ausscheidenden Geschäftsführer hatte man sogar einen »Ausgleichsbetrag« zukommen lassen, der neben den Tantiemen und dem Ausgleich zwischen aktivem und Ruhegehalt auch einen »Ausgleich für die entgangene Nutzung eines Dienstwagens für private Zwecke« enthält.

Auch Horst Stäcker wurde, als er im April 1996 die Bremer Toto und Lotto GmbH verließ, der Gang in die Rente ordentlich versüßt: Zwei Monatsgehälter bekam er als Treueprämie ausgezahlt, für das laufende Jahr ein Drittel des 13. und 14. Monatsgehalts. Weil er seinen Dienstwagen so mochte, hat er diesen gleich auch noch übernommen – zum DAT-Schätzpreis.[56] Das hatte alles seine Richtigkeit, denn die Tarife, die die Gewerkschaft Handel, Banken, Versicherungen für ihre Kollegen in den Lottozentralen herausgeschlagen hat, sind überdurchschnittlich hoch.

Glück ist machbar: Wie man Lottodirektor wird

Wer jahrelang an der politischen Front Kärrnerarbeit leistet, der muß irgendwann belohnt werden. Weil es dort gemütlich zugeht und jede Woche frische Geldnoten hereinkommen, sind die Lottogesellschaften beliebter Vorruhestandsposten für altgediente Parteikämpen. Manchmal wird auch ein mißliebig gewordener Parteisoldat an die Spitze einer staatlichen Glücksspielgesellschaft fortgelobt. Und so scheint die Praxis in Deutschland die Theorie zu bestätigen. Weil die Geschäftsführerposten so attraktiv honoriert werden, neigt die Politik tatsächlich dazu, sie mit verdienten Parteifreunden oder Versorgungsfällen zu besetzen. Am 23. Juli 1987 fiel Roland Salchow, CDU-Mitglied in der Hamburger Bürgerschaft, durch eine sarkastische Kleine Anfrage auf:

»1. Muß man, um Lotto- und Totochef zu werden, Mitglied der SPD sein?

2. Muß man, um Lotto- und Totochef zu werden, Geschäftsführer der SPD-Fraktion gewesen sein?

3. Sind Lotto- und Toto-Glücksspielverwaltung und die Arbeitsweise der SPD-Fraktionsführung so verwandt, daß dem Senat beide Funktionen als mühelos austauschbar erscheinen?«

Der Senat antwortete in kargen Worten:

»Zu 1. bis 3.: Nein.«[57]

Als kommende Lottochefin hatten die Elb-Sozis zu dieser Zeit die Bürgerschaftspräsidentin Elisabeth Kiausch ausgeguckt, bis wenige Monate zuvor noch Geschäftsführerin der SPD-Fraktion. Als Gehalt geisterten vor mehr als zehn Jahren noch unglaublich bescheidene 100 000 Mark durch die Presse der Hansestadt. Doch dann machte Bürgermeister Klaus von Dohnanyi die Präsidentin zur Finanzsenatorin, und die SPD konnte daran arbeiten, statt einer verdienten Genossin ein Sorgenkind auf den attraktiven Posten abzuschieben. Die Sozialdemokratie der Hansestadt hatte in diesem Jahr 1987 ein Problem mit ihrem Polizeipräsidenten Dieter Heering. Beim »Hamburger Kessel«, so meinte die Presse, hatten Heerings Untergebene zu hart durchgegriffen, in der Hafenstraße nicht energisch genug. Im Sicherheitstrakt seines Polizeipräsidiums hatte Werner Pinzner während eines Verhörs den Staatsanwalt Wolfgang Bistry, dessen Frau Jutta und dann sich selbst erschossen. »Heering muß weg«, forderte die Opposition. Doch wohin mit dem Ex-Polizeipräsidenten? Der meldete sich nach den nicht enden wollenden Angriffen wegen eines schweren Bandscheibenleidens erst einmal krank und genoß monatelang 75 Prozent seines Gehalts (B 6, damals rund 10 000 Mark). Eine neue, adäquat bezahlte Stelle war in der Verwaltung nicht frei.

Nach fast einem Jahr gut gefederter Arbeitslosigkeit gab es dann doch die Lösung: Heering wurde zum Lottochef, obwohl eine »Badewanne voller Bewerbungen« vorgelegen hatte. »Sechs Richtige für Dieter Heering«, spottete das *Hamburger Abendblatt*. Die *Morgenpost* sprach von einem »Versorgungsposten« und von »Genossenfilz«. Die *Welt am Sonntag* mißbrauchte den Slogan der Nordwest Lotto und Toto Hamburg: »Glück ist machbar.« Die FDP hatte der Berufung zugestimmt, »weil Heering künftig nicht mehr dem Steuerzahler zur Last fällt, sondern von der Lottozentrale bezahlt wird«.[58]

Als die Lotterie »Carlot« gescheitert war, meinte der CDU-Bürgerschaftsabgeordnete Matthias Witt: Die Pleite zeige, »daß Geschäftsführungsposten in öffentlichen Unternehmen nicht der personelle Abschiebebahnhof des Senats sein dürfen«.[59] Doch die Berufung von Parteimitgliedern auf den Chefsessel bei Toto-Lotto hat Tradition in Hamburg. Schon Heerings Vorgänger, Max Reimer, war zuvor Fraktionschef der SPD gewesen. »Er konnte keine Zeugnisse oder Leistungsnachweise vorlegen – und das nach 30 Berufsjahren«, soll damals ein Beiratsmitglied gestöhnt haben. Reimer bekam den Job – viele vermuteten, sein Parteibuch sei seine wichtigste Empfehlung gewesen.

Hamburg ist keine Ausnahme. Ein Bundesland weiter südlich, in Niedersachsen, hat 1991 Reinhard Scheibe den Posten des Lottochefs übernommen. Ausgeschrieben war die Stelle nicht. Scheibe war zuvor für nur wenige Monate Staatssekretär und Leiter der Staatskanzlei bei Gerhard Schröder gewesen. Als Hillu Schröder den damaligen Ministerpräsidenten aus dem Haus warf, nachdem der sein Verhältnis zu Doris Köpf gebeichtet hatte, fand Schröder bei

Scheibe einen ersten Unterschlupf. »Das sind alte Kumpel aus Juso-Zeiten«, schmunzelt der Oppositionspolitiker Jürgen Gansäuer (CDU). Für das politische Amt in der Staatskanzlei sei Scheibe nicht der geeignete Mann gewesen. »Aber einem Freund gibt man nicht so ohne weiteres die Entlassungsurkunde. Und bei Lotto war gerade ein Platz frei.« Fehl am Platz scheint Scheibe wenigstens nicht zu sein. Gansäuer bescheinigt Scheibe: »Da geht es ruhiger zu, und da macht er jetzt gute Arbeit.«

Der damalige niedersächsische Ministerpräsident und jetzige Bundeskanzler Gerhard Schröder hatte zwei Jahre zuvor noch von einer »Geschmacklosigkeit ohnegleichen« gesprochen, als sein Vorgänger als Ministerpräsident, Ernst Albrecht, dessen früheren Staatssekretär Dieter Haaßengier zum Lottodirektor machen wollte. Das sei das »unverschämteste Postenschachern, was es in Niedersachsen je gegeben hat«.

Auch die zweite Geschäftsführerstelle ging in Hannover an eine Beamtin: Christiane von Richthofen, die 1995 die Stelle von Heinz Dieter Wöstmann übernahm, war zuvor Regierungsdirektorin im niedersächsischen Innenministerium. Sie sitzt übrigens auch im Verwaltungsrat des Norddeutschen Rundfunks, was bei der Entscheidung über die neue »Lotto-Show« zugunsten der ARD nicht unbemerkt und unkommentiert blieb.

Während bei der Berufung Christiane von Richthofens, die der CDU zugerechnet wird, keine Kritik laut wurde, sorgte die Entscheidung für Scheibe für politische Auseinandersetzungen. Der FDP-Abgeordnete Kurt Rehkopf wollte in einer Kleinen Anfrage die Gründe für das vorzeitige Ausscheiden eines der damaligen Geschäftsführer, Hans-Ewald Zapfe, erfahren: »Noch vor wenigen Monaten haben sich Aufsichtsrat und Ministerium voll und ganz hinter den bisherigen Geschäftsführer, Herrn Hans-Ewald

Zapfe, gestellt. Nun soll offenbar auf persönliche Veranlassung des derzeitigen Ministerpräsidenten hin seine vorzeitige Ablösung durch den bisherigen Staatssekretär der Staatskanzlei, Herrn Reinhard Scheibe, erfolgen.«

Der damalige Innenminister und jetzige Ministerpräsident Gerhard Glogowski sprach von einem »Mißverständnis«. Die Geschäftsführertätigkeit von Herbert Erben bei der Niedersächsischen Zahlenlotto GmbH, Niedersächsischen Fußball-Toto GmbH und Nordwestdeutschen Lotteriegesellschaft mbH sei zum 31. 12. 1990 vertragsgemäß ausgelaufen. Der zweite Geschäftsführer, Horst-Dieter Finke-Gröne, sei vorzeitig »infolge Eigenkündigung« ausgeschieden. Er sei seit Dezember 1990 »freigestellt« gewesen. Schon diese Einleitung entspricht nicht der Wahrheit. Finke-Gröne wurde abberufen, auf einen Vorschlag des Aufsichtsrats vom 17. Dezember 1990 hin. Zwei Jahre später noch beschäftigte sich die Gesellschafterversammlung mit Finke-Gröne. »Um einen möglichen Prozeß zu vermeiden«, sollte dem Verhandlungsführer Spielraum »gegeben werden, gegebenenfalls der Zahlung einer geringen Vergütung zuzustimmen.«[60] Nach einer friedlichen Trennung sieht das nicht aus. Heute arbeitet Finke-Gröne im Wirtschaftsministerium, er ist Ministerialrat und zuständig für Technologiepolitik. Glogowski führte weiter aus: Seither sei Zapfe alleiniger Geschäftsführer gewesen. Das solle er auch bis 30. Juni 1992 bleiben, bis sein Vertrag auslaufe. Zapfe, der bis dahin auch den Aufbau der Lotto-Toto GmbH Sachsen-Anhalt gegen ein zusätzliches monatliches Honorar von 1000 Mark beratend begleitete, solle die beiden neuen Geschäftsführer einarbeiten. Sie waren zum 1. August 1991 bestellt worden. Neben Staatssekretär Reinhard Scheibe war dies Ministerialdirigent Heinz Dieter Wöstmann, zuvor Leiter des Beteiligungsreferats (und als solcher auch Aufsichtsratsmitglied bei der Toto-Lotto Niedersachsen GmbH) und der Steuerabteilung des Finanzministeriums und inzwischen bei der Spielbank. Die Höhe der Gehälter zu nennen verbiete sich »unter Datenschutzaspekten«.[61]

Übrigens scheint sich auch in Niedersachsen die Ministerialbürokratie nicht nur für den Sprung auf den Chefstuhl bei Toto-Lotto zu eignen, sondern auch auf den der Spielbank. Neben Wöstmann herrscht dort heute Harald Weidenmüller, zuvor als Ministerialrat im Finanzministerium lange Jahre auch im Aufsichtsrat von Toto-Lotto. Für verdiente Verwaltungsbeamte ist solch ein Sprung nicht nur Auszeichnung, sondern immer auch mit einem finanziellen Aufstieg verbunden. Bei der Spielbank verdienten die beiden Geschäftsführer in der Saison 1996/97 zusammen 598 310,76 Mark. Daß ein Toto-Lotto-Chef mit weniger zufrieden sein sollte, ist wohl nicht anzunehmen.

Andere Bundesländer, gleiche Sitten: Als der saarländische Innenminister Friedel Läpple wegen Mängeln bei der Polizeireform unter Beschuß stand, wurde wochenlang offen über eine »Abschiebung« auf die Stelle des Saartoto-Geschäftsführers spekuliert. Und als Rainer Maedge Ende 1996 nach zehn Jahren das nordrhein-westfälische WestLotto verließ, galt er als »Paradebeispiel dafür, wie die Parteien die 16 Länderlotteriegesellschaften als Versorgungsstelle für Politiker mißbrauchen«. Maedge habe sich als Landesgeschäftsführer der SPD und in der Landtagsfraktion verdient gemacht, schrieb *Bild am Sonntag*, »zur Belohnung bekam er den Job im Glücksspielgeschäft«. Dies sei nur eine Episode der »unendlichen Geschichte von Filz und Vetternwirtschaft«.

Fallbeispiel 2: Rheinland-Pfalz – »Hol dir die Millionen!«

Der rheinland-pfälzische Lottokönig heißt Rolf Weiler. Sechs Richtige hatte er nie, aber der frühere Bürgermeister von Lahnstein war bis 1997 Geschäftsführer der Sport-Toto GmbH Staatliches Zahlenlotto Rheinland-Pfalz. Die Gesellschaft, ansässig in Koblenz, liegt – anders als in den anderen Bundesländern – in den Händen der Sportbünde, die auf der Basis eines Geschäftsbesorgungsvertrags dem Land das Lottogeschäft abnehmen. CDU-Mann Weiler war auch lange Jahre Präsident des Landessportbundes Rheinland-Pfalz, des Dachverbands der drei regionalen Sportbünde der Pfalz, des Rheinlands und von Rheinhessen. Ein einflußreicher, ein mächtiger Mann. Unter seiner Ägide kreierte die PR-Abteilung der Sport-Toto GmbH den Werbespruch: »Hol dir die Millionen!«

Die Millionen holten sich nicht nur die Spieler, sondern auch die Lottobeschäftigten, allen voran Weiler. Dessen Parteifreund Wolfgang Brix, seit 1984 Präsident des Rechnungshofs in Speyer und zuvor Staatssekretär im Wirtschaftsministerium, schenkte Weiler mit seinem letzten Bericht vor der Pensionierung im Jahr 1995 kräftig ein: Die Geschäftsführung der Sport-Toto GmbH lebe »auf zu großem Fuße«, erklärte Brix. »Während die Arbeitslosen Lotto spielen und auf Millionen hoffen, haben die oben bei der Sport-Toto GmbH in Koblenz abkassiert.« Weiler nannte die Vorwürfe »nahezu grotesk«.

Doch nach und nach gelangten Zahlen an die Öffentlichkeit: Die Kassen der Sport-Toto GmbH waren stets prall gefüllt, denn sie durfte bis 1984 stolze 12,6, dann sogar 12,9 Prozent der Spieleinsätze für die Geschäftsbesorgung abzweigen, jährlich an die 90 Millionen Mark. Geld, das verteilt werden muß. Fast 18 500 Mark ließen es sich die Sport-Toto GmbH, deren Tochter Sport + Reisen GmbH (S+R; gehört der Sport-Toto GmbH zu 20 Prozent, außerdem den drei Sportbünden und dem Landessportbund, dessen Vorsitzender Weiler bekanntlich war) sowie der Landessportbund 1990 kosten, den 70. Geburtstag eines Verwaltungsratsmitglieds zu feiern. Zwei Jahre später bekam der Mann einen Aktenkoffer für 806 Mark. 1991 durften sich die Mitglieder des Verwaltungsrats und der Gesellschafterversammlung über 13 Verwöhngutscheine zum Preis von je 850 Mark freuen, die je zwei Übernachtungen und Essen in einem Romantikhotel nach Wahl beinhalteten. 1993 feierte ein Vertreter des Finanzministeriums im Verwaltungsrat seinen 60. Geburtstag. Ihm schenkte die Firma ein Farbfernsehgerät. Die Liste solcher »Aufmerksamkeiten«, die der Landesrechnungshof zusammentrug, ist lang. *Die Rheinpfalz* meinte, Weiler führe »den Glücksspielkonzern wie ein Fürst von Gottes Gnaden«.[62] Die Geschäftsführung hielt solche Zuwendungen für »angemessen«, schrieben die Rechnungsprüfer. Und fügten lakonisch hinzu: »Dem vermag sich der Landesrechnungshof nicht anzuschließen.« Auch die Spendenpraxis der Geschäftsführung stieß auf Kritik. 120 750 Mark wurden 1993 nach Gutdünken vergeben, mit Einzelbeträgen bis 32 000 Mark. Der Rechnungshof meinte hierzu: »Eine solch großzügige Spendenpraxis widerspricht der Aufgabenstellung der Gesellschaft.«

Von 1989 bis 1993 gab die Lottogesellschaft eine halbe Million Mark für die Bewirtung von Gästen aus, 870 000 Mark für Reisen. Der inzwischen fertiggestellte Neubau, der mehr als 40 Millionen Mark kostete, erinnert die rheinland-pfälzischen Tipper jeden Tag daran, wo ihre Spieleinsätze bleiben. Dabei legt Paragraph 6 des Lotteriegesetzes fest: »Der Veranstalter hat die Kosten der Veranstaltung so gering wie möglich zu halten.« Damit sollen die Veranstalter »einen möglichst breiten Raum für Zweckertrag und Gewinne der Spieler lassen«. Unverschämt üppig gefüllt war vor allem der große Topf, aus dem die beiden Geschäftsführer ihre Einkünfte bezogen: Die Koblenzer Sport-Toto-Gesellschaft hat Weiler in den fünf Jahren genau 56 Prozent Gehaltserhöhung genehmigt – 1993 lag sein

Jahressalär bei 464 168 Mark. Allein damit verdiente Weiler fast soviel wie der Bundespräsident, der aus seinen Dienstbezügen aber seine Hausangestellten in der Dienstvilla bezahlen muß. 345 931 Mark bekam der zweite Geschäftsführer, Erich Holzmeier – 40 Prozent Zuwachs in fünf Jahren. Als Leistungsprämie wurden den beiden Beträge in Höhe von 45 000 und 40 000 Mark ausgezahlt. 1994 sollen sich die Gehälter der beiden Geschäftsführer noch einmal um neun beziehungsweise zehn Prozent erhöht haben.

Die fünf außertariflich bezahlten Mitarbeiter – Weiler, dessen Co-Geschäftsführer Erich Holzmeier, ein Prokurist, ein Handlungsbevollmächtigter und ein Abteilungsleiter – erhielten in fünf Jahren Leistungsprämien von insgesamt 596 500 Mark.

Als Reporter des Südwestfunks recherchierten, seien plötzlich, so berichtete die *Süddeutsche Zeitung*, »ganze Heerscharen von nervösen Vorgesetzten zur Filmabnahme im Schneideraum« aufgetaucht. Das könnte seinen Grund darin haben, mutmaßten die Journalisten in Baden-Baden, daß Weiler auch Vorsitzender des Verwaltungsrats der Rundfunkanstalt war.[63]

Apropos Verwaltungsrat: Das Lottokontrollgremium stimmte all dem zu. Die üppigen Geschenke in den zurückliegenden Jahren haben da sicher nicht geschadet. Die Entschädigungen für die mühevolle Aufsichtstätigkeit wohl auch nicht: Die Mitglieder der Aufsichtsgremien stecken jährlich einen Betrag ein, für den Otto Lotto fünf richtige Kreuze gemacht haben müßte: Mehr als zusammen 100 000 Mark erhielten die sieben Mitglieder des rheinland-pfälzischen Lottoverwaltungsrats pro Jahr, wovon der Vorsitzende 24 000 Mark eingesackt hat – für vier bis fünf Sitzungen. Der Vorsitzende der Gesellschafterversammlung strich für seine Bemühungen – eine Sitzung pro Jahr – 16 000 Mark ein. Im Vergleich mit anderen Gesellschaften sind auch diese Zahlungen außerordentlich üppig geraten: Hannover läßt sich seinen neunköpfigen Aufsichtsrat, der 1996 ganze drei Mal tagte, 44 918,50 Mark kosten. Im Jahr zuvor gab die Gesellschaft für ihre Aufpasser sogar 49 000 Mark aus. Im Saarland erhalten die sieben Politiker und Sportfunktionäre seit den achtziger Jahren rund 40 000 Mark – ein Zubrot von rund 6000 Mark für jeden. Die Regelung wurde 1980 eingeführt: »Jedes Mitglied des Aufsichtsrats erhält eine jährliche Aufwandsentschädigung. Über die Höhe der Aufwandsentschädigung beschließt die Gesellschafterversammlung.« Vorsitzender der Gesellschafterversammlung ist der Vorsitzende des Aufsichtsrats. Hessen zahlte 1996 für fünf Aufsichtsratsmitglieder 26 000 Mark. Die Schwaben in Stuttgart waren sparsamer, gaben für fünf Aufsichtsräte 21 150 Mark aus. Der Osten zieht nach: Brandenburg zahlte seinem Lottoaufsichtsrat, bestehend aus zwei Ministerialdirigenten, je einem Staatssekretär im und außer Dienst sowie einem Vorstandsvorsitzenden einer Bank, 13 500 Mark, Sachsen-Anhalt gab für die Aufseher 14 200 Mark aus.

Der Präsident des rheinland-pfälzischen Rechnungshofs, Wolfgang Brix, äußerte sich in einem Radiointerview empört über all die exorbitanten Gehälter und Tantiemen, »wenn wir auf der anderen Seite überlegen, ob wir 12 000 oder 13 000 Mark steuerfrei machen oder nicht und uns darüber im Bund in die Haare kriegen«.[64] Das Finanzministerium, so war später zu hören, wolle »mit Rücksicht auf die ohnehin überhöhten Vergütungen auf einen Verzicht der Zahlung sämtlicher Jahresprämien drängen«.

Die Sport-Toto GmbH verteidigte sich ungerührt, die Vergütungen bewegten sich »nachweislich im Rahmen vergleichbarer Wirtschaftsunternehmen«. Brix meinte dagegen: »Der Schwierigkeitsgrad der Geschäftsführung aufgrund der Monopolstellung des Unternehmens bei den Lottogesellschaften ist begrenzt.«[65] Doch Toto-Lotto war nicht Weilers einzige Einnahmequelle: Weiler leitete auch die Sport + Reisen (S + R) GmbH, eine zwanzigprozentige Tochter der Sport-Toto GmbH. Die Höhe der Gehälter, die Weiler und ein Lottoprokurist als Geschäftsführer der S + R erhielten, blieb zunächst unbekannt. Später gab Weiler an, dafür monatlich eine Entschädigung von 3500 Mark erhalten zu haben. Als Weiler und sein Prokurist Egbert Daubländer 1996 die Sport + Reisen GmbH verließen, gab es fürs vorhergehende Jahr noch einmal 30 000 Mark an Tantiemen. Der größte Teil soll an Weiler gefallen sein. Die Grünen sprachen im Landtag von einem »Abkassiersumpf« und einer »politisch gedeckten Vetterleswirtschaft«.[66] Weiler zahlte den Betrag schließlich zurück. Nachfolger als Geschäftsführer bei S + R wurde Lottoprokurist Rolf-Peter Leonhardt. Nur fünf Monate nach seiner Wiederwahl zum Präsidenten des Landessportbunds trat Weiler auch von diesem Amt zurück. Er wolle »weiteren Schaden, der durch die öffentliche Diskussion um seine Tätigkeit als hauptamtlicher Geschäftsführer der Sport-Toto GmbH entstanden ist, vom Landessportbund abhalten«.[67] Lottogeschäftsführer blieb er, bis sein Vertrag im Oktober 1997 auslief.

Als sich die rheinland-pfälzische Landesregierung daranmachte, ihr Lottogeschäft neu zu ordnen, gab es auch Vorschläge zur Höhe der Geschäftsführergehälter. SPD und FDP befürworteten maximale Gehälter von 200 000 Mark jährlich. Der Rechnungshof hielt einen der beiden Chefposten für entbehrlich, wie er in seiner »Unterrichtung« dem Landtag empfahl. Auch der Verwaltungsrat sei mit sieben Mitgliedern – davon zwei Vertretern des Landes – überbesetzt.

Auch Finanzstaatssekretär Thilo Sarrazin erklärte nun, die Regierung erwarte ein »sparsameres Geschäftsgebaren« der Sport-Toto GmbH. Die Quote von 12,9 Prozent, die bis dato für die Geschäftsbesorgung abgezweigt worden war, sollte auf 11,4 Prozent gedrückt werden. Außerdem wurden auch bei der Sport + Reisen GmbH die »volle Transparenz und das Prüfungsrecht durch den Rechnungshof verlangt«. Ein entsprechender Beschluß des Landtags war der Gesellschaft bereits durch ein Ministerschreiben vom 4. April 1996 mitgeteilt worden. Doch die Lotteriemacher taktierten. Am 12. September 1996 boten sie einen Kompromiß an, der nach den Worten Sarrazins unzureichend war. Die Gesellschaft habe vorgeschlagen, die Kapitalerträge aus dem Auftragsgeschäft in Höhe von einer Million Mark an das Land abzuführen – die Zinsen also, die durch die kurzfristige Anlage der Spieleinsätze anfallen. Die übrigen Kapitalerträge wollte die Gesellschaft behalten – 1995 rund 4,3 Millionen Mark. Auch die Bearbeitungsgebühren – netto 8,5 Millionen Mark – sollten, statt ans Land abzufließen, nun bei der Gesellschaft bleiben. Dafür stimmten die Koblenzer der Kürzung der Geschäftsbesorgungsvergütung zu – allerdings nicht auf 11,4 Prozent, sondern lediglich auf 11,7 Prozent. Auf eine Gewinnabführung sollte verzichtet werden, weil mit den Kosten für die Online-Einführung ohnehin keine Gewinne mehr erwartet würden, hieß es zur Begründung.

Dieser Vorschlag reichte dem Finanzministerium nicht. Zähle man alle Elemente zusammen, resümierte Thilo Sarrazin, so hätte das Land bei diesem Modell künftig sogar noch weniger bekommen als zuvor. Nicht zuletzt wegen dieses unbefriedigenden Angebots kündigte das Land am 17. Oktober 1996 den Geschäftsbesorgungsvertrag mit der Toto-Lotto GmbH. Sarrazin gab bekannt, man wolle die Gesellschaft nach Ablauf des Vertrags »in der Obhut des Landes« sehen.

Dazu wird es wohl nicht kommen. Es darf heute davon ausgegangen werden, daß die Neuregelungen einvernehmlich getroffen worden sind. Denn die schließlich beschlossene Kürzung der Geschäftsbesorgungsvergütung von 12,9 auf 11,4 Prozent entpuppt sich auf den zweiten Blick kaum als Einsparung. Bei Spieleinsätzen von 660 Millionen Mark (1996) dürfte die Gesellschaft beim alten Satz 85 Millionen Mark für den Betrieb der Lotterien behalten. Bei 11,4 Prozent, wie es die neue Regelung vorsieht, bleiben rund 75 Millionen Mark. Doch allein die Bearbeitungsgebühren, welche früher abgeführt werden mußten, die heute aber die Gesellschaft selbst behalten darf, machen mehr als 13 Millionen Mark aus, nach Abzug der Lotterie- und der Mehrwertsteuer bleiben rund neun Millionen Mark. Schon dadurch ist die neue Regelung kaum ungünstiger für die Toto-Lotto GmbH als die alte. Es handelt sich um einen Etikettenschwindel, der wohl dazu diente, Presse und Opposition ruhigzustellen. Darüber hinaus darf die Gesellschaft die Kapitalerträge, die aus der Anlage von Spieleinsätzen der Tipper entstehen, behalten. 1996 weist der Geschäftsbericht mehr als 2,5 Millionen Mark an Zinserträgen aus. Es sieht so aus, als habe die Lotteriegesellschaft sich bei den Verhandlungen erneut durchgesetzt. Sarrazin hätte die Lotterie lieber »in Landeseigenverwaltung« genommen. Der Staatssekretär, inzwischen bei der Treuhandliegenschaftsgesellschaft in Berlin tätig, mußte damals jedoch erklären, er sehe für eine Alternative zur bisherigen Regelung »keinen Bedarf«, sofern »eine einvernehmliche Neuregelung hinsichtlich der Geschäftsbesorgungsvergütung, der Kapitalerträge sowie der Gewinnverwendung zustande kommt«. So wie die Dinge in Rheinland-Pfalz geregelt seien, bleibe die Lotterie, was sie war: eine fortlaufende Versuchung.

In Rheinland-Pfalz ist nicht das Land, sondern sind die Sportbünde von Rheinland, Pfalz und Rheinhessen Lottogesellschafter. Selbstbewußt formulieren die Lottoherren auf ihrer Web-Seite, daß die Vertreter der Landesregierung im Verwaltungsrat nur eine beratende Funktion hätten.

Weil den verantwortlichen Sportbünden ein Fixbetrag aus den Erträgen der Lotterie zufließt, haben sie nichts davon, wenn in der Toto-Lotto GmbH noch so eisern gespart wird. Das sei »der Fehler im Vertrag, weil es für die Gesellschafter nicht attraktiv ist, [...] sparsam zu wirtschaften«.[68]

Den gleichen Konstruktionsfehler haben auch andere Länder zu beklagen, etwa Hessen: Das dortige Gesetz über das Zahlenlotto und Zusatzlotterien schreibt vor, daß der Überschuß an das Land Hessen abzuführen sei. Überschuß sei »der Betrag, der nach Abzug der Betriebsaufwendungen, der an die Spielteilnehmer auszuschüttenden Gewinne und der Leistungen an den Landessportbund Hessen e. V., an die Liga der Freien Wohlfahrtspflege sowie an den Hessischen Jugendring verbleibt«. Wichtig ist der erste Punkt: Die Betriebsaufwendungen können demnach beliebig hoch sein, denn die Gesellschaft darf sie vom Umsatz abziehen und muß nur abgeben, was übrigbleibt. Auch die Regelung im Saarland birgt diese Schwäche (siehe weiter unten).

Und so wunderte sich in Mainz niemand, daß nach mehr als drei Jahren auch alle Forderungen und Versprechungen vergessen waren. Die beiden Geschäftsführer erhielten 1996 zusammen noch immer 745 000 Mark.[69] Zwei Prokuristen ergänzen sie. Der Verwaltungsrat besteht noch immer aus sieben Räten. Erich Holzmeiers Vertrag war nach dem Rechnungshofbericht 1995 sogar frühzeitig um fünf Jahre verlängert worden. Das Ministerium will von dieser Verlängerung nichts gewußt haben, obwohl zwei Vertreter des Hauses im Verwaltungsrat zugestimmt haben müssen. Diese hätten den Minister nicht informiert, der dann vor vollendeten Tatsachen gestanden habe, erläutert Sarrazin. »Die beiden wurden ja dann auch abberufen, sie waren Teile des Milieus, zwei CDU-Beamte: der Oberfinanzpräsident Konrad Laube und der Abteilungsleiter Wilhelm Westenberger.«[70]

Nach Weilers Rücktritt und Holzmeiers vorzeitigem Ausscheiden Ende 1997 (die Geschäftsführung: »Wir haben mit dem in Pension gegangenen ehemaligen Geschäftsführer Erich Holzmeier eine einvernehmliche Lösung gefunden, die für Ihr Buch nicht relevant ist«[71]) hofften noch einmal alle auf einen Neuanfang. Die *Rheinpfalz* schrieb: »Testfall, ob der neue Kurs hält, wird die Auswahl des neuen Totochefs. Der sollte ein Profi aus der Wirtschaft sein. Verbands- und Politfunktionäre haben in Koblenz nichts mehr zu suchen.« Es kam anders. Von den annähernd 300 Bewerbern wurden acht zu einem Gespräch nach Koblenz eingeladen. Anschließend fand ein weiterer Durchgang mit drei oder vier Kandidaten statt, nach dem die Auswahl getroffen werden sollte. Die Wahl fiel auf keinen der Bewerber. Neuer Geschäftsführer wurde Hans Peter Schössler, zuvor Hauptgeschäftsführer des Landessportbunds. Er setzte sich gegen genau 272 Bewerber durch, ohne sich überhaupt am Ausschreibungsverfahren beteiligt zu haben, wie der *Trierer Volksfreund* feststellte. Schössler soll ein Gehalt von brutto 250 000 Mark plus Erfolgsprämien in nicht bekannter Höhe beziehen.

Die bündnisgrüne Landtagsabgeordnete Ise Thomas hat »mit der Berufung ziemliche Probleme gehabt«, schließlich sei Schössler zuvor der »Adjutant Weilers im Landessportbund« gewesen. Lieber hätten die Bündnisgrünen – und vermutlich nicht nur sie – nach der in den Jahren zuvor bekanntgewordenen Personalverflechtung zwischen Sportbünden und Toto-Lotto mehr Distanz gehabt.[72] Statt dessen ist nun ein dem Sport verbundener Mann Geschäftsführer geworden, im Aufsichtsrat sitzen fünf Vertreter der Sportbünde und zwei des Finanzministeriums. Damit, meint nicht nur Ise Thomas, »fallen die Sportbünde in die Strukturen des Sport-Toto-Skandals zurück«.

Nur eines hat sich in Rheinland-Pfalz geändert: Seit die

Höhe von Weilers Gehalt an die Öffentlichkeit kam, trägt der Geschäftsbericht heute den Vermerk: »Auf die Angaben der Geschäftsführerbezüge wird gemäß § 186 Absatz 4 HGB verzichtet.«

Fallbeispiel 3: Hessens Lottoklüngel: »Schlimmer Sumpf«

Ein Erdbeben erschütterte im Jahr 1993 die Lotterie-Treuhandgesellschaft mbH Hessen (LTG). Nachbeben gab es noch bis ins Jahr 1998. Nachdem die Presse bundesweit über die »Lotterwirtschaft in Hessens Lotto-Gesellschaft« *(Frankfurter Rundschau)* berichtet hatte, mußte Ministerpräsident Hans Eichel mehr als einen Bauern opfern: Nicht nur Finanzstaatssekretär Otto Geske mußte gehen, sondern auch Finanzministerin Annette Fugmann-Heesing mußte ihren Hut nehmen. Außerdem versprach Eichel eine Reform des Lotteriewesens hin zu mehr Staats- und Politikferne. Die Frage, ob das nicht ein Eingeständnis für jahrelange sozialdemokratische Klüngelwirtschaft sei, beantwortete Eichel so: »Ja, Sie können das so formulieren. Das gilt für alle Bundesländer, je nach der politischen Farbe.«[73]

Die Wiesbadener Lottogesellschaft war fest in SPD-Hand. Der hessische Lottoskandal nahm seinen Anfang mit dem Versuch, den langjährigen Geschäftsführer Hans-Georg Dumschat auszutauschen. Im Untersuchungsausschuß des Landtags hieß es später, daß Dumschat »seine Arbeitszeit sehr großzügig gestalte und häufiger am Wochenanfang und auch freitags nicht im Unternehmen anzutreffen sei«. Nach dem Wunsch der Finanzministerin sollte es zwei Nachfolger geben. Seit 1988 war nach dem Ausscheiden eines der damaligen Geschäftsführer, Fritz Rückel, kein Nachfolger benannt worden. Damals hatte es offenbar heftige Dissonanzen zwischen den beiden Chefs gegeben. 1993 sollte

Dumschat nun doch ein zweiter Mann zur Seite gestellt werden, weil Finanzministerin Annette Fugmann-Heesing »das Vieraugenprinzip« wiederherstellen wollte. Das sei in sieben von elf Gesellschaften der alten Bundesländer »zur gegenseitigen Kontrolle« und zur »Verhinderung einsamer Entscheidungen« üblich. Dumschat wollte keinesfalls einen zweiten Mann neben sich haben. So entstand Bedarf, neben dem designierten (eigentlich zweiten) Geschäftsführer Hans-Detlef von Uckro einen weiteren Geschäftsführer zu finden. Die Wahl fiel auf Peter Hartherz, Abgeordneter der SPD im hessischen Landtag und Landesschatzmeister seiner Partei. Er sollte mit von Uckro das »Vieraugenprinzip« Fugmann-Heesings verkörpern. Die CDU wollte keine zwei Geschäftsführer haben, schon gar nicht aus den Reihen der Regierungspartei. Hilfloser Zwischenruf im Landtag: »Was machen Sie denn, wenn Sie zwei Blinde haben?«

Am 22. September 1993 stellten der parlamentarische Geschäftsführer der FDP, Hans-Jürgen Hielscher, und der Fraktionsvorsitzende der CDU, Roland Koch, im Landtag einen Antrag: »Der Landtag wolle beschließen: 1. Der Landtag mißbilligt den Versuch der hessischen Landesregierung, die Position eines Geschäftsführers der Lotterie-Treuhandgesellschaft mbH Hessen (Hessen-Lotto) zu parteipolitischer Personalpolitik zu mißbrauchen.

2. Der Landtag erwartet, daß das in den vergangenen fünf Jahren erfolgreiche Konzept der betrieblichen Führung mit einem Geschäftsführer bei der Lotterie-Treuhandgesellschaft mbH Hessen beibehalten wird.«

Der Antrag wurde mit der Mehrheit der regierenden Parteien, SPD und Grüne, abgelehnt. Eigentlich hätte das Thema damit beendet sein können, doch nun entwickelte die Geschichte über die Besetzung eines Geschäftsführerpostens mit einem SPD-Abgeordneten eine unglaubliche Eigendynamik.

In der Plenarsitzung vom 30. September 1993 trieb der Abgeordnete Franz Josef Jung (CDU) das Thema voran. Es sei unklug, in Zeiten, wo die Landesregierung Einschnitte bei Kindergärten, Behindertenförderung und älteren Menschen vornehme, aufgrund »parteipolitischer Personalpolitik« einen zweiten Geschäftsführerposten zu schaffen »und diesen mit einem Jahressalär von 250 000 Mark auszustatten«. Der inzwischen zurückgetretene Grünen-Abgeordnete Reinhold Weist gefiel sich mit dem Zwischenruf: »So wenig?« Ein Geschäftsführer, fuhr Jung fort, sei für diese Position schon fast zuviel. Mit seinem Antrag wollte er »sicherstellen, daß die Lotto- und Totogelder auch in Zukunft zugunsten der Bürger und nicht für einen zweiten Geschäftsführer ausgegeben werden«. Nach den Protesten der Opposition hatte Peter Hartherz kein Interesse mehr. Auch die Finanzministerin nahm nun endgültig Abstand von ihrem Vorhaben, zwei Geschäftsführer zu ernennen.

Nachfolger Dumschats wurde der vormalige Aufsichtsratsvorsitzende der LTG, Hans-Detlef von Uckro.[74] Doch Ruhe kehrte nicht ein. Vielmehr wurden die Bedingungen bekannt, zu denen Dumschat das Haus verlassen hatte. Nach 19 Jahren und sieben Monaten, ganze fünf Monate vor seinem regulären Ausscheiden, wurde sein Vertrag gelöst, damit, so meinte die Opposition, ein anderer SPD-Kandidat zum neuen Geschäftsführer ernannt werden konnte. Den Steuerzahler kosteten die großzügigen Abfindungs- und Pensionsabsprachen zugunsten von Dumschat bei durchschnittlicher Lebenserwartung mindestens 450 000 Mark.[75] Allein 200 000 Mark machte die Abfindung aus, die Finanzstaatssekretär und Lottoaufsichtsratsvorsitzender Otto Geske zunächst geleugnet hatte. Die verbesserte Pensionsregelung brachte Dumschat rund 1500 Mark monatlich mehr. Die CDU-Opposition sprach von einem »goldenen Handschlag«, mit dem Dumschat verabschiedet worden sei.

Und Otto Lotto wundert sich, weil manche, die jeden Freitag mit ihm die Tippzettel abgeben, im Monat mit dem auskommen müssen, was Dumschat auf seine monatliche Pension draufgesattelt bekam.

Auch die Bestallung des neuen Geschäftsführers paßte in das merkwürdige Bild, das der hessische Lottoskandal bot. Von Uckro war zuvor Leiter der Abteilung IV für landeseigene Gesellschaften und Landesbeteiligungen im Finanzministerium gewesen. Sein Lottogehalt überstieg bei weitem sein Beamtensalär von 12 000 Mark monatlich (B 6), das er sich im Auftrag des vormaligen hessischen Finanzministers Manfred Kanther durch eine Nebenbeschäftigung als Geschäftsführer einer weiteren Landesgesellschaft um jährlich 21 000 Mark netto, später 5000 Mark monatlich brutto aufgebessert hatte. Die Tätigkeit wurde als Sitzung oder Besprechung deklariert, was die Nebentätigkeitsverordnung zuläßt und was nicht zu einer Abführung verpflichtet. Außerdem bezog von Uckro noch eine Pension von rund 4000 Mark aus einer früheren Bürgermeistertätigkeit in Gelnhausen.[76] Bei Lotto handelte von Uckro 180 000 Mark Gehalt aus, das nach zwei Jahren auf 198 000 Mark erhöht werden sollte. Außerdem standen ihm eine feste Tantieme von 50 000 Mark sowie eine Erfolgsprämie zu, die in den Jahren zuvor jeweils 40 000 Mark ausgemacht hatte – insgesamt also 270 000 Mark, 30 000 Mark mehr als Dumschat.[77] Den hochdotierten Lottovertrag unterschrieb Hans-Henning Balser, Referatsleiter der Abteilung IV und damit von Uckros Untergebener. Außerdem saß er mit von Uckro und Otto Geske im Lottoaufsichtsrat. Balser könnte es als Belohnung angesehen haben, daß er wenig später anstelle von Uckros mit ein paar Dutzend Lotto-Annahmestellenleitern eine Vergnügungsreise nach New York mitmachen durfte.

Die Abteilung IV kontrollierte die Lotterie-Treuhandgesellschaft im Aufsichtsrat: »Für eine Aufsichtsratssitzung hätte eine Referentenbesprechung im Finanzministerium gereicht. Dazu hätten die nicht zu uns kommen müssen«, meint der frühere Geschäftsführer Fritz Rückel. »Wenn eine Gesellschaft wie die unsere zu einer Spielwiese einer Abteilung in einem Ministerium wird, dann ist etwas nicht in Ordnung. Die Minister haben das offenbar nicht erkannt.«[78]

Nicht nur die Opposition sprach jetzt von »Parteibuchwirtschaft«. Auch der Regierungspartner, die Grünen, sah nun Handlungsbedarf. Ihr Fraktionsvorsitzender Rupert von Plottnitz meinte, es sei ein »strukturelles Problem«, wenn Beamte aus den Beteiligungsabteilungen des Finanzministeriums ins Management landeseigener Unternehmen eintreten. Das fördere den Eindruck, statt fachlicher Qualifikation könnten parteipolitische Gründe maßgeblich sein. Künftig solle deshalb generell von solchen Wechseln abgesehen werden.[79]

Aus Bonn mischte sich der SPD-Bundestagsabgeordnete Rudi Walther ein. Er forderte Ministerpräsident Hans Eichel zu einem »politischen Befreiungsschlag« auf. Es sei »unglaublich, zu welch himmlischen Bedingungen ein Lotto-Geschäftsführer angestellt wird, der sich bestimmt nicht den Rücken krumm schuftet«. Denen, die für Markbeträge Lotto spielten, sei nicht zuzumuten, daß mit ihren Einsätzen solche Traumgehälter und -abfindungen gezahlt würden. Die Verträge sollten offengelegt werden, und zwar auch in anderen Bundesländern, wo diese Stellen ebenfalls als »Parteipfründe« behandelt würden. Walther forderte: »Dieser Lotto-Filz muß aufhören.«[80]

Geske mußte am 13. Januar 1994 seinen Hut nehmen. Eichel sprach von einem »schlimmen Sumpf«, den es »trokkenzulegen« gelte. Die drei Beamten der Beteiligungsabteilung wurden aus dem Aufsichtsrat entfernt und durch externe Fachleute ersetzt: zwei Bankkaufleute und den Präsidenten des Bundesarbeitsgerichts. Finanzministerin Annette Fugmann-Heesing erklärte Lotto zur »Chefsache« und wollte »klare Verhältnisse schaffen«. Der neue Geschäftsführer, Hans-Detlef von Uckro, wurde nur einen Tag nach Geske entlassen. Doch die Opposition gab sich damit nicht zufrieden. Eine Woche später mußte auch die Finanzministerin gehen.

Regierungschef Hans Eichel veranlaßte dies am 26. Januar 1994 zu einer Regierungserklärung. Er verstehe den Zorn der Menschen im Lande. Sie könnten nicht begreifen, »wie in einer Zeit, in der viele ihren Arbeitsplatz verlieren oder fürchten müssen, arbeitslos zu werden, in einer Zeit, in der 6,6 Millionen Arbeitsplätze fehlen, in einer Zeit, in der die Reallöhne sinken, in einer dem Land gehörenden Gesellschaft Gehälter, Abfindungen und Nebenverdienste in der jetzt bekanntgewordenen Höhe möglich sind, und das zum Teil noch steuerfrei«. Da helfe auch kein Vergleich mit der Wirtschaft. Staatliche Unternehmen müßten sich mit anderen Maßstäben messen lassen. Eichel versprach: »Alle Sachverhalte werden lückenlos und ohne Ansehen der Person aufgeklärt und Strukturen geändert.« Er versprach eine Reorganisation: »Die künftige Lottogesellschaft soll staats- und politikfern verfaßt sein und ebenso staats- und politikfern geführt und kontrolliert werden.« Für das Führungspersonal werde es Ausschreibungen geben.[81]

Das empfahl im Herbst 1994 auch das Gutachten der Wirtschaftsprüfungsgesellschaft C & L Treuarbeit zur Organisationsstruktur. Die bisherige Struktur solle beibehalten werden, aber auf mehr Staatsferne sei zu achten.[82] Doch zu diesem Zeitpunkt waren längst Fakten geschaffen worden. Einen Monat nach Eichels Worten tagte der staatsferne und neu zusammengesetzte Aufsichtsrat erstmals. Sein Vorsitzender: der neue Finanzminister, Ernst Welteke. Vize wurde ein Mitarbeiter, der schon seit 1980 als Arbeitnehmervertreter im Aufsichtsrat saß. Die Stelle des Geschäftsführers, so beschloß der Aufsichtsrat, werde »zum gegenwärtigen Zeitpunkt« nicht ausgeschrieben. Sie werde für die Übergangszeit bis zur Neustrukturierung vom im Januar eingesetzten kommissarischen Geschäftsführer weitergeführt, erklärte Finanzminister Welteke. Einen Antrag zur »Trokkenlegung des Lotto-Sumpfes« des parlamentarischen Geschäftsführers der FDP, Hans-Jürgen Hielscher, lehnte das Parlament gegen die Stimmen der Opposition ab. Garantiert werden sollte eine »konsequente Trennung von Partei- und Staatsfunktion und Lotterieveranstaltung«. Nach Verkündung des Abstimmungsergebnisses rief der CDU-Abgeordnete Jung in Richtung Regierungsbank: »Ihr wollt den Lotto-Sumpf nicht trockenlegen!«

Die Opposition hatte wohl recht. Nicht nur, daß der Finanzminister bis heute – und nicht nur für eine Übergangszeit – Vorsitzender im Aufsichtsrat ist (das ist er auch in anderen Bundesländern). Der kommissarische Geschäftsführer, Günther Liebaug, wurde im Januar 1995 vom Aufsichtsrat einstimmig bestätigt. Liebaug war seit 1985 bei der Lotterie-Treuhand Prokurist gewesen, davor Mitarbeiter in der Beteiligungsabteilung des Finanzministeriums. Immerhin soll er nicht SPD-Mitglied sein.

Der Bund der Steuerzahler hat darauf aufmerksam gemacht, daß die Affäre um Hessens Lotterie nicht nur der Gesellschaft geschadet hat. Das Land und damit die Bürger wurden mit mindestens 2,3 Millionen Mark belastet, allein an Personalkosten wie Abfindungen und Übergangsgeldern für die ehemalige Finanzministerin Fugmann-Heesing, den entlassenen Staatssekretär Geske und die früheren Lottochefs Dumschat und von Uckro.

Eine merkwürdige Visitenkarte: »Wie besprochen, Gruß, Kanther«

Eine Visitenkarte des späteren Bundesinnenministers nährte den hessischen Lottoskandal erneut, und diesmal ging es gegen die CDU. Die Visitenkarte trug den handschriftlichen Vermerk: »Herrn Dumschat, wie besprochen, Gruß, Kanther.«

Der frühere hessische Finanzminister Manfred Kanther wollte offenbar 1988 beiden Geschäftsführern der Lotterie-Treuhandgesellschaft mbH Hessen kündigen. Fritz Rückel ging mit einer 300 000-Mark-Abfindung in Ruhestand. Er war SPD-Mitglied. Das war Dumschat auch, und sein Arbeitseifer galt als eher mäßig. Er war sogar zu diesem Zeitpunkt beurlaubt mit einem Beamtengehalt von rund 130 000 Mark. Unter Kanthers Ägide wurde aus dem Beamten ein Angestellter mit Fünfjahresvertrag. Dafür mußte das Land 840 000 Mark Pensionsrückstellungen an die Bundesanstalt für Arbeit überweisen. Alle fragten sich: Weshalb durfte Dumschat bleiben, sogar mit einem um 30 Prozent verbesserten Vertrag?

Ernst Welteke, der sich inzwischen als Nachfolger von Manfred Kanther und Annette Fugmann-Heesing die Unterlagen angesehen hatte, vermutete offenbar einen Deal. Denn die fragliche Visitenkarte war dem Personalfragebogen von Wolfgang Pralle angehängt. Dieser war am 17. Dezember 1988 bei der Gesellschaft eingegangen. Etwa zur gleichen Zeit fanden die Vertragsgespräche mit Dumschat statt. Mit dem Ergebnis, daß Dumschat bleiben durfte. Auch die Bewerbung von Pralle, so Welteke, habe sich am 1. Januar 1991 »gerechnet«. [83] Pralle konnte mit diesem Datum die Bezirksstelle Offenbach übernehmen.

Im Haushaltsausschuß äußerte Welteke den Verdacht, es könne »vermutet werden, daß der Gesinnungswandel des

Herrn Kanther und die Tatsache, daß Herr Dumschat einen neuen Vertrag nach seinen Vorstellungen abgeschlossen habe, mit der Übergabe der Bewerbungsunterlagen des Herrn Pralle zusammenhingen«. Pralle ist Mitglied der CDU, war bis dahin Ortsvorsteher von Haßloch und wohnte ganz in der Nähe von Kanther. Der Untersuchungsausschuß des Landtags kam zum Schluß, daß »der Zeuge Kanther sich über seine kontrollierende Position als zuständiger Minister hinaus als ›Türöffner‹ für die Besetzung von gut dotierten Bezirksleitern der Lotterie-Treuhandgesellschaft mbH Hessen erwiesen hat«.[84]

Bezirksleiterstellen sind wie die Posten eines Geschäftsführers den Parteien Pfründe, mit denen gute Parteisoldaten belohnt werden. Finanzminister Welteke nannte im Haushaltsausschuß neben Pralle noch Manfred Hartmann, der 1989 das lukrative Geschäft in Hersfeld übernahm. Er war zuvor CDU-Geschäftsführer. In Hessen, verteidigte sich Kanther, »gebe es 18 Bezirksgeschäftsführer; davon gehörten weniger der SPD als der CDU an«. Im übrigen habe er nicht die Absicht »zu prüfen, welchen Parteien die Bezirksgeschäftsführer angehörten«. Der SPD-Abgeordnete Schnabel sprach den Satz der Sitzung: »Offensichtlich habe die CDU in ihrer Regierungszeit den gleichen Maßstab angelegt, den sie den Sozialdemokraten vorwerfe.«[85]

Wahrscheinlich hatten beide Seiten recht.

Wolfgang Pralle beschäftigte die Hessen ein paar Jahre später noch einmal: Als nach der Einführung von Online die Verträge der 17 hessischen Bezirksleiter geändert werden sollten, war Wolfgang Pralle, Bezirksleiter von Offenbach, nicht mit der Kürzung der Provisionen einverstanden. Er erklärte sich allerdings im Dezember 1996 bereit, gegen Zahlung einer Abfindung auszusteigen. Aus entgangenen Provisionsvergütungen für die Jahre 1997 und 1998 errechnete er einen Betrag von einer Million Mark.

396 Gulden Gehalt erhielt der Lehrer Johann Michael Vitzthum 1815. Die Gemeinde Moosburg in Bayern war notorisch arm. Sein Nebenverdienst als Lottokollektor brachte ihm hingegen 400 Gulden. Damit konnte der Lehrer standesgemäß leben. Doch die Bürger beklagten sich, daß Vitzthum seine Schule vernachlässige. Vier Jahre nach Übernahme des lukrativen Nebengeschäfts mußte der Lehrer seinen Lottojob aufgeben. Mit ihm waren 48 weitere Pädagogen betroffen. Anreizung zum Spiel wurde damals vom Landtag untersagt, Lehrern der Zugang zu Kollekturen verboten.

Während heute die meisten Annahmestellenleiter ohne den Verkauf von Tabak und Zeitschriften kaum überleben könnten, geht es deren Vorgesetzten, den Bezirksstellenleitern, prächtig. Um diese Posten reißen sich die Bewerber. Rita Schlesinger ist seit 19 Jahren dabei. Beim Lotto war sie schon in der DDR angestellt, nach der Wende hat sie die Lotto und Toto in Mecklenburg-Vorpommern mbH als Bezirksstellenleiterin für Rostock übernommen. 110 bis 120 Annahmestellen muß sie betreuen, jede viermal jährlich besuchen. Annähernd 1,4 Millionen Mark weist der Geschäftsbericht der Lottogesellschaft an Bezirksstellenleiter-Provisionen 1996 aus, im Schnitt für jeden der fünf Bezirksstellenleiter rund 275 000 Mark. »Da ist die Mehrwertsteuer dabei«, rechnet Rita Schlesinger schnell, »jeder von uns hat maximal 220 000. Ich kenne ja auch die Zahlen der anderen.« Kurierfahrer, Aushilfen, eben »alle Kosten« müßten damit gedeckt werden. »Dann können Sie sich vorstellen, was übrigbleibt.«

Was ihr übrigbleibt, will Rita Schlesinger nicht nennen, aber ihre Honorare liegen sicher über denen der Durchschnittsangestellten in Rostock. Und die Zuwächse sind beträchtlich: Obwohl der Umsatz 1994 höher war, bekamen die Bezirkschefs 1995 rund 130 000 Mark mehr als im Jahr zuvor. Schlesingers Kollegen in Sachsen-Anhalt bekommen 0,6 Prozent der Einsätze, durchschnittlich 285 000 Mark, die in Sachsen 265 000 Mark.

Mit den Provisionen, die Bezirksdirektoren im Westen monatlich einstecken, können die Ostdeutschen (noch) nicht mithalten. Als *Bild am Sonntag* am 4. Januar 1998 ihre Liste der Provisionen der 188 »Lotto-Direktoren«, ihre »Abzocker-Statistik«, publizierte, war die Aufregung in den Zentralen groß. Wer hat denen die Liste gegeben, rätselten alle. Dementiert hat die Höhe der Provisionen niemand, dagegen haben einige Pressesprecher und Bezirksdirektoren sie bestätigt.

Die Spitzenreiter unter den Absahnern sitzen in Bayern. Jeder der dortigen Bezirksdirektoren nimmt jährlich Provisionen von durchschnittlich 676 344 Mark ein. Nordrhein-Westfalens Bezirksfürsten dürfen sich noch immer über rund 440 000 Mark freuen. Die Lottogesellschaften in Baden-Württemberg, Rheinland-Pfalz und Schleswig-Holstein zahlen nach der *Bild*-Statistik 390 000 Mark. Für die sechs Bezirksstellen in Schleswig-Holstein liegen aus dem Jahr 1995 detaillierte Zahlen vor: Insgesamt ergaben sich bei einem Provisionssatz von 0,55 Prozent der Spieleinsätze rund 2,9 Millionen Mark, im Durchschnitt entfielen also 480 000 Mark auf jede Bezirksstelle. 20 000 Mark pro Jahr erhielt der Nordbezirk extra, weil er wegen der Versorgung der nordfriesischen Inseln Mehraufwendungen habe. In der Summe sind 15 Prozent Mehrwertsteuer enthalten. 1997 bezahlte NordwestLotto nur noch 0,4 Prozent der Spieleinsätze aus, weil die Arbeit durch die Online-Einführung erleichtert und vereinfacht wurde. An Provisionsaufwendungen fielen damit 1,85 Millionen Mark, mit Mehrwertsteuer 2,1 Millionen Mark an. Für jede Bezirksleitung blieben auch damit noch mehr als 300 000 Mark (mit Mehrwertsteuer mehr als 350 000 Mark) übrig.[86]

Die Bezirksdirektoren Niedersachsens (Slogan: »Ein Gewinn für alle«) erhielten im Jahr 1996 ohne Mehrwertsteuer jeweils mehr als 380 000 Mark. Außerdem, so bemerkt der Vorsitzende des Bundesverbandes der Toto-Lotto-Bezirksdirektoren, Hans-Jürgen Gärtner, bezahle Niedersachsen jedem Bezirksdirektoren 45 000 Mark Kostenentschädigung für Mitarbeiter.[87] Diese Pauschale soll inzwischen auf 20 000 Mark reduziert worden sein.

Der Geschäftsbericht der Lotterie-Treuhandgesellschaft mbH Hessen weist unter der Rubrik »Andere lotteriebezogene Aufwendungen« 23,7 Millionen Mark auf. Im Bundesanzeiger ist diese Position näher aufgeschlüsselt: 8,9 Millionen Mark davon seien »Provisionen für Bezirksleiter«. Bei 17 Bezirken, in die Hessen 1996 aufgeteilt war, wäre auf jeden deutlich mehr als eine halbe Million Mark gekommen. Die »Abzocker-Statistik« wies dagegen lediglich 356 664 Mark aus. Ein Sprecher des Finanzministeriums erklärte: »Die in der *Bild*-Zeitung genannte Zahl stimmt wohl – netto ohne Mehrwertsteuer«. 2,6 Millionen der knapp neun Millionen Mark aus der Position »Provisionen für Bezirksleiter« entfielen auf Glücksspirale-Provisionen für Bezirksleiter und Annahmestellen. Es ist anzunehmen, daß die Glücksspirale-Provisionen auch in anderen Bundesländern zusätzlich anfallen und sich die Gesamteinkünfte damit erhöhen. Außerdem erhalten die Bezirksdirektoren, die freie Handelsvertreter sind, nach einem Urteil des Bundessozialgerichts von den Lottogesellschaften auch Arbeitgeberanteile an der Sozialversicherung.

Mit jedem Schein, den Otto Lotto und gleich ihm alle Tipper bei ihren Annahmestellen abgeben, bezahlen sie auch diese Provisionen für die Bezirksbosse. 21 Hauptstellen, die von selbständigen Unternehmern geleitet wurden, gab es in Baden-Württemberg bis 1990. Dann strukturierte die Lotteriezentrale um und erhöhte die Zahl der Bezirksstellen auf 26. Elf davon führte die Staatliche Toto-Lotto GmbH von 1994 an als Tochter-GmbH, um Umsatzsteuer zu sparen, aber auch um den Außendienst besser an die Kandare nehmen und zu mehr Umsatz anspornen zu können. Der Rechnungshof hielt die GmbH-Lösung nicht für die beste. Die Behörde gab zu bedenken, daß man sich von einem Bezirksdirektor als Geschäftsführer einer GmbH nicht so leicht trennen könne, sondern diesem eine Abfindung zahlen müsse.[88]

Um ihre Ziele durchsetzen zu können, versüßte die Gesellschaft ihren Bezirksfürsten den Umbau der Organisation mit einer neuen Provisionsregelung. 1995 gab es eine Garantieprovision von 310 000 Mark. Für erfolgreiche Bezirksleiter konnte es auch mehr werden: 0,4 Prozent der Umsätze waren ausgelobt, 35 Mark je Quadratkilometer des Hauptstellengebiets, eine Pauschale von 350 Mark pro Lottoannahmestelle. Hinzu kam eine Erfolgsprämie von einem Prozent für Mehrumsatz im Vergleich zum Vorjahr und von drei Prozent aller Umsätze, wenn diese über dem Durchschnitt lagen. Das alles sollte, so hatte der Aufsichtsrat gefordert, kostenneutral ablaufen.

Der Rechnungshof dagegen fand heraus: Die großzügigen Provisionen stiegen schon 1990 um 1,344 Millionen Mark, der Trend setzte sich in den folgenden Jahren fort. 1992 hätten die Bezirksdirektoren nach der alten Regelung rund zwei Millionen Mark weniger eingestrichen – elf statt 13 Millionen. Stuttgart ist derzeit dabei, die Zahl der Bezirksstellen wieder zu reduzieren. Sprecher Klaus Sattler ist zuversichtlich: »Wir haben die Zeichen der Zeit erkannt.«

Provisionen der Bezirksstellenleiter 1996

Land	Bezirke	Annahmestellen insgesamt	Durchschnittliche Provisionen je Bezirksleiter in DM (ohne Umsatzsteuer)
Bayern	36	4200	676 344
Baden-Württemberg	25	3700	389 136[1]
Berlin	keine Bezirke		
Bremen	keine Bezirke		
Hamburg	8 Angestellte	620	»keinerlei Provisionen«[2]
Hessen	17	2250	256 604[3]
Niedersachsen	22	2845	381 568[4]
Nordrhein-Westfalen	41	4000	442 392
Rheinland-Pfalz	14	1600	390 060
Saarland	keine Bezirke		
Schleswig-Holstein	6	886	387 792
Brandenburg	Angestellte der Lotto-GmbH, Selbständigkeit »angedacht«		
Mecklenburg-Vorp.	5	570	239 364
Sachsen	13	1331	265 692
Sachsen-Anhalt	10	860	284 256
Thüringen	8 (Angestellte der Gesellschaft)		

Berlin und Bremen haben keine Bezirksstellenleiter. Die acht Vertriebsrepräsentanten Hamburgs sind Angestellte der Nordwest Lotto und Toto Hamburg.

1 davon elf als GmbHs der Zentrale; 1998 gab es noch 21 Bezirksleitungen, wegen der verringerten Arbeitsintensität nach Einführung von Online soll langfristig auf 14 reduziert werden.

2 seit 1998 fünf Verkaufsrepräsentanten, die »ganz normale Angestellte« seien. Sie erhielten, so die Nordwest Lotto und Toto Hamburg, »keinerlei Provisionen«.

3 1997 auf 14 reduziert.

4 davon 5 Angestellte, 1998 bis auf 15 reduziert, davon 5 Angestellte. Mit einer monatlichen Kostenpauschale von 20 000 Mark.

Gärtner wehrt sich stellvertretend für seine 187 Kolleginnen und Kollegen gegen den in *Bild* erhobenen Vorwurf des Abzockens. Von den Provisionen gingen erhebliche Kosten ab. Man müsse »eigene, repräsentative Büros für das

Unternehmen unterhalten«. Außerdem fielen Personalkosten an, die bei ihm für zwei festangestellte Mitarbeiter 120 000 Mark ausmachten. Dazu das Auto, die Fahrtkosten, die Versicherungen und die Steuern. Die Bayern müßten sogar das Inkassorisiko tragen, was für den Fall gelte, »daß ein Annahmestellenleiter mit dem Geld durchbrennt«. Nein, er habe in Nordrhein-Westfalen dieses Risiko nicht zu tragen. Jedenfalls, so Gärtner, müßten 65 Prozent als feste Kosten abgerechnet werden.

Hans-Werner Jakoby, Vorsitzender des Bundesverbandes der Lotto-Toto-Verkaufsstellen, nannte dagegen einen Aufwandsposten von 20 Prozent, bei den umsatzschwächeren Bezirken von 40 Prozent. Gärtner wischt diese Schätzung mit der Bemerkung vom Tisch, sie sei »wenig sachgerecht«.[89]

Konkrete Abrechnungen will dennoch niemand auf den Tisch legen. Alle aber fürchten um ihre Pfründe, denn die Online-Einführung hat den Zentralen ein Argument zur Kürzung der Provisionen in die Hand gegeben, was auch die Tipper forderten, die mit ihren Einsätzen diese Provisionen bezahlen. In Hessen, wo zuerst online getippt wurde, wies Finanzminister Karl Starzacher während einer Sitzung des Haushaltsausschusses auf Einsparungsmöglichkeiten bei den Bezirksleitern hin. Diese müßten kein Personal mehr einstellen, um am Mittwoch oder Freitag die Lottoscheine einzusammeln und sicher nach Wiesbaden zu bringen. Auch der ehemalige Geschäftsführer der Lotterie-Treuhandgesellschaft mbH Hessen, Fritz Rückel, schätzt, daß »heute 40 Prozent der früheren Tätigkeiten wegfallen« – wegen der Erleichterungen durch die Einführung von Online.[90] An Besitzstände wird sich allerdings niemand heranwagen. Im günstigsten Fall wird die Zahl der Bezirke verringert und damit der Umsatz pro Bezirksleiter vergrößert. Unterm Strich kommen dann Provisionen in gleicher Höhe wie zuvor heraus. So geschah und geschieht es in Hessen und auch in Stuttgart. Folglich bleiben die Bezirksdirektoren, was sie sind: Inhaber eines lukrativen Jobs – da die Bezirksstellen sehr begehrt sind. Deshalb spricht Nikolaus Arens, Vorsitzender des rheinland-pfälzischen Verbandes der Annahmestellenleiter, auch von »Vetternwirtschaft und Politklüngel«. Verdiente Sportler und ausrangierte Politiker würden bevorzugt. In Nordrhein-Westfalen sind dies beispielsweise der ehemalige Kölner Fußballprofi Karl-Heinz Thielen und der ehemalige Europameister (1958) im 200-Meter-Lauf, Manfred Germar. Germar war in den sechziger Jahren Abteilungsleiter bei Kaufhof gewesen. »Dann hat mich der Geschäftsführer von WestLotto dort weggeholt – mit einem Gehalt, das dreimal so hoch war wie beim Kaufhof.«

Warum gerade er? »Sicher hat mein Name eine Rolle gespielt. Aber Lotto hat mit Sport zu tun, und ich bin Diplomkaufmann.« Germar wurde Abteilungsleiter und Assistent der Geschäftsleitung. Und weil ihm immer wieder noch attraktivere Angebote vorlagen, bekam Germar zu seinem Abteilungsleitervertrag eine Bezirksstelle hinzu, die damals mit einer Pauschale honoriert wurde. Irgendwann hat ihm der damalige Geschäftsführer Peter Weiand (von 1973–1987 Präsident des 1. FC Köln) versprochen: »Wenn ich einmal weggehe, wirst du mein Nachfolger.« 1988 ging Weiand weg. Nachfolger aber wurde Rainer Maedge, der bis 1996 Geschäftsführer blieb. Maedge gehört der SPD an. Ihm zur Seite stand Theodor Schwefer, zuvor 20 Jahre lang Hauptgeschäftsführer eines Industrieverbands und Finanzexperte der CDU im Landtag sowie seit 1984 bei WestLotto. Germar bekam zum Trost eine weitere Bezirksstelle dazu. »Ich habe mir das alles selbst erarbeitet«, schwört er. »Ich hatte viele gute Angebote. Mit Klüngel hat das nichts zu tun.« Bei Thielen sei das etwas anders gelaufen: »Der Thielen kam zum Lotto, um eine Bezirksstelle zu kriegen, ich kam zum Lotto, um Geschäftsführer zu werden.« Aber, fragt Germar, »warum sollte nicht auch ein Sportler solch eine Stelle bekommen? Schließlich sind auch Leute aus der Innenrevision Bezirksleiter geworden, und auch Politiker haben so eine Stelle gekriegt.«[91]

Thielen selbst verweist auf die »überdurchschnittlich guten Umsätze« in seinem Bezirk Neuss: »Ich liege immer vorn.« Womit er dann auch mehr als eine halbe Million Mark Provisionen kassieren dürfte. Ex-Fußballprofi Thielen fragt: »Warum soll sich in diesem Land Leistung nicht lohnen?«[92]

Reiche Angestellte

Divide et impera, teile und herrsche! Kluge Regenten wissen schon lange, daß man dem Fußvolk etwas abgeben muß vom Reichtum, damit es stille hält. In Stuttgart genehmigte der Aufsichtsrat schon 1985 den Lottoprokuristen zum Gehalt eine zwanzigprozentige Zulage.[93] Heute profitieren nicht nur die oberen Chargen. Offenbar dürfen sich inzwischen alle Lottobeschäftigten zu den Glückspilzen zählen. Schließlich sorgen die Tipper für einen stetigen, nie versiegenden Geldfluß.

Daß die Gehälter in Stuttgart die Angestellten durchaus zufriedenstellen können, haben wir gesehen. Die Stuttgarter Landesbezirksleitung der Gewerkschaft Handel, Banken und Versicherungen (HBV) entdeckte 1998 eine neue Möglichkeit, wie sie ihren Mitgliedern mehr Geld aus den Lottoeinsätzen zukommen lassen kann: Überall, und so auch in Stuttgart, stand der 50. Geburtstag der Lottogesellschaft an. Die Arbeitnehmervertreter meinten deshalb: »Keine Frage: Zum 50sten Jubiläumsjahr sollen auch die Arbeitnehmer etwas bekommen…« Auch? Wer bekommt da noch was? Die Gewerkschafter jedenfalls forderten neben Lohnerhöhungen von vier Prozent eine »einmalige Jubiläumszahlung von DM 1200,– (auf Vollzeitbasis)«. In ihrer Tarifinfo »für die Beschäftigten der Staatlichen Toto-Lotto GmbH, Stuttgart« vom März 1998 konnte die Gewerkschaft ihren Mitgliedern erfreuliche Neuigkeiten melden. »Es scheint eine gewisse Bereitschaft vorhanden zu sein, auf diese Forderung einzugehen, wobei neben dem Betrag die Frage offen blieb: Alle das gleiche oder gestaffelt nach Betriebszugehörigkeit?« Sicher aber war: Es gibt etwas zusätzlich. Auch in Rheinland-Pfalz schüttete die Geschäftsleitung das Lottofüllhorn über den Angestellten aus. Der Haustarifvertrag, abgeschlossen mit der HBV, sicherte den Mitarbeitern nicht nur ein 13. und ein 14. Monatsgehalt. Ihr durchschnittliches Salär erhöhte sich in vier Jahren von 4872 auf 6010 Mark im Jahr 1993. Damit lagen die Lottoangestellten deutlich über dem ohnehin schon ganz stattlichen Bankentarif: Die niedrigste Vergütungsgruppe lag 22 Prozent darüber, die höchste sogar 41 Prozent. Jeder fünfte der 100 Vollzeitmitarbeiter verdiente etwa soviel wie ein Abteilungsleiter in einem Ministerium oder ein Oberbürgermeister in einer mittelgroßen Stadt. Außerdem besteht eine gute betriebliche Zusatzaltersversicherung für alle Mitarbeiter. Und natürlich sind die Betriebszeiten auf die Minute einzuhalten. Wer freitags um 14 Uhr anruft, hat Pech: »Guten Tag, hier ist der automatische Anrufbeantworter der Lotterie-Treuhandgesellschaft mbH Hessen. Sie erreichen uns während der Geschäftszeiten Montag bis Donnerstag, sieben Uhr fünfzehn bis sechzehn Uhr, und Freitag, sieben Uhr fünfzehn bis zwölf Uhr fünfzehn.« Immerhin kann man eine Nachricht auf dem Anrufbeantworter hinterlassen.

Auch der Osten ist offenbar bei der Vergütung der Angestellten ausgesprochen großzügig. Hans Wondracek, Vertreter der HBV, freut sich, »daß wir einen guten Tarifabschluß hingekriegt haben. Wir machen uns auf den Weg Richtung Baden-Württemberg, wo die besten Gehälter bezahlt werden.«

Setzt man die Personalkosten ins Verhältnis zu den Umsätzen, ergeben sich deutliche Unterschiede:

Personalkosten und Umsatz 1996 in tausend DM			
Land	Personal-kosten (mit Sozialabgabe)	Umsatz (mit Bearbeitungs-gebühr)	Anteil der Personalkosten am Umsatz in %
Saarland	11 900	199 300	5,97
Bremen	4 606	111 767	4,12
Mecklenburg-Vorp.	3 895	113 114	3,44
Thüringen	5 734	170 831	3,36
Berlin	17 548	551 394	3,18
Hamburg	10 636	351 797	3,02
Rheinland-Pfalz	20 260	672 215	3,01
Sachsen-Anhalt	5 807	208 425	2,79
Brandenburg	4 711	184 000	2,56
Sachsen	6 727	375 291	1,79
Hessen	17 395	1 008 300	1,73
Schleswig-Holstein	7 779	479 230	1,62
Nordrhein-Westfalen	49 526	3 098 799	1,60
Niedersachsen	18 876	1 290 179	1,46
Baden-Württemberg	22 050	1 666 267	1,32
Bayern	ca. 19 000	1 917 000	0,99

Natürlich sind kleinere Einheiten bei dieser Berechnung benachteiligt, denn die unvermeidbaren Fixkosten schlagen bei ihnen stärker zu Buche. Dennoch lassen sich einzelne Gesellschaften vergleichen: Auffällig sind die exorbitant hohen Personalkosten in Bremen und im Saarland. Das wundert nicht, denn mit 148 beschäftigt die Saarland-Sporttoto GmbH so viele Vollzeitangestellte wie die Schwester in Baden-Württemberg, die aber den achtfachen Umsatz erzielt.[94] Sachsen-Anhalt, vom Umsatz her mit dem Saarland vergleichbar, kommt mit weniger als der Hälfte der festangestellten Vollzeitkräfte aus. Bremen hat nur den halben Umsatz im Vergleich zu Sachsen-Anhalt, aber fast gleich hohe Personalkosten und zwei Geschäftsführer, während etwa eine größere Gesellschaft wie die Sachsens sich mit einem begnügt.

Auch WestLotto müßte angesichts seines Umsatzes (ein Drittel der bundesweiten Einsätze) besser dastehen. 1,6 Prozent der Einsätze gehen in Münster fürs Personal drauf. Im Geschäftsbericht 1995 lobte die Geschäftsführung die Beschäftigten ausdrücklich als »engagiert, zuverlässig und schnell«. Weil man von Lob allein nicht leben kann, hieß es noch: »Dafür beteiligte das Haus seine Mitarbeiter stets am Geschäftsergebnis.« Auch diejenigen, die vor Ort das Produkt zu verkaufen haben, werden nicht vergessen: »Auch die Vertriebspartner des WestLotto partizipieren angemessen am Erfolg des Unternehmens. Im Blockvergleich liegen sie mit ihrem Provisionseinkommen an der Spitze.«

So lobte auch Bayerns damaliger Finanzminister Georg von Waldenfels vor mehr als 1000 bayerischen Annahmestellenleitern die Großzügigkeit seiner Verwaltung. Die Annahmestellen beschwerten sich, weil ihre Provision von einst 7,8 Prozent nun sogar auf 7,5 Prozent sinken solle. Waldenfels dagegen meinte, die Provision liege damit in Bayern noch immer »um über einen Prozentpunkt höher als in anderen Bundesländern«.

Feste feiern

Im Juli 1995 gingen dem Rechnungshof Rheinland-Pfalz, der SPD-Fraktion und dem Finanzministerium anonyme Briefe zu. Sie enthielten schwere Vorwürfe gegen führende Lottomanager. Der Schreiber berichtete von einer Reise des Verwaltungsrats, einem »Ausflug mit Frauen«, nach Wien.

Es gebe »wohl kaum eine Reise, wo die Damen nicht auf Kosten des Lottos oder anderer Firmen mitfuhren: Amerika, Südafrika...« Ein großer Teil der Kosten sei »über Rubbelautomaten finanziert« worden. Die Nebenkosten seien in Wien so hoch ausgefallen, daß die Rechnungen eine Firma übernahm, die der Lotteriegesellschaft solche Spielgeräte lieferte. Lotto sei dafür eine Rechnung über mehrere Rubbelautomaten gegeben worden. Der Schreiber nannte die Namen des Geschäftsführers, eines Prokuristen und eines Sportfunktionärs, die das untereinander abgestimmt hätten. Damit nicht genug: Bei der Neuvergabe von Druck- und auch Speditionsaufträgen sollen dreimal sechsstellige Schmiergelder geflossen sein. Die Firmen lieferten heute um 15 bis 25 Prozent teurere Waren und Dienstleistungen. Auch beim Bau der neuen, luxuriösen Lottozentrale sollen erhebliche Geldbeträge im Spiel gewesen sein. Sogar die Rabatte beim Autokauf seien privatisiert worden. Rechnungshofchef Wolfgang Brix konnte diese Vorwürfe nie verifizieren. Finanzstaatssekretär Thilo Sarrazin erinnert sich heute, daß die Vorgänge »nicht mehr hinreichend rekonstruierbar waren. Die haben wie die Weltmeister Vorgänge beseitigt.« In der Rechnungsprüfungskommission konnte er immerhin mitteilen, das Unternehmen habe in einer Stellungnahme eingeräumt, »daß man nicht alle Fakten bestreite, die in dem anonymen Schreiben enthalten seien«. Sie müßten allerdings anders interpretiert werden.[95]

Wolfgang Brix und seine Mitarbeiter konnten dafür andere Beispiele für Verschwendung nachweisen: Zum 70. Geburtstag eines Verwaltungsratsmitglieds machten die Lottomanager 17 000 Mark locker: für Musik, Fotos, Schachcomputer und Bewirtung in einem Nobelhotel. Einem anderen Jubilar schenkten Weiler & Co. zum 60. Geburtstag einen Farbfernseher für 1000 Mark. Ungefähr 550 000 Mark gab die Gesellschaft von 1989 bis 1993 für

Bewirtung von Gästen und Gremienmitgliedern aus, wobei die Einzelrechnungen dem Rechnungshof »unvertretbar hoch« erschienen. Auslandsreisen wurden häufig zu kleinen Betriebsausflügen mit einer unnötig großen Zahl von Teilnehmern. Die Geschäftsführung hielt solche Ausgaben für »angemessen«, berichtete der Rechnungshof pflichtgemäß, wollte sich dieser Einschätzung allerdings nicht anschließen. Er stellte fest: »Jedes unwirtschaftliche Verhalten der Gesellschaft schmälert ihre Gewinnausschüttung an die drei Sportbünde sowie an das Land und verkürzt damit zugleich die institutionelle Förderung des LSB [Landessportbunds, P. K.] aus dem Landeshaushalt.«

Alle Lotteriemanager haben offenbar die Neigung, gern und viel zu reisen. Gut, daß es internationale Zusammenschlüsse auch beim Lotto gibt, die zu Konferenzen rund um die Welt laden. Das muß man ja nicht gleich allen auf die Nase binden. »Die nächste Sitzung der Europasektion«, meldete der Geschäftsbericht 1994 der Bremer Toto und Lotto GmbH deshalb dürr, »findet im Rahmen der INTERTOTO-Direktorenkonferenz 1995 statt.« Bei den bisherigen Treffen war der Ort der Veranstaltung stets genannt: 1993 Kopenhagen, 1997 Berlin. Für 1995 fehlte der Veranstaltungsort. Vermutlich wollten die Lottomanager nach den letzten Skandalen nicht noch weiter Öl ins Feuer gießen und keinerlei Neid bei den Tippern aufkommen lassen. Denn die europäischen Lottochefs versammelten sich 1995 im australischen Perth.

Auch im hessischen Lottoskandal ging es um die Frage, ob die Lottomanager zuviel gereist seien und dies den Straftatbestand der Veruntreuung erfülle. Im Juli 1993 etwa flogen 25 Annahmestellenleiter mit dem Geschäftsführer nach New York. Auch diese Kosten von 415 000 Mark verkürzten den Überschuß. Im Falle des Geschäftsführers Dumschat wurde das Ermittlungsverfahren schließlich eingestellt – gegen eine Zahlung Dumschats von 30 000 Mark an die Lotterie-Treuhandgesellschaft mbH Hessen. Auch sonst zeigten sich die Manager in Wiesbaden großzügig, etwa im Dezember 1993, als die Teilnehmer der Kultusministerkonferenz geschlossen das Frankfurter Varieté Tigerpalast besuchen durften. Die Bewirtungskosten, immerhin 30 000 Mark, sollte auf eine Bitte des damaligen Kultusministers Hartmut Holzapfel die hessische Lotteriegesellschaft übernehmen.[96]

6. Zweckerträge: »Springquell nachhaltiger Quasi-Steuereinnahmen«

Der Präsident des baden-württembergischen Rechnungshofs sprach im Finanzausschuß aus, was alle wissen, aber niemand sich zu sagen traut: Toto-Lotto werde »einzig und allein betrieben«, um »ein Maximum an Geld aus der Bevölkerung [...] herauszuziehen«. Wenn man dem Bürger durch den Anreiz zum Glücksspiel Geld aus der Tasche ziehe, dann sei dies nur gerechtfertigt, wenn man dieses Geld soweit wie irgend möglich wieder guten Zwecken zuführe. Dem stimmte vor dem Europäischen Gerichtshof auch die Bundesregierung zu: »Gelder, die aus der Betätigung des Spielbetriebs entstanden sind, sollen nicht demjenigen zufließen, der sich diese Einnahmequellen erschlossen hat. Vielmehr sollen diese Gelder unter gemeinwohlorientierten Gesichtspunkten der Gesellschaft zugute kommen (z. B. für Sport, Kultur, Soziales, Umwelt).«[97]

Daß mit den Lotterieüberschüssen nicht die Haushaltslöcher der Finanzminister gestopft werden sollen, findet Otto Lotto richtig und freut sich, mit seinem Geld – wenn er schon nichts gewonnen hat – wenigstens einer guten Sache genutzt zu haben. Tatsächlich hat Berlin für die Verteilung der Überschüsse sogar eine eigene Stiftung gegründet, und Otto Lotto darf sich wieder einmal im Glanz seiner Heimatstadt sonnen. Berlin war eben schon immer etwas Besonderes.

Daß die Zweckerträge, Konzessionsabgaben und Überschüsse auch in den anderen Bundesländern gemeinnützig verwendet werden, glauben alle. Die *Frankfurter Allgemeine Zeitung* etwa meint, daß von den Spieleinsätzen »ein hoher Prozentsatz sozialen, kulturellen und sportlichen Zwecken zugeführt« werde.[98] Diese Einschätzung ist falsch. In fast allen Bundesländern wird gegen die hehre Zielsetzung verstoßen, in manchen mehr, in anderen weniger. Die Bayern – »typisch«, kommentiert Otto Lotto – lassen sich von ihren Politikern an der Nase herumführen. Die stellen die Lotterieüberschüsse vollständig in den Haushalt ein – als allgemeine Deckungsmittel. Zusammen mit der Lotteriesteuer macht das dann rund 40 Prozent der Einsätze aus, die direkt an den Fiskus gehen. »Über die Verwendung der Mittel entscheidet der bayerische Landtag im Rahmen seiner allgemeinen Beratung über den Staatshaushalt, aus dem insbesondere auch erhebliche Mittel für soziale, kulturelle und sportliche Zwecke zur Verfügung gestellt werden und somit der Allgemeinheit zugute kommen.«[99] Diese Erklärung der Staatlichen Lotterieverwaltung ist bestenfalls vordergründig einleuchtend, und die Wortwahl (»insbesondere auch«) zeugt schon vom mangelnden Vertrauen des Schreibers in seine eigenen Worte. In Wirklichkeit verhält es sich so, daß die Tippeinnahmen lediglich die dem Land zur Verfügung stehenden Mittel erhöhen, und das um deutlich mehr als 750 Millionen Mark jährlich (davon Lotteriesteuern von mehr als 330 Millionen Mark). Diese Einnahme wird mit dem Gesamtetat auf alle Ressorts verteilt und führt überall zu höheren Etats. Deshalb kann gesagt werden, daß in Bayern beispielsweise Polizisten auch aus Lottomitteln bezahlt werden, ebenso der Neubau der Staatskanzlei, der Flughafen im Erdinger Moos oder eben die Diäten des Ministerpräsidenten. Die Liste ließe sich fortsetzen. Alle staatlichen Ausgaben enthalten also einen Teil Lottomittel.

Es ist demnach so, daß beim bayerischen Modell – wie auch in Hamburg – Lottomittel auch solchen Zwecken zugute kommen, die üblicherweise nicht als gemeinnützig angesehen werden. Die bayerische Regierung widerspricht damit bestehenden Gesetzen, aber – und das ist das Beste, was man darüber sagen kann – sie ist wenigstens ehrlich und das Verfahren, weil die Mittelverwendung vom Landtag abgesegnet werden muß, demokratisch.

In Mecklenburg-Vorpommern sind Lotteriemanager und Politiker stolz auf die Errungenschaften der letzten Jahre. »Der Gewinn aus Lotto und Toto soll vornehmlich für karitative, soziale, kulturelle und gemeinnützige Zwecke verwandt werden.» So heißt es klar und deutlich im Lotteriegesetz. Als Ziel nannte die Landesregierung in ihrer Begründung zum Gesetzentwurf einen Überschuß von »mindestens 20 Prozent der Bruttoeinnahmen der Lotterien«. Die Verwaltungsgesellschaft Lotto und Toto in Mecklenburg-Vorpommern, die das Geld heranschaffen soll, gehört vollständig dem Land. Gerlinde Schnell, Abgeordnete der SPD, ahnte schon bei den Beratungen über das neue Lotteriegesetz, daß diese Bestimmungen nicht hinreichend eindeutig sein dürften: »Eine genaue Festschreibung der Zweckverwendung und eine Festschreibung der Prozente der Ausschüttung halten wir für notwendig.«[100] Ihr Wunsch wurde nicht beachtet. Die Überschüsse aus dem Lotteriegeschäft werden heute in den Haushalt eingestellt – ohne nähere Zweckbestimmung. »Das ist ja das Kunststück«, freut sich Finanzpressesprecher Julius Geise über einen aus seiner Sicht gelungenen Coup.[101]

Diese nicht dem Geist der Lotteriegesetze entsprechende Praxis ist auch in Sachsen üblich. Eine Zweckbindung sei »nicht zwingend vorgeschrieben (lediglich Sollvorschrift)«, stellte Finanzminister Georg Milbradt auf eine Anfrage seines Parteikollegen Karl Mannsfeld schon 1993 klar. Deshalb können in Sachsen auch keine konkreten Projekte benannt werden, die aus dem Reingewinn der Sächsischen Lotto GmbH gefördert werden – 1996 immerhin 81 Millionen Mark. Die weiteren Ausführungen Milbradts geben einen mehr als deutlichen Hinweis darauf, daß die Lottogelder wie Steuermittel angesehen werden, die Einzelpläne abdecken: »Dem gesetzlichen Auftrag wird dadurch entsprochen, daß die veranschlagten Mittel in den Einzelplänen 05, 08, 10 und 12 für die im Staatslotteriegesetz genannten Bereiche die Höhe des Reingewinns aus den Staatslotterien mindestens erreichen.«[102] Mit anderen Worten: Wären die Lotterieeinnahmen in Sachsen hoch genug, so dürften sie die Etats der Ministerien für Kultus, Soziales/Gesundheit/Frauen, Umwelt/Landesentwicklung und Wissenschaft/Kunst allein vollständig abdecken. Ein bestimmter Verteilungsschlüssel, fügte Milbradt hinzu, bestehe nicht. »Eine betragsmäßig genaue Zuordnung der Einnahmen aus den staatlichen Lotterien und Wetten zu bestimmten Ressorts oder Haushaltsstellen empfiehlt sich generell nicht.«

Deutlicher läßt es sich nicht sagen: Die Tipper in Sachsen bezahlen mit jedem Tippschein nicht nur Lotterie-, sondern eine zweite Steuer. Insgesamt macht das von jeder Mark, die Otto Lottos sächsische Tipperfreunde einsetzen, rund 40 Pfennig für den Staatshaushalt aus.

In Bayern, Hamburg, Sachsen und Mecklenburg-Vorpommern wird am deutlichsten, daß Lottospielen eine zweite Steuer darstellt – manche sagen, eine für Dumme. In diesen vier Bundesländern kann sich kein Tipper über seine Nieten mit dem Gedanken hinwegtrösten (Ausnahme: Glücksspirale), wenigstens einer guten Sache gedient zu haben, auch wenn ihm das im Gesetz so vorgegaukelt wird – außer er betrachtet es als gute Tat, dem Finanzminister beim Stopfen seiner Finanzlöcher geholfen zu haben.

In Nordrhein-Westfalen haben sich die Lotteriemacher eine ganz besondere Verschleierungsstrategie ausgedacht, um die Tipper zu täuschen: »Als Marktführer für faires und chancenreiches Spiel für unsere Kunden lassen wir uns von niemandem übertreffen«, schreibt die Westdeutsche Lotterie GmbH & Co. in ihren Geschäftsberichten auf der Umschlagseite. 42 Pfennig von jeder eingesetzten Mark »fließen für gemeinnützige Zwecke in die Landeskasse oder an die Destinatäre«. Und: »Auf dieser Basis fördern wir soziale, kulturelle, sportliche und Umweltprojekte wie kein anderer.« Eine eiskalte Irreführung der Tipper! »Gelder für gute Zwecke« ist die Schlagzeile, unter der die Gesellschaft 1,25 Milliarden Mark aufsummiert, die »von der Westdeutschen Lotteriegesellschaft für gemeinnützige Zwecke erwirtschaftet« worden seien. Abzuziehen sind 512,16 Millionen Mark Lotteriesteuer, die lediglich durch ein Sternchen und eine Anmerkung als solche kenntlich gemacht sind. Außerdem abzuziehen sind weitere 593,05 Millionen Mark, die, ebenso zurückhaltend ausgewiesen, als Konzessionsabgaben dem Land zufließen und dort im Haushalt keinesfalls zweckgebunden aufgehen. Die Zweckerträge, wie das Innenministerium diese Abgaben nennt, seien »zur Erfüllung sozialer, kultureller und sonstiger gemeinnütziger Aufgaben an das Land abzuführen«. Hierfür enthalte der Landeshaushalt einen besonderen Einnahmetitel. »Zu diesem Einnahmetitel«, meint lakonisch das Innenministerium, »gibt es allerdings keine korrespondierenden Ausgabentitel.« Eine Erklärung hat das Ministerium selbstverständlich auch parat: Dies hätte zudem gar keinen Sinn, »da diese Einnahmen ohnedies auch nicht annähernd ausreichen, um den tatsächlichen Bedarf des Landes zur Finanzierung der genannten Aufgaben abzudecken«.[103] Bleiben lediglich rund 129 Millionen Mark, die tatsächlich zweckgebunden und eindeutig nachweisbar an Empfänger in

Wohlfahrt, Sport (mehr als die Hälfte, 54 Millionen Mark, bekommt der Landessportbund) und Kultur gehen – von rund drei Milliarden Mark, die Nordrhein-Westfalens Tipper jährlich in die Annahmestellen des Landes tragen. Macht kaum mehr als vier Prozent der Einsätze.

Wenn WestLotto und die aufsichtführenden Politiker reklamieren, die an den Staat abgeführte Konzessionsabgabe werde für die entsprechenden Bereiche verwendet, dann muß die Frage lauten: Würden Kultur, Sport, Sozialwesen und Umwelt um 600 Millionen Mark weniger aus dem Haushalt erwarten dürfen, gäbe es keine Lotterie?

Verschleierungsexperten sind auch in Rheinland-Pfalz am Werk. Das Lotteriegesetz sieht vor, daß der Reinertrag der Veranstaltung »dazu verwendet wird, ausschließlich und unmittelbar bestimmte gemeinnützige, mildtätige oder kirchliche Zwecke zu fördern«. Reinertrag und Gewinnsumme müßten mindestens je ein Viertel des Spielkapitals ausmachen. Abgesehen davon, daß der Reinertrag 1996 nur 21 Prozent der Einsätze ausmachte, stellt Rheinland-Pfalz diese Gewinne »in die Einzelpläne verschiedener Ministerien« ein. Dort werden sie, so Finanzstaatssekretär Ingolf Deubel, »für die Förderung kultureller, sozialer und sportlicher Zwecke« auf eine Vielzahl von Haushaltsstellen verteilt. Deubel nennt die Ministerien für Inneres und Sport, für Arbeit, Soziales und Gesundheit, für Bildung, Wissenschaft und Weiterbildung sowie für Kultur, Jugend, Familie und Frauen. »Es ist nicht möglich, einen direkten Zusammenhang zwischen den Ausgaben für diese Zwecke und den staatlichen Lotterien herzustellen.« Und dann folgt die übliche Begründung: Die »Lottomittel« würden ohnehin nicht ausreichen, um alle gemeinnützigen Zwecke zu erfüllen, denn das Land erbringe »zur Erfüllung dieser Zwecke noch wesentlich höhere Mittel. Insoweit läßt sich auch eine konkrete Verwendung der Lottomittel nicht nachweisen.«[104]

Dem widersprechend bringt das Sozialministerium die Mittel in Haushaltsposten ein, die mit einem Zweckbindungsvermerk versehen sind:

– arbeitsmarktpolitische Maßnahmen für schwer vermittelbare Arbeitnehmer

– Zuweisungen und Zuschüsse zu Bau und Ausstattung für Behindertenheime

– Landespflegegeld (nach dem Landespflegegeldgesetz, 1995 in Kraft getreten)

– Landesblindengeld

– Zuschüsse zur Förderung von ambulanten Pflegeeinrichtungen nach dem Landespflegehilfegesetz (Investitionszuschüsse, Bau und Einrichtung, etwa einer neuen Einsatzzentrale).

Ob die Lottomittel für diese Zwecke genutzt werden dürfen, ist zweifelhaft und muß im Falle der Förderung arbeitsmarktpolitischer Maßnahmen verneint werden. Das ist Sache des Haushalts, nicht der Lotterie.

Die Pressestellen der Ministerien konnten auf Anfrage keine Aussage zu den in ihrer Behörde verwalteten Lottomitteln machen. Sie wußten nicht einmal um deren Existenz. Im Bildungsministerium reagierte sogar ein leitender Mitarbeiter der Haushaltsabteilung auf den Hinweis der Existenz von Lottomitteln in seinem Haushalt mit dem Ausruf: »Da sagen Sie mir was Neues!«[105] Deutlicher kann es nicht dokumentiert werden: Auch in Rheinland-Pfalz werden Lottomittel de facto wie Steuermittel behandelt.

Auch in Schleswig-Holstein wird behauptet, die Lottomittel würden für gemeinnützige Zwecke eingesetzt. Die Lotterieverordnung erlaubt die Einführung einer Lotterie nur dann, wenn der Reinertrag für Zwecke verwendet werden soll, »deren Förderung dem Reich [sic!], dem Land oder den Gemeinden und Gemeindeverbänden gesetzlich obliegt«. Außerdem darf das Geld nicht verwendet werden

»zur Deckung von Verwaltungsaufgaben, die einem Verein oder gemeinnützigen Unternehmen bei der Durchführung seiner satzungsmäßigen Aufgaben entstehen«. Aber trifft das so auch in der Wirklichkeit zu? Immerhin weist der Haushalt nicht nur die Lotterieerträge aus, sondern diese werden auch wieder bestimmten Haushaltsstellen zugeteilt. Welches aber sind diese Stellen?

Ein gültiges Gesetz – das meint nicht nur der Rechnungshof – darf auch dann nicht mißachtet werden, wenn es – wie die »Verordnung über die Genehmigung öffentlicher Lotterien und Ausspielungen« – aus dem Jahr 1937 stammt. Deshalb meldete der Rechnungshof schon 1991 »erhebliche Zweifel« an bezüglich der Förderung der Erwachsenenbildung, öffentlicher Büchereien und der Volkshochschulen. Das alles sei laut Landesverfassung »Aufgabe des Landes«. Das gleiche gelte auch für die Wahrung des ost- und mitteldeutschen Kulturerbes, den Neu- und Umbau von Behinderteneinrichtungen und die Verwendung der Zweckerträge für Sach- und Personalkosten, etwa des Deutschen Sportbundes. »Die Vermischung allgemeiner Deckungsmittel mit Lotterieeinnahmen widerspricht der gemeinnützigen Zweckbindung der Lotteriezweckerträge, soweit die Mittel für Staatsaufgaben verwendet werden können.«

Es gibt Rechnungshöfe, auf die Politiker nicht hören. Und es gibt Gesetze, die Politiker negieren. In Schleswig-Holstein trifft beim Lotto beides gleichzeitig zu. Und so hat sich trotz der Kritik der Rechnungsprüfer nichts geändert, die zweifelhafte Förderpraxis setzt sich bis heute fort. Aus den Erträgen der Super 6 gingen 1997 4,4 Millionen Mark an die Volkshochschulen, aus dem Spiel 77 an Behinderteneinrichtungen und Wohnheime für Behinderte 3,7 Millionen Mark. Doch damit nicht genug: Die Landeshaushalte 1997 und 1998 setzten die Erträge aus Mittwochs- und Samstagslotto unter anderem ein für »Aufnahme und Eingliederung von

Spätaussiedlerinnen und Spätaussiedlern sowie ausländischen Flüchtlingen, insbesondere jüdischen Emigranten« (3 Millionen Mark), »Förderung der Weiterbildungsinfrastruktur« (268 000 und 248 000 Mark), »Ausbau der dezentralen psychiatrischen Versorgung der Bevölkerung« (jährlich 4,2 Millionen Mark), »Bekämpfung des Suchtmittelmißbrauchs« (6,8 Millionen Mark 1997), »Arbeitsmarktpolitische Maßnahmen (europäischer Sozialfonds)« (18 Millionen Mark 1998), »Arbeit für Schleswig-Holstein« (27,9 Millionen Mark 1998). Nicht nur der Landesrechnungshof sieht darin »gesetzliche Pflichtaufgaben des Landes«, die aus Steuermitteln bestritten werden müßten.

Auch die Begünstigten sind sich offenbar gar nicht bewußt darüber, daß ihre »Landesmittel« aus den Lotteriezweckerträgen stammen. Die Arbeitsgemeinschaft Deutsches Schleswig e. V. etwa teilte mit, »daß wir leider keine Zuwendungen aus Lotterieeinnahmen erhalten«. Der Landeshaushaltsplan 1997 dagegen weist die Zweckerträge aus, die das Land »aus der Durchführung des Zahlenlottos 6 aus 49 am Sonnabend und am Mittwoch sowie des Fußballtoto« erhalte. »Die Einnahmen werden zweckgebunden für soziale und kulturelle Zwecke sowie zur Förderung des Sports und der Jugendpflege verwendet, unter anderem« für: Einzeltitel 0740-68430 an »Zuwendungen an die Arbeitsgemeinschaft Deutsches Schleswig« 2,09 Millionen Mark. Eine Sprecherin des Vereins, zu dessen Vorstand die stellvertretende Fraktionsvorsitzende der CDU, Ursula Röper, zählt, meinte überrascht: »Schön zu wissen, daß wir aus Lottomitteln finanziert werden.«[106]

Fast jede vierte alleinerziehende Mutter mit einem Kind unter drei Jahren nimmt in Baden-Württemberg am Programm »Mutter und Kind« teil. Alleinerziehende, die nicht berufstätig sind, können darin nicht nur sozialpädagogische Beratung, sondern auch finanzielle Unterstützung erhalten.

Ein schönes, ein sinnvolles Programm. Aber es müßte aus Steuermitteln finanziert werden. 11,6 Millionen Mark sind dafür jährlich im Staatshaushaltsplan ausgewiesen – und damit kommt die Praxis in Baden-Württemberg derjenigen in Schleswig-Holstein gleich. Würde der Breitensport in Baden-Württemberg ohne diese Lottomittel nicht gefördert? Würden keine Sporthallen und Sportplätze gebaut? Würde der künstlerische Nachwuchs nicht unterstützt? Gäbe es keinen Zentralfonds, aus dem die Staatliche Kunsthalle und das Badische Landesmuseum zu Karlsruhe, die Staatsgalerie, das Württembergische Landesmuseum und das Lindenmuseum zu Stuttgart mit 5,5 Millionen Mark gespeist werden? Und gäbe es etwa das Programm »Mutter und Kind« nicht? Natürlich müßte das alles auch ohne Lotto finanziert werden – eben aus Steuermitteln. Sogar für die »Verwaltung der Mittel aus Reinerträgen der staatl. Wetten und Lotterien« haben die Schwaben (und Badener) gesorgt: eine Million Mark – abgezweigt aus den Lottomitteln.

Alle Bundesländer neigen angesichts der knappen Kassen dazu, die Lotterieerträge nicht nur für Zwecke zu verwenden, die zweifelhaft sind, sondern sie auch gleich als allgemeine Deckungsmittel ihrem Haushalt zuzuführen. Berlins Finanzsenatorin Annette Fugmann-Heesing (die wegen eines Lottohandels entlassene hessische Finanzministerin) will die Hälfte der Einnahmen von der Zweckbindung befreien. Das hatte der damalige rot-grüne Senat schon einmal, 1989, beschlossen: Ein Viertel der Zweckerträge floß dann bis 1991 als allgemeine Deckungsmittel in den Haushalt. 1991 wollte die Partei- und Fraktionsvorsitzende der FDP, Carola von Braun, »die kritische Frage zur Vergabepraxis der Lottogelder« diskutieren.[107] Doch der Versuch, die Lottomittel in den Haushalt einzustellen, scheiterte in Berlin schon mehrfach, der rot-grüne Beschluß wurde von der Großen Koalition zurückgenommen.

Niedersachsen hat ebenfalls stets nur einen Teil für bestimmte Zwecke verwendet und dies nun in einem neuen Gesetz auch erkennbar festgelegt. Doch selbst die Deutsche Presse-Agentur hat das Dickicht nicht durchschaut und liefert in ihren Hintergrundberichten falsche Zahlen: In Niedersachsen, so schrieb sie im Juli 1997, seien 1995 »273 Millionen Mark für gemeinnützige Zwecke« zur Verfügung gestellt worden. Das ist nur zum Teil richtig: Zwar lieferte die Toto-Lotto Niedersachsen GmbH 273 Millionen Mark ans Land ab, aber mehr als die Hälfte davon verschwanden als allgemeine Deckungsmittel im Haushalt und waren so ein »Springquell nachhaltiger Quasi-Steuereinnahmen«.[108]

Klar festgelegt sind – unabhängig von den Usancen in den Ländern – die Modalitäten bei der Glücksspirale, und zwar bundesweit: 40 Prozent Ausschüttung, 16,66 Prozent Lotteriesteuer, 15 Prozent Veranstalterunkosten. Als planmäßiger Reinertrag sollen 28,33 Prozent überwiesen werden: zu je einem Drittel an den Deutschen Sportbund in Frankfurt, die Bundesarbeitsgemeinschaft der Freien Wohlfahrtspflege in Bonn und die deutsche Stiftung Denkmalschutz. Die Zahlen aber sehen anders aus: In Bremen sank der Anteil des Reinertrags trotz eines kräftigen Umsatzplus 1996 auf 23,18 Prozent und damit deutlich unter die Mindestgrenze von einem Viertel. Auch Rheinland-Pfalz blieb mit 22,6 Prozent zurück, Nordrhein-Westfalen brachte zwar stolze 17,9 Millionen Mark auf, das sind aber auch nur 22,9 Prozent der Einsätze in Höhe von 78,3 Millionen Mark. Der gesamte Block begnügte sich in diesem Jahr mit 22,3 Prozent.

Als einziges Bundesland lieferte auch 1996 Berlin aus der Glücksspirale mehr für gemeinnützige Zwecke ab als gefordert. Die Deutsche Klassenlotterie Berlin (DKLB) muß nicht nur an die drei Destinatäre zahlen, sondern das Berliner Lotteriegesetz verlangt auch noch den Zweckertrag in

Höhe von 20 Prozent für die Stiftung der Klassenlotterie. Bei der Glücksspirale haben die Berliner wegen der doppelten Zweckabgabe immer ein Minusgeschäft. Macht aber nichts: Das verringert lediglich den Überschuß der DKLB, der ebenfalls an die Stiftung geht.

Minusgeschäft Rennquintett

Die Pferdewette des Blocks lahmt seit Jahren. In Baden-Württemberg etwa sanken die Einsätze zwischen 1989 und 1993 von 767 000 auf 530 000 Mark. Ein Zweckertrag konnte längst nicht mehr erwirtschaftet werden, sondern die anderen Wetten mußten das negative Ergebnis der Pferdewette ausgleichen – 250 000 Mark allein 1993. Es bestand offenbar kein »hinreichendes Interesse« mehr. Konsequenterweise stellten die Schwaben nach entsprechenden Aufforderungen von seiten des Rechnungshofs diese Wette ein. Ein Minusgeschäft ist das Rennquintett auch in anderen Ländern.

Auch der niedersächsische Rechnungshof hatte bereits 1993 moniert, daß die Umsätze für die Pferdewette seit Jahren rückläufig seien und 1990 nur noch eine halbe Million Mark betrugen. Die Wetteinsätze lägen damit unter den Veranstaltungskosten. »Dies deutet darauf hin, daß ein Spielbedürfnis für die Pferderennwette nicht – mehr – besteht.« Die Verlustvorträge beliefen sich mittlerweile auf 400 000 Mark. Könnten diese nicht abgebaut werden, so sei »die Spielgenehmigung wegen der fortgefallenen Voraussetzungen zurückzuziehen«.[109] Hannover stellte deshalb zum 31. Dezember 1994 die Pferdewette ein. Fünf Bundesländer halten noch am Rennquintett fest: Nordrhein-Westfalen, Bayern, Hessen, Hamburg und Rheinland-Pfalz, das 1996 ganze 151 000 Mark einnahm. Insgesamt trägt das

Rennquintett noch mit 2,6 Millionen Mark zum Umsatz des Lotto- und Totoblocks bei. Kein Wirtschaftsunternehmen würde heute noch an diesem veralteten Produkt festhalten.

Bei Lotto, Toto, den Rubbellotterien und den Zusatzspielen kommen dagegen noch immer Hunderte von Millionen Mark zusammen. Einige Finanzminister haben ihre Hände noch nicht nach diesem Geld ausgestreckt, sondern ihre Bundesländer haben Einrichtungen geschaffen, bei denen Vereine und andere Gruppen Mittel für ihre Zielsetzungen direkt und unbürokratisch beantragen können. So sollte es jedenfalls sein. Doch Otto Lotto hat zu früh gejubelt, und mit ihm alle Lottospieler in ihrer Eigenschaft als Mitglieder beziehungsweise Nutznießer von Vereinen und Kulturstätten, sozialen Einrichtungen und Umweltschutzverbänden, die Lottoüberschüsse ganz oder teilweise für ihre Zwecke beantragen dürfen. Auch die Beiräte und Stiftungen, die Lottomittel verteilen, werden meist, wie in Berlin, von Politikern kontrolliert. Und nicht immer geht bei der Vergabe der Millionen alles mit rechten Dingen zu.

Wohin gehen die Konzessionsabgaben/Zweckerträge?
(1996, außer Glücksspirale)

Baden-Württemberg: 407 Millionen Mark (25,8% der Einsätze)
290,8 Millionen Mark gehen – gesetzlich geregelt, mit abnehmender Tendenz – zweckgebunden an den Wettmittelfonds des Haushalts: 44% Sportförderung, 25% Kunst- und Kulturförderung, 20% Denkmalpflege und 11% sozialer Bereich. »Erträge, die das fixierte Limit des Wettmittelfonds übersteigen, werden als allgemeine Deckungsmittel in den Staatshaushalt eingestellt.«

Bayern: mehr als 400 Millionen Mark
Allgemeine Deckungsmittel für den Haushalt (Ausnahme: Rennquintett. Umsatz 1996: 804 000 Mark).

Berlin: 110,3 Millionen Mark (21% = 20% plus Überschuß)
An die Stiftung Deutsche Klassenlotterie Berlin, die das Geld auf Antrag an gemeinnützige Zwecke vergibt.

Brandenburg: 29,5 Millionen Mark (17%)
Zu einem festgelegten Schlüssel an die Ministerien, die das Geld auf Antrag für gemeinnützige Zwecke ausgeben.

Bremen: 23,5 Millionen Mark (22,6%)
Werden zweckgebunden nach einem festen Schlüssel auf die Stadtgemeinden, Sportverbände und die Volkshilfe e. V. verteilt.

Hamburg: 82 Millionen Mark (24%)
Gehen als allgemeine Haushaltsmittel an die Freie und Hansestadt Hamburg, ebenso nicht anbringbare Gewinne (Ausnahme: Rennquintett. Umsatz 1996: 191 000 Mark. Erträge daraus verteilt die Wirtschaftsbehörde an die Destinatäre.).

Hessen: 183 Millionen Mark (23%)
Direkt von der Lotterie-Treuhandgesellschaft erhalten
- Landessportbund 3,75% der Einsätze (1996: 36 Millionen Mark)
- Liga der freien Wohlfahrtspflege 1% (knapp 10 Millionen Mark)
- Hessischer Jugendring 0,4% (3,8 Millionen Mark)

– Verein für Vollblut- und Traberzucht 8% der Einsätze beim Rennquintett (1996: 29 000 Mark)
»Der Überschuß ist an das Land Hessen abzuführen. Das Land soll ihn zur Förderung kultureller, sozialer und sportlicher Zwecke verwenden.«

Mecklenburg-Vorpommern: 22,7 Millionen Mark (21,5%)
Allgemeine Haushaltsmittel

Niedersachsen: 275 Millionen Mark (24%, inzwischen auf 20% reduziert)
Künftig wird nur noch ein Teil der Konzessionsabgaben für gemeinnützige Zwecke eingesetzt (127 Millionen Mark 1999). Er steigt jährlich um 2,8 Millionen Mark und wird zu einem festen Prozentsatz an den Landessportbund, Wohlfahrtsverbände, Lotto-, Niedersachsen- und Umweltstiftung, »Kinder von Tschernobyl« sowie zweckgebunden an einzelne Haushalte verteilt. Der Rest, 1999 weit mehr als die Hälfte, geht als allgemeine Deckungsmittel an den Haushalt des Landes. Einnahmen aus der Bingo-Lotterie kommen Umweltverbänden und -projekten zugute.

Nordrhein-Westfalen: 722 Millionen Mark (25%)
Zweckerträge aus Lotto, Zusatzlotterie und Super 6 gehen als allgemeine Deckungsmittel in den Haushalt ein (593 Millionen Mark), aus Spiel 77, Rennquintett und Rubbellotterie an den Landessportbund, verschiedene Stiftungen sowie karitative und andere Verbände und Vereine (129 Millionen Mark). Der große Rest ist Konzessionsabgabe und geht ohne Zweckbindung an den Haushalt.

Rheinland-Pfalz: 134 Millionen Mark (21%)
In voller Höhe an den Landeshaushalt. In den Haushaltsplänen werden die Mittel bei verschiedenen Posten aus Sport, Sozialem und Kultur ausgewiesen.

Saarland: 29,4 Millionen Mark (15,5%)
Ein Achtel der Einsätze geht an den Landessportbund, 1,5 Prozent, mindestens drei Millionen Mark, an die Stiftung Saarländischer Kulturbesitz, 1% (seit 1998) an die Landesakademie für musisch-kulturelle Bildung e. V., 0,75% an das Ministerium für Bildung, Kultur und Wissenschaft, 0,4% an das Ministerium für Frauen, Arbeit, Gesundheit und Soziales. Verbleibende Überschüsse widmet der Aufsichtsrat Zwecken, »die allgemeiner Billigung sicher sind«. Den Reinertrag der Losbrieflotterie verteilt der Aufsichtsrat an kulturelle Institutionen sowie solche des Naturschutzes.

Sachsen: 81,4 Millionen Mark (23%)
Als allgemeine Deckungsmittel an den Landeshaushalt

Sachsen-Anhalt: ca. 36,5 Millionen Mark (19%)
26,6 Millionen Mark Konzessionsabgaben aus Lotto und Toto gehen zweckgebunden in den Haushalt ein (Kultur, Sport- und Wohlfahrtsverbände); rund 10 Millionen Mark Zweckerträge aus Spiel 77, Super 6, Rubbellotterie und Silvesterglücksrakete werden vom Lotto-Toto-Beirat auf Antrag an gemeinnützige Einrichtungen verteilt.

Schleswig-Holstein: 112 Millionen Mark (25%)
An den Haushalt (für Zwecke, die »allgemeiner Billigung sicher sind«)

Thüringen: 33,7 Millionen Mark (21%)
5,25% der Einsätze gehen an den Landessportbund (8,3 Millionen Mark), die Wohlfahrtsverbände erhalten 3% (4,8 Millionen Mark). Der Restertrag geht zweckgebunden an den Haushalt. Durch Beschluß der Landesregierung wird ein Teil (etwa die Hälfte) davon auf Antrag durch den Ministerpräsidenten und die Minister verteilt.

Fallbeispiel 4:
Berlin – »Unverschämter Griff in die Lottokassen«

Im Herbst 1994 glichen die Annahmestellen einem Tollhaus. Lottofieber in Germany! Auf mehr als 40 Millionen Mark war der Jackpot angewachsen, und selbst notorische Glücksspielgegner schlichen sich heimlich, still und leise in die Lottobuden. Eimal im Leben das Glück versuchen! Sogar Kreuzberger Autonome hofften auf die Millionen: »Ick lade euch alle zu meiner Party ein«, versprach einer in der Annahmestelle in der Berliner Großbeerenstraße. Vorfreude allerorten, fröhliche Menschen wie selten sonst im Kiez! Und so wie hier, mitten in Berlin, mag es überall gewesen sein in der Republik.

Die Tipper waren nicht die einzigen, die in diesen Herbsttagen fröhlich feierten: Der Lawn-Tennis-Turnier-Club »Rot-Weiß« e. V. (LTTC) hatte allerdings seinen Haupttreffer schon gelandet, ohne einen Einsatz geleistet zu haben, jedenfalls keinen finanziellen: 20 Millionen Mark waren ihm in diesen Tagen vom Stiftungsrat der Deutschen Klassenlotterie Berlin (DKLB) zugesagt worden, für den Neubau einer Tribüne. In diesem Quartal ging damit fast die Hälfte der verteilten Mittel – insgesamt 43 776 173 Mark –

an einen einzigen Verein. Er sollte in die Lage versetzt werden, auch weiterhin die »German Open« austragen zu können. Daß ebenso die kleineren Clubs Berlins ihre Baumaßnahmen gern zu 100 Prozent finanziert gehabt hätten, interessierte die großzügigen Spender nicht. Auch daß der Berliner Chef des Bundes der Steuerzahler diese Entscheidung »psychologisch alles andere als akzeptabel« nannte, scherte sie nicht. Der Einwand aus Kulturkreisen, daß die Millionen an einen kommerziellen Verein gingen, während Projekte kleiner Kulturträger leer ausgingen, verfing bei den bekannt kulturfeindlichen Berliner Politikern ebensowenig. Der Fraktionsvorsitzende der CDU, Klaus-Rüdiger Landowsky, der im Stiftungsrat mit entschieden hatte, erklärte lapidar: »Die 20 Millionen sind für die Berlin-Werbung gut angelegt. Außer dem Pokalendspiel und dem Marathon haben wir nichts zu bieten.«[110]

Im Stiftungsrat, der die Gelder zuteilt, saß ein weiterer Politiker, der ebenso wie Landowsky Mitglied des Tennisvereins ist: Dankward Buwitt, längst Bundestagsabgeordneter für die CDU, ergriff auf der Mitgliederversammlung des Clubs vom 14. Januar 1995 das Wort. Damit auch jeder weiß, wem der Verein das Geld zu verdanken hat, erklärte der CDU-Politiker ausdrücklich, daß der Neubau »nicht durch Mittel des Landes Berlin« finanziert sei, »sondern daß die Stiftung Deutsche Klassenlotterie Berlin dem Senat von Berlin Gelder zur Verfügung gestellt« habe.[111] Ehre bitteschön, wem Ehre gebührt! Drei Banken des Landes, vereinigt unter dem Dach der Holding Bankgesellschaft Berlin, sind gleichzeitig Sponsoren des Turniers: die Berliner Hypotheken- und Pfandbriefbank, deren Vorstandsvorsitzender Landowsky ist und in deren Aufsichtsrat Buwitt sitzt, die Berliner Landesbank, von deren Vorstand mindestens zwei Vertreter ebenfalls Mitglied beim LTTC sind, sowie die Berliner Bank. So wurde das Turnier eines privaten Clubs zur Landessache. Die Rechnung bezahlten Otto Lotto und seine Freunde.

Auch die Nachbarn mußten sich eine Lektion in Sachen Politik gefallen lassen. Sie beklagten, daß es kein ordentliches Bebauungsplanverfahren gegeben habe. Die neue Tribüne sollte bis zum Turnier, das zu Pfingsten des folgenden Jahres anstand, fertiggestellt sein. Dem zuständigen Baustadtrat Dietrich Maes, der ebenfalls ein ordentliches Verfahren vorgezogen hätte, weil dann rechtliche Sicherheit gegeben gewesen wäre, wurde kurzerhand die Sache entzogen. Das Bauverfahren habe »gesamtstädtische Bedeutung«, begründete dies der Senat.[112]

Trotz des Millionengeschenks regte sich im Verein Widerstand. Einige Mitglieder begehrten auf gegen den Ausbau der Tribüne von 3500 auf 7000 Plätze. Sie befürchteten, im Falle von unerwarteten Zusatzkosten finanziell belastet zu werden. Landowsky beruhigte die Gemüter, indem er erklärte: Man, also er, habe erreicht, daß Senat und Koalitionsfraktionen sich geeinigt hätten, »daß der Stadionneubau bei ›Rot-Weiß‹ durch Vollfinanzierung durchgeführt werden« könne. Es sei »ziemlich sicher, daß dieser Beschluß des Senats von Berlin und beider Koalitionsfraktionen durch baldige Erteilung der Baugenehmigung auch umgesetzt werde«. Es kam, wie Landowsky vorausgesagt hatte, obwohl begünstigte Vereine normalerweise auch eigene Mittel aufbringen müssen, um in den Genuß der Lotoförderung zu kommen.

Schließlich bekam sogar die Opposition im Abgeordnetenhaus Wind von der Sache. Als nach den Wahlen die Bestellung von Vertretern des Parlaments für verschiedene Ausschüsse und Gremien anstand, darunter auch die Wahl der drei Vertreter des Hauses im Stiftungsrat der DKLB, kam es zum Eklat: Als der Tagesordnungspunkt 5 aufgerufen wurde, begab sich die Grünen-Abgeordnete Michaela

Schreyer ans Mikrofon, die, als die Grünen an der Regierung waren, selbst schon im Stiftungsrat verteten war. Sie klagte an, daß die beiden Regierungsparteien den Lottobeirat weiterhin »als closed shop für ihre Klüngelei behalten, wo sie ungeniert ihre Klientel bedienen«. Und dann attackierte sie direkt den Fraktionsvorsitzenden der Union. Landowsky, so Schreyer, habe »in den letzten Jahren wohl den beispielhaftesten, unverschämtesten Griff in die Lottokasse gemacht«, indem er dem Lawn-Tennis-Turnier-Club »Rot-Weiß« 20 Millionen Mark »zugeschustert« habe, »damit Steffi Graf weiter in Berlin spielt«. Das Abgeordnetenhaus tanzte, Erregung bei den Attackierten, Buhrufe und zahllose Zwischenrufe. Die stellvertretende Präsidentin mußte wegen »erheblicher Unruhe« unterbrechen. Das ehrwürdige Haus hatte schon stillere Tage erlebt. Dem CDU-Abgeordneten Hein-Detlef Ewald fiel zu den Vorwürfen der Opposition lediglich die Zwischenfrage ein, ob Frau Schreyer dagegen sei, daß Steffi Graf in Berlin spielt. Schreyer entgegnete, sie schätze Frau Graf so ein, daß sie in Anbetracht der allgemeinen Finanzsituation auch dafür wäre, daß Prioritäten anders gesetzt würden. 20 Millionen Mark für eine Tennistribüne auszugeben sei keine gemeinnützige Verwendung von Lottomitteln und ein »Affront gegenüber den Zehntausenden von Menschen, die ihre Groschen zusammenkratzen, um die Lottoscheine auszufüllen, und immer noch im Kopf haben, daß sie vielleicht nicht nur für ihre eigene ›Glückschance‹ etwas tun, sondern auch gemeinnützige Tätigkeiten unterstützen«.

Um mehr Kontrolle zu gewährleisten, forderte sie die Abgeordneten auf, einen Vertreter der Opposition in dieses Gremium aufzunehmen. Doch CDU-Sprecher Volker Liepelt wollte die Lottogelder »nicht diesen Leuten in die Hände geben«. Die Regierungsparteien zogen sich auf formaljuristische Positionen zurück und beriefen sich auf demokratische Wahlen. Nach dem d'Hondtschen Höchstzahlverfahren errechne sich: zwei Sitze für die CDU, einer für die SPD. Wenn die Opposition Beteiligung wolle, höhnte einer, müsse sie die Wahlergebnisse ändern.

Die Abstimmung bestätigte, daß sich die Abgeordneten von CDU und SPD nicht die Millionen aus der Hand nehmen lassen wollten. Sie wählten ihre Vertreter in den Lottobeirat: Klaus Böger (SPD) erhielt 140 Stimmen, Klaus-Rüdiger Landowsky 130 und Dankward Buwitt 102. Die Kandidaten von Bündnis 90/Grüne und PDS fielen durch. Von Senatsseite aus wurden Wirtschaftssenator Elmar Pieroth, Innensenator Dieter Heckelmann (beide CDU) und die Senatorin für Gesundheit und Soziales, Christine Bergmann (SPD), in das Gremium entsandt (alle drei haben inzwischen aus unterschiedlichen Gründen ihre Ämter nicht mehr inne).

Damit verbleiben die Lottomillionen fest in schwarz-roter Hand, wie das auch die Jahre zuvor gewesen war. Vergebens hatte die Opposition bereits im Frühjahr 1991 Sitz und Stimme im Stiftungsrat der Klassenlotterie beantragt. Dazu sollte, so wollte es Renate Künast von der Fraktion Bündnis 90/Grüne, die Zahl der Mitglieder des Gremiums von drei auf fünf aufgestockt werden und jede Fraktion ein Grundmandat erhalten. Winfried Hampel (FDP) rief den beiden Regierungsparteien zu: »Verwaltung und Verantwortung sollte man teilen und nicht verteilen. Sie kommen so bei der Bevölkerung leicht in den Geruch, daß Sie zur Vetternwirtschaft oder wieder zu Parteifilz kommen.«[113]

Der Stiftungsrat: »Elitäre Veranstaltung«

Der Berliner Filz hat sich über Jahrzehnte entwickelt, und er hat auch vor der DKLB-Stiftung nicht haltgemacht. Entscheidend ist, daß zwar beide großen Volksparteien in dieser Kutsche mitfahren, die CDU aber die Zügel in der Hand hält. So sehr Klaus-Rüdiger Landowsky lobt, daß die Lottomittel wegen ihrer unbürokratischen Vergabe zahlreiche Projekte gerettet oder ermöglicht hätten, der Stiftungsrat bleibt, wie Rechnungshofpräsident Horst Grysczyk meinte, »eine elitäre Veranstaltung«.

Immer wenn der Stiftungsrat seine Entscheidungen über die Verteilung der Lottomittel kundtut – viermal im Jahr –, zeigt sich, wer Einfluß hat in der Hauptstadt: Wenn die Karl-Hofer-Gesellschaft, der Förderverein der Hochschule der Künste Berlin, bedacht wird – immerhin mit rund zweieinhalb Millionen Mark in zehn Jahren –, wird moniert, daß Landowsky als Vorstandsmitglied seinem eigenen Verein Mittel zugeschustert hat. Erhält die Initiative Berlin–USA Geld, fällt auf, daß der ehemalige Fraktionschef der SPD, Alexander Longolius, dort die Geschäfte führt und das Kuratorium ein Who is who des Berliner Filzes ist, dem auch Vertreter der CDU und der FDP angehören. Der illustre Mitgliederkreis der Europäischen Akademie schließlich vereint mit Eberhard Diepgen, Gero Pfennig, Dietmar Staffelt und Alexander Longolius die Spitzen beider Regierungsparteien und dürfte somit kaum Probleme haben, wenn es um die Durchsetzung von Anträgen bei der DKLB-Stiftung geht. Zuletzt gab es vier Millionen Mark.

Vorstandsvorsitzende der Drogenhilfe Tannenhof Berlin e. V. ist Christa-Maria Blankenburg, bis 1995 Abgeordnete der CDU und zeitweilig parlamentarische Geschäftsführerin. Ihr Stellvertreter Bert Flemming sitzt für die SPD im Abgeordnetenhaus. Daß diese Einrichtung inzwischen fast zwei Millionen Mark aus Lottomitteln erhalten hat, wird in Berlin einfach nur so hingenommen. Auch das Drogentherapiezentrum Berlin e. V. und der Drogendienst Berlin e. V. bekamen 6,41 Millionen Mark zum Aufbau eines Drogenprojekts. Vorsitzender des Drogentherapiezentrums ist der Tiergartener CDU-Bezirksabgeordnete Michael Urban, dem Drogendienst gehört die Staatssekretärin für Gesundheit und Soziales, Verena Butalikakis, an. Daß Teile des Drogentherapiezentrums bis 1995 in einem der sieben Häuser der DKLB-Stiftung mietfrei untergebracht waren, wundert so auch nicht mehr. Immerhin scheint man bei der DKLB so etwas wie Scham ob der personellen Verflechtungen zu verspüren. Nach dem Auszug des Drogentherapiezentrums vermeldete der Geschäftsbericht etwas unscharf, der »Verein Drogentherapie« habe die Nutzung des Gebäudes beendet. Das Haus in der Dahlemer Podbielskiallee 65 soll nun verkauft werden. Daß aber die Lottostiftung überhaupt mit den Überschüssen aus den Spieleinsätzen von Otto Lotto Immobilien erwerben konnte, muß als ganz besondere Eigenheit des Berliner Lotteriegesetzes verbucht werden.

Wenn das Unionshilfswerk das Ernst-Lemmer-Haus in der Richard-Sorge-Straße zu Berlin auf Lottokosten renovieren darf, dann weiß man, wohin die 1,5 Millionen Mark fließen. Die CDU-Einrichtung hat ihr Verwaltungsgebäude nach dem ehemaligen Bundespost-, später Minister für gesamtdeutsche Fragen benannt, den Konrad Adenauer einmal als »rabiatesten Berliner« bezeichnet hatte. Geschäftsführer ist heute Dieter Krebs, früher für die CDU im Abgeordnetenhaus. Aufgabe des Unionhilfswerks ist es, »aus christlicher Verantwortung soziale Hilfen zu leisten durch die Förderung der öffentlichen Gesundheitshilfe und -pflege, Jugend- und Familienhilfe/-pflege sowie Behinderten- und Seniorenhilfe/-pflege«.

Schließlich: Wenn der Förderkreis Böhmisches Dorf in Berlin-Neukölln aus der Lottokasse bedacht wird, fällt auf, daß dies der Wahlkreis Buwitts ist. Auch Parteifreund Dieter Krebs taucht in den Unterlagen des Vereins auf: Bis 1994 war Krebs stellvertretender Vorsitzender. Entscheidend aber ist, daß sich Buwitt offenbar hofieren läßt. Ständig müsse man »antichambrieren«, wie es ein Mitglied nannte. Die Vorsitzenden des Vereins, der Pfarrer Albert Schönleber und der Beamte Manfred Motel, begegneten Buwitt »devot«. Bei Festgottesdiensten werde der Name Buwitts zwanzigmal erwähnt. Und Buwitt betrachte die Lottomillionen »als seine Privatschatulle«.

Die Berliner Lottomillionen, zuletzt 125 bis 140 Millionen Mark jährlich, gehen von der Deutschen Klassenlotterie Berlin (DKLB) an die DKLB-Stiftung. Wer Mittel haben möchte, muß dies bei der Stiftung beantragen. Diese reicht die Unterlagen zu einer Beurteilung an die Fachverwaltungen weiter. Auch diese haben damit ein nicht erhebliches Machtpotential. »Wer bei der Fachbehörde keinen Stein im Brett hat, kann es ganz schön schwer haben«, urteilte *die tageszeitung*. Bekannt gewesen waren etwa die Differenzen zwischen Reiner Güntzer, Chef der neuen Stiftung Stadtmuseum Berlin, und Amnon Barzel, bis 1997 Direktor des Jüdischen Museums. Als Güntzer noch Museumsreferent von Kultursenator Ulrich Roloff-Momin war, habe Barzel drei Anträge gestellt. Alle seien abschlägig beschieden worden.

Weil die begutachtenden Beamten meist anonym bleiben und damit auch deren eigene Interessen, dringen ihre Interessenkonflikte selten nach außen. In Niedersachsen hatte ein Beamter 1982 bis 1985 die Anträge zweier konkurrierender Forschungsstellen zu beurteilen. Während ein Institut einen abschlägigen Bescheid erhielt, wurden vier Anträge des zweiten Instituts befürwortet. Als herauskam, daß der Beamte dort dem Aufsichtsrat vorsitzt, ließ der Minister für Wissenschaft und Kunst, Johann-Tönjes Cassens, durch seinen Staatssekretär Weert Börner verlautbaren, er halte den Verdacht des Mißbrauchs einer dienstlichen Funktion für »abwegig«.

Die Entscheidung aber, wer zum Zuge kommt, tragen in Berlin letztendlich die sechs Verantwortlichen des Stiftungsrats. Es ist erstaunlich, welche Ämterfülle manche von ihnen innehaben.

Freitagmorgen im Vereinsregister beim Amtsgericht Charlottenburg in der Berliner Kantstraße: Ein Büschchen im Topf dorrt vor sich hin. An der Wand hängt ein vergrößertes Foto eines Gürteltiers, das faul und mit halbgeschlossenen Augen am Boden liegt. Ein Poster zeigt eine Katze, die sich gerade noch mit den Vorderpfoten am Ast festhalten kann. Darunter steht geschrieben: »Haltet durch! Es ist bald Freitag!« Daneben der Spruch: »Mittagspause von 0.15–23.45. Um äußerste [!] Ruhe wird gebeten!!!« Weil alle bis auf einen Mitarbeiter Grippe haben, liegt der Vereinsregisterauszug Nr. VR 4084 Nz samt der zugehörigen Akte erst am Montag vor. Der Name Klaus-Rüdiger Landowsky taucht darin nirgendwo auf. Gleichwohl gehört der CDU-Fraktionsvorsitzende zur Führungsspitze des Neuen Berliner Kunstvereins. Lange Jahre war er Mitglied des Verwaltungsrats. Das Protokoll der Verwaltungssitzung vom 18. November 1994 hält fest, daß Landowsky von diesem Gremium einstimmig zum Vorstandsmitglied gewählt worden ist. Ein Antrag auf Änderung im Vereinsregister ist in den Akten nicht zu finden. Wie das zu erklären ist, konnte der Beamte nicht sagen. Nein, morgen auch nicht. Er zuckt mit den Schultern.

Wie auch immer, Landowsky gehört zur Spitze des Neuen Berliner Kunstvereins (NBK). Ob er es war, der Kunstvereinsdirektor Alexander Tolnay zu »Herrn Wieck (DKLB)« schickte, ist nicht bekannt. Jedenfalls beklagte sich Tolnay erfolgreich beim Landowsky-Spezi Wieck, daß dem NBK für seine Ausstellungsarbeit »eine deutlich geringere Summe zur Verfügung steht als der NGBK«, der Neuen Gesellschaft für Bildende Kunst. Da beide Institutionen bisher vom Stiftungsrat der Deutschen Klassenlotterie Berlin nach dem Gleichheitsgrundsatz behandelt worden seien, schlug Wieck vor, »das im Jahresantrag für 1996 darzustellen und darin zu bitten, dem NBK die gleiche Summe für seine künstlerische Arbeit zur Verfügung zu stellen wie der NGBK«. Der Antrag hatte offenbar Erfolg. Der »Zuschuß zur institutionellen Förderung des Vereins« wurde von 1,432 auf 1,531 Millionen Mark erhöht.[114] Natürlich stimmte Landowsky im Stiftungsrat mit »ja«.

Aber auch die andere Regierungspartei, die SPD, die sich laut den Memoiren des ehemaligen, parteilosen Kultursenators Ulrich Roloff-Momin gar nicht für Kultur interessiert, hat ihren Kulturverein, ebenjene NGBK: Das Protokoll der Hauptversammlung der Neuen Gesellschaft für Bildende Kunst vom 7. November 1989 zeigt in erfrischender Direktheit, wie wichtig Beziehungen zu Politikern fürs Überleben eines solchen Vereins sind: »Die Vertreter im Präsidium repräsentierten bisher größere Parteien bzw. Bewegungen und damit auch ein großes Beziehungsgeflecht in die AL [Alternative Liste, P. K.] und die SPD hinein«, notierte der Schriftführer. »Dies hatte in großen Zügen positive Auswirkungen, z. B. bei der Diskussion um die Halbierung der Lotto-Mittel.« Otto Schily wollte damals nicht mehr länger Schatzmeister sein, und auch der Beamte i. R. Jürgen Egert hatte genug vom Schriftführen. Schade, denn: »Seit ihres Bestehens [sic!] hat die NGBK immer die Befürwortung dieser Gruppe (SPD) gehabt.« Es galt also, »Frauen und Männer zu finden, die diese Funktion erfüllen sowie die Ziele und Grundsätze des Vereins mittragen, kulturinteressiert sind und nicht einen engen, traditionellen Kulturbegriff vertreten«. Vorgeschlagen wurden, um die rote Kontinuität zu wahren, Hilde Schramm und der ehemalige Bezirksstadtrat Sigurd Hauff. Schramm wurde vorgestellt als »unbequeme Frau«, die Ulrich Roloff-Momin –

seit 1976 im Präsidium der NGBK – aus dem Abgeordnetenhaus kannte. Sie wurde zur Schriftführerin gewählt, Hauff zum Schatzmeister. Als 1995 eine neue Schriftleiterin gesucht wurde, fiel die Wahl auf Karin Nottmeyer, die seit 1970 im Senat für Bau- und Wohnungswesen saß und zuständig war für die »Wettbewerbe für Kunst am Bau«. Es sei ihr dort gelungen, das Referat Kunst »gegen große Widerstände« (mittlerweile hatte die CDU das Ruder übernommen) zu erhalten. Bei solchermaßen glänzenden Referenzen wurde sie einstimmig bei einer Enthaltung gewählt. Gleichzeitig konnte der Vorstand melden: »Lottomittel in voller Höhe bewilligt.« Wie jedes Jahr flossen 1,205 Millionen Mark in die Oranienstraße.

Daß die Mittel pauschal und regelmäßig in gleicher Höhe gewährt werden, ist eine »Mißnutzung« von Lottomitteln, wie die Grünen-Politikerin Alice Ströver zu Recht feststellt. Die Zweckerträge sollen nämlich projektgebunden vergeben werden. Statt dessen ersetzen sie bei den Kunstvereinen Haushaltsmittel. Daß sich der Kultursenator selbst zum Ankauf von Kunstwerken zeitgenössischer Künstler jährlich eine halbe Million Mark aus dem Lottotopf sicherte, wundert da nicht mehr und ist nur noch eine Marginalie. Ein nicht unerheblicher Teil landet über den Umweg Kultur damit wieder im Besitz des Landes oder wird den staatseigenen Kulturveranstaltern zugeschustert, etwa der »Berliner Festspiele GmbH«. Gesellschafter sind dort mit je 25 000 Mark Einlage das Bundesinnenministerium und der Kultursenat Berlin. Im Kuratorium sitzt stets der parlamentarische Staatssekretär im Bundesinnenministerium, bis 1998 Horst Waffenschmidt. Aufgabe der Gesellschaft ist »die Vorbereitung, Durchführung und Abwicklung von wiederkehrenden internationalen Festspielen im kulturellen Bereich«. Neben Mitteln aus dem Hauptstadt-Kulturfonds halfen zwischen 1993 und 1996 fast 25 Millionen Lottomark bei der Bewältigung der Aufgaben. Anträge von kleineren Veranstaltern müssen wegen dieser Form der Zuteilung häufig abgelehnt werden.

Zeitgeist-Gesellschaft: levantinische Schlitzohrigkeit

Zu einer zentralen Figur in der Berliner Kulturlandschaft ist Christos M. Joachimides geworden. Unter der Trägerschaft des NBK organisierte er Anfang der achtziger Jahre die erste Zeitgeist-Ausstellung. Heute ist er Generalsekretär der Zeitgeist-Gesellschaft zur Förderung der Künste in Berlin e. V., die er 1985 gegründet hat. Sie zählt kaum 20 Mitglieder aus Kunst und Wirtschaft. Vor allem im Martin-Gropius-Bau veranstaltete der Verein eine Vielzahl von großen Ausstellungen in der Hauptstadt. Wegen seiner Verdienste um den Ausstellungsstandort Berlin verlieh Berlins Regierender Bürgermeister Eberhard Diepgen am 29. Mai 1996 Joachimides eine Ehrenprofessur.

Der Grieche, seit 30 Jahren in Berlin, war einer der ersten, der das heute gängige Profil eines Kulturmanagers lebte. »Er wußte früh, daß auch Schaumschlagen zum Geschäft gehört«, meint Leonie Baumann von der NGBK. Die Projekte, so heißt es unter den Kulturmachern der Stadt, hielten allerdings nie, was sie zuvor versprachen. Dafür blieben regelmäßig Deckungslücken, und es fiel dem *Tagesspiegel* auf, »daß immer alles teurer wurde als geplant«. Insbesondere die Ausstellung über »Das 20. Jahrhundert« fiel weitaus bescheidener aus, als es für die 16 Millionen Mark beantragten und inzwischen »ordnungsgemäß abgerechneten« Lottogelder angekündigt worden war. Im Antrag hatte es geheißen: »Die Ausstellung würde in Berlin beginnen und anschließend in London und New York gezeigt werden. Durch das Prestige dieser hochangesehenen Institutionen wäre dies eine große Hilfe und Erleichterung bei der Beschaffung der herausragenden Leihgaben sowie ein weiterer Schritt, Berlin dauerhaft in den internationalen Ausstellungskreis einzufügen.« Vorgesehen war die Ausstellung für 1995/96, schließlich mußte sie auf 1997 verschoben werden. Die DKLB-Stiftung zahlte weiter. Doch dann stiegen die »hochangesehenen Institutionen«, die Royal Academy of Arts in London und das New Yorker Guggenheim Museum, aus: Das Guggenheim Museum fand die Ausstellung vom Standpunkt der historischen Relevanz gesehen »banal«. Schließlich beschränkte sich die Ausstellung auf Berlin und erhielt einen bescheideneren Rahmen: »Die Epoche der Moderne – Kunst im 20. Jahrhundert«.

Trotz aller Kritik flossen die Lottomittel immer reichlich, mehr als 20 Millionen Mark zwischen 1991 und 1996. Merkwürdig sei, fand Alice Ströver, daß die Zeitgeist-Gesellschaft »alle Mittel für die zentralen Ausstellungen der Stadt bekommt«. Monika Zimmermann, ehemalige Chefredakteurin des *Tagesspiegels*, hat eine Erklärung gefunden: Wie vielen Mächtigen sei auch Buwitt und Landowsky daran gelegen, sich mit Kunst zu schmücken. Als »Kulturschaffenden vom Dienst« hätten sie sich Joachimides auserkoren – und ihm stetig die nötigen Mittel »zugeschustert«. Immer wieder habe Joachimides Defizite erwirtschaftet, und ebenso sicher habe der Stiftungsrat immer wieder die fehlenden Mittel nachgeschossen. »Das Kritische ist nicht eine Ausstellung, sondern die Systematik über einen ganz langen Zeitraum.« Im *Tagesspiegel* berichtete Zimmermann sogar von Unregelmäßigkeiten bei den Abrechnungen. In »levantinischer Schlitzohrigkeit« sei es Christos Joachimides gelungen, daß ihm aus Lottomitteln oder dem Hauptstadtkulturfonds immer wieder Geld bewilligt wurde, oder er habe die Mittel »mit neuen Projekten so geschickt verrechnet, daß die Mißwirtschaft kaschiert werden konnte«.

»Wer viel hat, der wird viel bekommen.« Nach diesem Motto, meint Sabine Weisler, Leiterin des Kulturamts Steglitz, würden in Berlin die Lottomittel vergeben. »Zeitgeist« habe eine starke Lobby in der Kulturverwaltung. Kieztheater habe so gut wie keine Chance. Joachimides habe eine »Lücke gefüllt, Ausstellungsgrößenordnungen bewältigt, zu denen die Staatliche Kunsthalle oder die Berliner Galerie nicht in der Lage gewesen« seien.

Die Mitglieder des Stiftungsrats nennt Weisler »vollkommen inkompetent«. Das sei auch der Grund, weshalb es keine Qualitätsprüfung gebe. Mit katastrophalen Folgen wie bei den Planungen und der Bereitstellung von Mitteln etwa für die Ausstellung über das 20. Jahrhundert: »Eine Ausstellung für 16 Millionen«, fordert Weisler zu Recht, »muß schon weiter strahlen als bis zur Grenze der Stadt.« Die Politiker im Stiftungsrat und ihre Parteien aber würden ihr Versagen »aussitzen«. Das sei »jetzt ein rot-schwarzes Projekt, und keiner hat Interesse daran zu zeigen, daß man einen Fehler gemacht hat«. Weil die Lottostiftung keine Qualitätskontrollen unternehme und dies auch nicht könne, schließt sich hier der Kreis.

Die Ansammlung von Honoratioren um Joachimides nennt Ströver »Staffage«. Klarer glaubt hier Zimmermann zu sehen: Die Mitglieder von »Zeitgeist« würden »alle selbst jene Kunst sammeln, die Joachimides promoviert«. Joachimides stelle Werke aus, die Mitglieder des Vereins gekauft hätten, was deren Marktwert steigere. Sie wundert sich, »mit welchem Vertrauen« die Lottostiftung »über viele Jahre einem Verein begegnet, dessen Umgang mit Finanzen sich zumindest als problematisch erwiesen hat«. Oder sollte, fragt Zimmermann, »die Geldvergabe an die Zeitgeist-Gesellschaft doch eher als Beleg für den Wert von Beziehungen taugen«? Es sei ja bekannt, daß Lottomittel in Berlin »immer dann bereitwillig fließen, wenn das Beziehungsgeflecht stimmt«.

Ingo Weber ist im Kultursenat verantwortlich auch für die Beurteilung von Lottomittelanträgen, auch und insbesondere der Zeitgeist-Gesellschaft. »Wenn der Senat mit Zeitgeist zusammenarbeitet, dann läuft alles über Herrn Weber«, bestätigt einer seiner Mitarbeiter. Ingo Weber war Gast bei zahlreichen Mitgliedsversammlungen. Zimmermann weiß: Weber und Joachimides sind »dicke Freunde«. So ist das wohl, wenn Menschen über Jahre zusammenarbeiten – nicht nur in Berlin und nicht nur in der Kultur. Monika Zimmermann schrieb im *Tagesspiegel*: »Insofern liegt der eigentliche Skandal darin, daß die Kontrollorgane, allen voran die Lotto-Stiftung, entweder versagten oder aber sich dem Verdacht aussetzen müssen, hier seien besondere Beziehungskisten großzügig mit Geldmitteln gepflegt worden.« Die Zeitung forderte zu Recht: »Auch Kunst bedarf der Kontrolle.«[115]

Dreister Zugriff: Millionen für die Politik

Kultur ist in Deutschland Ländersache, aber bei wichtigen nationalen Projekten mischte vor allem Helmut Kohls Mannschaft gerne mit. Insbesondere die »Geschichte«, das wissen alle, ist das große Steckenpferd des ehemaligen Kanzlers. Berlin, das historische Zentrum der Republik, half da gerne mit: Das Deutsche Historische Museum (DHM) erhielt zwischen 1992 und 1994 rund sechs Millionen Mark von der DKLB-Stiftung: für drei Ausstellungen, darunter eine über »Die Ufa – ein deutsches Bilderimperium« sowie den Erwerb der deutschen Fassung der amerikanischen Unabhängigkeitserklärung (430 000 Mark). Auch in den folgenden Jahren summierten sich die Lottomittel beim DHM auf mehrere Millionen Mark. Sabine Weisler weiß: »Die schwimmen im Geld.« Das DHM bekomme auch Mittel aus

Bonn. »Die haben eine ganz starke Lobby.« Sowohl CDU als auch SPD hätten das DHM immer befürwortet. Alice Ströver meinte, das DHM wird »bevorzugt bedient, weil es das Prestigeobjekt Kohls in Berlin ist«, DHM-Chef Christoph Stölzl hatte ja bekanntermaßen »einen direkten Draht zum Kanzler« gehabt.[116] *Die tageszeitung* nannte Stölzl einmal einen »ziemlich rechten Knochen der Museumslandschaft«, und Stölzl, den der CDU-Kanzler als Chef der Staatlichen Sammlung Preußischer Kulturbesitz durchdrücken wollte, kokettiert selbst offenbar mit der Bezeichnung »Reaktionär«.[117]

Das DHM jedenfalls wurde vom Stiftungsrat stets gut bedient. Die Opposition im Abgeordnetenhaus kolportierte den Verdacht, Diepgen selbst würde sich für des Kanzlers Anliegen verwenden. Doch Diepgen schwor, er würde sich mit den Mitgliedern des Stiftungsrats nicht »über alle Einzelheiten ihrer Bewilligungspraxis auseinandersetzen«. Manchmal macht er es aber doch, und es sei möglich, daß er sich für das DHM interessiere. In einem anderen Fall erklärte er 1996: »Wenn ich selber ein ganz spezielles Interesse habe, dann gehe ich zum Telefon. Das werde ich auch in Zukunft so machen.« In welchen Fällen das sein könnte, behielt Diepgen für sich.[118]

Der Regierende Bürgermeister und seine CDU scheuen sich nicht, Lottomittel auch für politische Zielsetzungen einzusetzen. Die Gesellschaft für Deutschlandforschung e. V. (GfD), gegründet 1978, wollte »im Bewußtsein der offenen deutschen Frage« ihre Aufgaben erfüllen. Zum Vorstand gehören bekannte Historiker wie Gerhard Ritter und Jens Hacker (»Deutsche Irrtümer: Schönfärber und Helfershelfer der SED-Diktatur im Westen«). Die GfD will sich, so hieß es im März 1998 auf der 20-Jahr-Feier, mit dem »noch vorhandenen totalitären und kommandowirtschaftlichen Denken« beschäftigen. Zum Jubiläum sprachen Wolfgang

Schäuble (CDU) sowie der Berliner Historiker Ernst Nolte, in der Öffentlichkeit bekannt geworden im sogenannten Historikerstreit um die Bewertung des Nationalsozialismus. Programmatisch erklärte die GfD schon 1991, es sei nun Aufgabe, »einer beginnenden DDR-Nostalgie schon in den Anfängen entgegenzutreten«.

Doch Bonn mußte sparen, und der Innenausschuß des Bundestags ließ den Titel 0602-68511, die »Förderung der zeitgeschichtlichen und integrationsbegleitenden Deutschlandforschung«, fallen. Für die GfD hatte das unmittelbare Folgen. Die Existenz der Geschäftsstelle stand auf dem Spiel und damit der ganze Verein: »Falls es hier nicht zu einer befriedigenden Lösung komme«, so notierte der Protokollant am 4. März 1993 auf der Hauptversammlung, »müsse Mitte 1993 eine außerordentliche Mitgliederversammlung über Weiterarbeit oder Auflösung der GfD entscheiden.« Gleichzeitig wurde der Vorstand aufgefordert, auch weiterhin alle Anstrengungen zu unternehmen, um die weitere Existenz zu sichern. Für diesen Fall waren allerlei Feinheiten zu beachten, etwa diese: »Falls eine Auflösung beschlossen werden sollte, sollte der Auflösungstermin auf den 28. Februar 1994 gelegt werden, um der Geschäftsführerin [...] eine zusammenhängende zehnjährige Beschäftigung zu sichern.«

Am 25. Januar 1994 konnte der Vorstand in einem Rundbrief Entwarnung geben, denn seine Bemühungen hatten Erfolg: »Durch eine Zuwendung der Stiftung Klassenlotterie Berlin können die geplanten Tagungen durchgeführt werden.« 96 000 Mark aus dem Topf des Regierenden Bürgermeisters retteten den Verein, im dritten Quartal 1994 spendierte Eberhard Diepgen noch einmal 90 000 Mark – »Zuschuß zur Finanzierung von sechs wissenschaftlichen Fachtagungen«. Näher brauchten die Projekte in diesem Fall nicht beschrieben zu werden. Das materielle Überleben, freute sich der Vorstand, sei gesichert. Hinzu kommen sollten Mittel der Bundeszentrale für politische Bildung. Für die Geschäftsführerin reichten die Mittel dennoch nicht. Sie mußte gehen, in aller Freundschaft: »Es gelang, sie bei einer wissenschaftlichen Einrichtung in Potsdam unterzubringen.« Weiterhin werde sie in ihrer Freizeit der GfD zur Verfügung stehen – für Buchhaltung und Mitgliederbetreuung. Übrigens: Die Senatskanzlei ist Mitglied der Gesellschaft und bezahlte 1997 6000 Mark Mitgliedsbeitrag.

Der Journalist Mathew D. Rose hat den Kern des Berliner Filzes in einer Gruppe um den Regierenden Bürgermeister Eberhard Diepgen ausgemacht. Entstanden sei die »Crew« Anfang der sechziger Jahre an der Freien Universität. Neben Diepgen, damals Mitglied einer schlagenden Verbindung, und Landowsky gehörten als wichtigste Mitglieder zur »K-Gruppe«: Gero Pfennig (damals MdB), mit dem die beiden nach Studienende eine Anwaltskanzlei gründeten, Peter Kittelmann (heute Europa-Abgeordneter), Heinrich Lummer (ehemaliges MdB), der inzwischen verstorbene CDU-Schatzmeister und Abgeordnete Jürgen Wohlrabe, die Senatoren Jürgen Klemann und Peter Radunski. »Filz ist da überall«, meint Alice Ströver. »Die kennen sich alle seit mehr als 20 Jahren.« Die »Viererbande« – sie zählt dazu: Diepgen, Kittelmann, Landowsky und Radunski – habe schon als RCDS-Gruppe im AStA der Freien Universität zusammengearbeitet. Sie und ihre politischen Freunde haben heute ein dichtes Netz gespannt, das Banken, Immobilienfirmen, Vereine wie den LTTC »Rot-Weiß e. V.« und auch Kultureinrichtungen einbindet.

Einer der Treffpunkte der Gruppe war der »Förderkreis Junge Politik e. V.«. Er soll laut Satzung »der Verbreitung christlich-demokratischen Gedankenguts durch Herausgabe von Druckschriften dienen. Er setzt sich zur Aufgabe, auf das politische Geschehen und das gesellschaftliche

Leben aus christlicher Verantwortung Einfluß zu nehmen. Es ist Ziel des Vereins, insbesondere die junge Generation für den demokratischen Staat und die politische Arbeit zu gewinnen.« Dies geschah mit den *Blättern für junge Politik*, die 1961 als Chefredakteur vier Monate lang Peter Schiwy betreute, später Hermann Oberländer (heute Geschäftsführer neuer Hotels in Berlin-Mitte) und dessen Chef vom Dienst Joachim Kramarz (Autor eines Werks über Claus Graf Stauffenberg, heute Vorsitzender der Theatergemeinde Berlin/Brandenburg).

Mitglieder des »Förderkreises Junge Politik e. V.« sind »a) die jeweiligen Mitglieder des Landesvorstands der Jungen Union Berlin, b) die von der Mitgliederversammlung gewählten Bewerber«.

In den achtziger Jahren wurde der Vereinszweck erweitert. Als letzte Maßnahme, wie die Jugend für die christlich-demokratische Politik gewonnen werden soll, wurde vermerkt: »Errichtung und Betrieb von Studentenwohnheimen und Jugendfreizeitheimen«. Zur Renovierung des Studentenheims in der Suarezstraße 15 gab es immer wieder hohe Summen aus dem »Filzfonds« (Mathew D. Rose): rund 1,1 Millionen Mark zwischen 1985 und 1986, rund 900 000 Mark im vierten Quartal 1992, 743 000 Mark als zweite Rate im Frühjahr 1993 und noch einmal 680 000 Mark Anfang 1996. Kein anderes Studentenwohnheim Berlins erhielt jemals Lottomittel zugeteilt. Weil offenbar im Rahmen der »Antes-Affäre« eine »Spende« des Bauunternehmers Kurt Franke beim Förderkreis landete, erkannte Rose »gewisse Ähnlichkeiten mit einer Geldwaschanlage.«[119]

Seine perfekteste Ausprägung aber hat der Berliner Parteienfilz mit einer Änderung des Lotteriegesetzes gefunden. Seit 1974 dürfen in der Hauptstadt nicht nur soziale, karitative, kulturelle und sportliche Vorhaben gefördert werden, sondern auch »staatsbürgerliche«. Jährlich jeweils

1,715 Millionen Mark schiebt der Stiftungsrat heute den Stiftungen von CDU (»Zuschuß zur Durchführung von div. bildungspolitischen Tagungen und bilateralen Veranstaltungen in und für Berlin«) und SPD (»Zuschuß für die Fortführung der politischen Bildungsarbeit in und für Berlin«) zu, die von FDP (»Zuschuß zur Fortsetzung staatsbürgerlicher Bildungsarbeit«) und Bündnis 90/Die Grünen (»Zuschuß zur Fortsetzung politischer Bildungsarbeit«) erhalten je 735 000 Mark. Die PDS-Stiftung erhält nichts, und so kann von einem konzertierten Zugriff der etablierten Politik auf die Lottomillionen gesprochen werden. Daß diesen gefräßigen Einrichtungen 618 Millionen Mark (1997) nicht genug sind, die sie ohnehin schon aus Steuermitteln bekommen, ist ein Skandal. Dutzende von kleinen Einrichtungen stellen jährlich vergeblich Anträge bei der Stiftung, weil die Mittel nicht ausreichen, alle Antragsteller zu bedienen. Das Gesetz, das dies erlaubt, haben die Berliner Regierungspolitiker gemacht, die Begutachtung in den Senaten übernehmen deren Beamte, und der Stiftungsrat, in dem sechs Politiker der Regierungsparteien sitzen, segnet die Dauerförderung für deren regionale Parteistiftungen schließlich ab.

Weil das offenbar immer noch nicht reicht, erhielt die Konrad-Adenauer-Stiftung im Mai 1998 die Zusage für weitere 350 000 Mark für die Ausstattung ihrer Berliner Dependance im Tiergarten. 24 Millionen Mark hat der Bau gekostet. Warum die Lottostiftung für die Ausstattung der Konferenzräume und die Konferenzanlage noch ein paar hunderttausend Mark zuschießen mußte, die an anderer Stelle fehlen, ist nicht einzusehen. Zur Eröffnung der »feinen Schachtel« (Architekt Thomas van den Valentyn) am 25. Juli war nicht nur Helmut Kohl anwesend, sondern auch Eberhard Diepgen. Er wünschte sich »immer gut besuchte Gartenpartys wie diese«. Paul Wink, Direktor der Konrad-

Adenauer-Stiftung in Berlin, freute sich sehr über die »Geste, für die ich mich bei den Verantwortlichen bedankt habe«. Im übrigen sei in diesem Jahr nicht nur die Konrad-Adenauer-Stiftung bedacht worden, verteidigt er die Gabe. Der Stiftungsrat habe eine Million Mark »Ausstattungszuschuß« für die politischen Stiftungen beiseite gelegt, die »nach Bedarf« vergeben würden. Offenbar soll damit der Umzug nach Berlin auch für die Stiftungen attraktiver gestaltet werden. Die Heinrich-Böll-Stiftung ist schon hier. Die Friedrich-Ebert-Stiftung baut, und die Friedrich-Naumann-Stiftung bereitet sich auf den Umzug vor. Auf sie wartet schon ein Begrüßungsgeld – von Berlins Lottospielern.

Wirtschaftsförderung I:
»Die Hotels in der Stadt voll machen«

Rund 30 000 junge Berliner unter 25 Jahren sind arbeitslos. Nur 21 Prozent der Hauptstadtbetriebe bilden aus, davon sind 60 Prozent staatliche Einrichtungen. Deshalb kam die SPD um Fraktionschef Klaus Böger auf eine phantastische Idee: Warum nicht die Betriebe dafür bezahlen, daß sie ausbilden? Die Idee fand Zustimmung. Das Geld nahmen die Politiker aus der Lottokasse. Umsetzen sollte das Programm die Service Gesellschaft SPI, die ohnehin schon im Auftrag der Senatsverwaltung arbeitete und dem SPD-Sprengel zugerechnet wird. 30 Millionen Mark wurden für drei Jahre bereitgestellt, 1500 Jugendliche sollten ausgebildet werden. 20 Träger nutzten das staatliche Angebot und stellten bis Sommer 1998 rund 1300 Jugendliche zur Ausbildung in 52 Berufen ein. 500 Mark Lehrgeld erhält jeder Azubi, das erste Jahr übernimmt der Träger, etwa die Gesellschaft zur Förderung der Berufsfortbildung, die pro Jugendlichen 20 000 Mark bekommt. Im zweiten und dritten Jahr soll dann in Betrieben ausgebildet werden. »Dadurch müssen die Betriebe das schwierige erste Jahr nicht mehr machen, und billiger wird's auch«, erläuterte SPI-Geschäftsführer Reimund Rilling. »Die Betriebe werden damit ganz wesentlich entlastet von den nach ihrer Ansicht hohen Ausbildungskosten.«[120] Den Betrieben einen Anreiz zur Ausbildung zu geben, das sei schon ein Ziel des Programms gewesen. Ein Ansinnen, das beim aktuellen Lehrstellenmangel prinzipiell nur gelobt werden kann. Allerdings hätte der Senat die Mittel dafür aus dem Haushalt bereitstellen müssen statt aus den Lottokassen. Den ausbildungsunwilligen Betrieben die Lehrstellen zu subventionieren kann und darf nicht Aufgabe der Lotterie sein. Wirtschaftsförderung aus Lotteriemitteln läßt das Gesetz nicht zu.

Lotteriemittel für Arbeitsplätze einzusetzen hat inzwischen Schule gemacht. Rheinland-Pfalz gibt für fast ein Viertel aller Lottomittel als Zweckbestimmung »Arbeitsmarktpolitische Maßnahmen für schwer vermittelbare Arbeitnehmer« an – eine zweifelhafte Nutzung der Lotteriemittel. Die staatlichen Lotterien bezahlen 16,66 Prozent Lotteriesteuer aus den Einsätzen. Von allen weiteren Unternehmensteuern, insbesondere auf den Gewinn der Gesellschaft, sind sie damit befreit. Voraussetzung dafür ist, daß die Lottomittel gemeinnützig verwendet werden. Alle Lotteriegesetze definieren, mehr oder weniger schwammig, was gemeinnützig ist. Wirtschaftsförderung wird in keinem der Gesetze angeführt. Auch die Abgabenordnung schließt Wirtschaftsförderung eindeutig aus.

Statt in die Ausbildung zu investieren, brachten alle wichtigen Firmen Berlins je 100 000 Mark in eine Firma ein, die als erste Aufgabe sieht: »1. Die Förderung, Unterstützung und Durchführung von Aktivitäten, die der Hauptstadt und dem Wirtschaftsstandort Berlin dienen.« Weitere Aufgaben der »Partner für Berlin – Gesellschaft für Hauptstadtmarketing mbH« sind laut Handelsregisterblatt: »2. Der Abschluß von Gesellschaftsverträgen zur Vermarktung des Berlin-Logos sowie anderer von der Partner für Berlin entwickelter und zu entwickelnder Zeichen und Muster und sonstiger derartiger immaterieller Wirtschaftsgüter. 3. Die Entwicklung und Durchführung von umfassenden Maßnahmen der Werbung und Öffentlichkeitsarbeit nach innen und nach außen, um damit den Wert der unter 2. genannten Lizenzgegenstände für die Lizenznehmer zu erhöhen. 4. Die Organisation, die Entwicklung, der Erwerb, die Durchführung und die Vermarktung von Veranstaltungen im sportlichen, kulturellen, wissenschaftlichen und sozialen Bereich unter Darstellung der Lizenznehmer der Partner für Berlin GmbH.«

Auch wenn »Partner für Berlin« sich rühmte, die lange Museumsnacht konzipiert zu haben, meint die Kulturmanagerin Leonie Baumann: »Die hatten kulturell nie etwas im Sinn, wollten nur die Hotels in der Stadt voll machen.« Die Gesellschaft sei »eine in der kulturellen Szene eher belächelte Einrichtung«.

Das dürfte zutreffen. Nach dem Scheitern der Olympiaambitionen 1993 wurde die »Berlin 2000 Marketing Ges. m. b. H.« zur »Partner für Berlin« umgeschmolzen. Diese Firma – Gesellschafter waren die Topadressen der deutschen Wirtschaft – hatte das Olympiafiasko mit einem Gewinn von einer Million Mark abgeschlossen, während die Steuerzahler mit 86 Millionen Mark zur Kasse gebeten wurden. Fast alle diese Firmen tauchten nun wieder als Gesellschafter bei der »Partner für Berlin« auf. Mathew D. Rose nannte sie eine »Subventionsstätte für deutsche Konzerne«. Was »Partner für Berlin« unternimmt, erfülle »mindestens ebenso die Zwecke der an ›Partner für Berlin‹ beteiligten Unternehmen wie die des Landes Berlin«. Im

Beirat sitzen neben dem Regierenden Bürgermeister und dem Wirtschaftssenator zahlreiche Unternehmensmanager und die Spitzen von Tourismusindustrie und Gastronomie. Das Stammkapital von inzwischen fast vier Millionen Mark kommt aus Einlagen zu je 100 000 Mark.

»Partner für Berlin« erhielt auch Lottomittel, als es darum ging, den UNO-Klimagipfel zu retten. Bundeskanzler Kohl sollte dort versprechen, binnen zehn Jahren den CO_2-Ausstoß Deutschlands um ein Viertel zu reduzieren. Während der Ex-Kanzler sein dort gegebenes Versprechen bald vergaß, hatte der damalige Umweltsenator Volker Hassemer schon im Vorfeld geschlafen: Er hatte offenbar nicht daran gedacht, Mittel für das Rahmenprogramm der UNO-Klimakonferenz beiseite zu legen. In aller Hektik suchte man deshalb nach Mitteln. Die Lottokasse lag da nahe. Da die Senatsverwaltung nicht selbst Anträge stellen darf, weil sie ja die Anträge kontrollieren muß, suchte sie einen anderen Antragsteller. Sie fand ihn in diesem Fall in »Partner für Berlin«. Ganz unbürokratisch half der Stiftungsrat mit 2,785 Millionen Mark, fast zwei Millionen allein für einen gewagten Drahtseilakt, der offenbar die Schwierigkeiten symbolisieren sollte, das Klima im Gleichgewicht zu halten. Das Geld war nun zwar da, die Aktion »Klimazeichen« dann doch eine Blamage. Der Motorradfahrer wäre fast vom Seil gestürzt. Ein Menetekel?

Doch nicht dies beherrschte die öffentliche Diskussion der folgenden Tage, sondern die Frage, warum die Aktion so teuer kam. Bei den Hochseilartisten handelte es sich um »die Trabers«, eine Gruppe aus Ostberlin. Doch »die echten Trabers« zu sein reklamierte Johann Traber aus dem Breisgau für sich. Er hätte die Veranstaltungen nach seinen Angaben für 200 000 Mark über die Bühne gebracht, wie kurz zuvor in Baden-Baden auch. Das habe er den zuständigen Herren im Senat mehrfach erklärt. Statt dessen hätten die sich »über den Tisch ziehen lassen. Aber das war denen egal.« Zu den 600 000 Mark, die von der beauftragten Agentur WachsCommunication AG allein für das Seil kalkuliert wurden, meint der »echte« Traber: »Unter Brüdern, 14 000.« Da sei Geld »verschleudert« worden, sagt Traber.

Geschäftsführer der Firma war Friedhelm Wachs. Früher war er Chefredakteur der *tageszeitung* gewesen, zusammen mit Birgit »Georgia« Tornow, die eine Zeitlang auch im Aufsichtsrat von WachsCommunication saß. Wachs nennt Trabers Rechnung »blödsinnig«. Niemand habe zuvor »solch eine Strecke gemacht«. Außerdem habe die Lottorevision alles überprüft.[121] Ein Sprecher des Umweltsenats, wo an einer Stelle die Zuständigkeit sowohl für die Organisation des Events als auch für die Prüfung der Anträge auf Lotteriemittel lag, verteidigte seine Kollegen: Sie könnten zwar die Schlüssigkeit des Antrags einschätzen, nicht aber noch die Preise verschiedener Anbieter vergleichen.

Auch sonst scheint gelegentlich der Überblick zu fehlen: Fast drei Millionen Mark investierte der Stiftungsrat seit 1992 in eine Ruine: das ehemalige Straßenbahndepot in der Wiebestraße. Die BVG, das Berliner Nahverkehrsunternehmen, hatte das Gelände dem Bezirk geschenkt. Der gab es an die Atelier GmbH des Berufsverbandes bildender Künstler Berlin weiter. Die Gruppe um den Jungunternehmer Thomas Manfred Brinkmann (von der stadtbekannten Kultureinrichtung »Tacheles« in der Oranienburger Straße) wollte dort Wohnungen und Arbeitsstätten für Künstler einrichten. Als nahezu 2,5 Millionen Mark investiert waren, stellte die Baupolizei fest, daß das Gebäude einzustürzen drohte. Es hatte nie eine Statikprüfung gegeben. Die DKLB-Stiftung widerrief daraufhin ihre Bewilligung und forderte das Geld zurück. Doch die Atelier GmbH sieht den Bezirk Tiergarten in der Pflicht. Seit zwei Jahren streitet sie sich deshalb vor Gericht mit Horst Porath, Bezirksstadtrat und

Abteilungsleiter Bau- und Wohnungswesen in Tiergarten. Die Stiftung schaut seit zwei Jahren zu. Die Atelier GmbH geht davon aus, »daß es zu einer Einigung zwischen Bezirksamt und Lotto kommt«. Ob der Bezirk zahlen oder Lotto das Geld abschreiben muß – die Kosten dieses Schildbürgerstreichs zahlen Otto Lotto und die Spieler entweder durch ihre Steuern oder durch ihre Lotterieeinsätze.

Im Osten nichts Neues: »Auch in der DDR war Vitamin B wichtig«

Als die deutsche Politikmaschinerie in den neuen Bundesländern auch das Ost-Lotto abwickelte und das westliche Glücksspielangebot durchsetzen wollte, reichten die Brüder im Westen den Lottoneulingen im Osten hilfreich die Hände. Erst nach der Einführung westdeutscher Standards durften in Mecklenburg-Vorpommern und Brandenburg ostdeutsche Manager(innen) das Ruder übernehmen. Das Ergebnis der Überprüfung der ostdeutschen Neugründungen überrascht deshalb kaum: im Osten nichts Neues.

21 Milliarden Mark Schulden hatte das Land Sachsen-Anhalt Ende 1997. Das ist fast ein ganzer Jahresetat, macht pro Einwohner fast 7700 Mark. Klar, daß die Landesregierung aus jeder Finanzquelle schöpft. Die sogenannte Konzessionsabgabe aus Toto und Lotto, jährlich rund 25 Millionen Mark, fließt in Sachsen-Anhalt ohne Zweckbestimmung in den Haushalt ein. Der Zweckertrag aus anderen Spielen – 25 Prozent der Einsätze bei Spiel 77, Super 6, Rubbellotterie – sollte ursprünglich »für soziale, gemeinnützige, kulturelle oder sonstige förderungswürdige Zwecke, sofern sie gemeinnützig sind, verwendet werden«. 2550 Anträge gab es zwischen 1992 und 1996, allein 861 im letzten dieser Jahre, mit einer durchschnittlichen

Antragssumme von 50 000 Mark. Um zu entscheiden, wer in den Genuß der Millionen kommt, wurde ein Beirat gegründet, dem ähnlich wie in Rundfunkräten Vertreter der relevanten gesellschaftlichen Gruppen angehören. Er soll für den Aufsichtsrat Empfehlungen erarbeiten, ob ein Antrag gefördert wird oder nicht. Das klingt vorbildlich.

Eine öffentliche Kontrolle über dieses Gremium hinaus ist nicht gern gesehen. Erst auf mehrfache Nachfrage schickte die Lotto-Toto GmbH Sachsen-Anhalt eine Liste mit der Aufzählung einiger geförderter Projekte. Überschrift: »Zur öffentlichkeitswirksamen Übergabe der Zuwendungsbescheide«. Darin festgelegt ist des weiteren, welcher Bezirksleiter den Scheck zur Einrichtung tragen darf. Gelegentlich wird er auch von einem Politiker begleitet. Einer von ihnen ist Ulrich-Karl Engel, Abgeordneter von Bündnis 90/Die Grünen, der sich gerne in seinem Wahlkreis als Lottomäzen zeigt. Engel sitzt zudem im Beirat der Lotto-Toto GmbH.

»Natürlich wird im Lottobeirat Klientelpolitik betrieben«, gibt er offenherzig zu. »Aber wenn einer den Bogen überspannt, dann kriegt er von den anderen die Bremse reingehauen.« Auch dafür sei die »Bank der Entscheider« so groß angelegt worden. Doch die Bremse wird selten »reingehauen«, denn die meisten Empfehlungen treffen die Beiratsmitglieder einstimmig.

Im Beirat sitzen Vertreter der in den Landtag gewählten Parteien, der Ministerien sowie der Wohlfahrtsverbände, des Heimatbundes, des Landessportbundes und der evangelischen Kirche. Da es um viel Geld geht – rund 10 Millionen Mark pro Jahr –, das an die richtigen Stellen verteilt werden muß, sitzen als Gäste ständig Vertreter des Innen- und Finanzministers jeweils drei Stunden lang dabei, die zwar nicht stimmberechtigt, aber möglicherweise nicht ohne Stimme sind. Die Entscheidungen richten sich nach folgender Vorgabe: »Gefördert werden Vorhaben mit überregionalem Bezug, Modellcharakter oder besonderer Bedeutung für das Land Sachsen-Anhalt.« Eine Regelung wie Gummi! Das Prinzip ist also, daß es keines gibt. Aber das sei ja gerade das Prinzip bei Lotto, meint Engel, »daß es keine Kriterien gibt. Wir vergeben das Geld nach Nase.«[122] Das ist wahr, wobei damit nicht gesagt ist, daß den Entscheidern die Nase des Antragstellers gefallen muß. Beantragen die Tipper aus Sachsen-Anhalt Zweckerträge von ihren Einsätzen für ihre Vereine, so nehmen sie an einer zweiten Lotterie teil: Der Schützenverein 1825 e.V. in Wulferstedt bekam für den Ausbau einer Schießanlage keine Mark, die Stolberger Schützengilde dagegen einen Zuschuß, ebenso der Schützenverein Preußisch-Börnecke von 1875 e. V. aus Groß Börnecke für seine 38 Mitglieder. Der TC Gräfenheinichen e. V. durfte immerhin 20 000 Mark zum Neubau einer 3-Feld-Tennisanlage einstreichen, den Antrag des Tennissportclubs Grün-Weiß aus Gadelegen dagegen lehnte der Beirat mit der Begründung »nicht überregional« ab. Die evangelische Kirchengemeinde in Tangerhütte mußte ihr Pfarrhaus ohne Lottomittel rekonstruieren, das Pfarramt in Brücken dagegen erhielt 100 000 Mark – die Höchstsumme, die der Beirat vergeben darf. Ein Pfarrer, der ungenannt bleiben möchte, meinte zu seinem abgelehnten Antrag auf Lottomittel: »Mit Glück oder einem Lottoonkel als Schwager hätte es vielleicht geklappt.« Mehr wollte er dazu nicht sagen, nur soviel noch: »Ach wissen Sie, auch in der DDR war Vitamin B schon immer wichtig gewesen.«

Die Mildtäter vom Lotto sehen das anders: »Wir wollen am liebsten ein dauerhaftes Ereignis fördern«, erläutert Engel, »am liebsten eine Kirchturmuhr: Die bleibt uns lange erhalten, und man sieht sie.« Aber auch diese Regel hat ihre Ausnahmen: Das Kinderfest des Ministerpräsidenten am

2. Juni 1997 wurde mit 40 000 Mark aus dem Lottotopf finanziert, die Landesjugendspiele 1996, bei denen der Ministerpräsident Schirmherr war, mit 80 000 Mark. Das Amt für Tourismus und Sport in Dessau erhielt 70 000 Mark für das Weltcupfinale im Trampolinturnen am 15. November 1997, und die Chortage des Deutschen Sängerbundes 1997 wurden mit 60 000 Mark gesponsert. Die Chortage fanden in Wernigerode statt, dem Wahlkreis Engels.

Doch das sind alles Peanuts im Vergleich zu den Summen, die sich zwei Interessengruppen unter den Nagel zu reißen verstehen: der Sport und die Kirchen. Als mehr als erfolgreich muß die Arbeit des Magdeburger Oberkonsistorialrats Hans-Christoph Sens im Beirat bezeichnet werden. In den fünf Sitzungen des Beirats 1996 konnte er mehr als zweieinhalb Millionen Mark für Baumaßnahmen an den Kirchen des Landes herausschlagen. Das sind fast 27 Prozent der in diesem Jahr von Beirat und Aufsichtsrat vergebenen Mittel. Nur elf Prozent der Bürger von Sachsen-Anhalt sind dagegen Mitglied der Kirche. In allen fünf neuen Bundesländern zusammen gehört ein Viertel der Bevölkerung der Kirche an. Tendenz: sinkend. Von den Jugendlichen zwischen zwölf und 24 Jahren bekennen sich nur 4,3 Prozent zur Kirche. Die Lottomillionen sind so ein schöner Ersatz für die Kirchensteuern, die Sachsen-Anhalts Bürger der (evangelischen) Kirche vorenthalten.[123] Daß aus den Erträgen der Glücksspirale, die an die Stiftung Denkmalschutz gehen, seit 1990 der größte Teil ebenfalls für den Wiederaufbau der Kirchen im Osten fließt, sei nur am Rande vermerkt.

Im Ruderhaus des SC Magdeburg, Am Wasserfall 8, trafen sich am 6. Juli 1991 um 11 Uhr honorige Damen und Herren, um den einheimischen Sport vor der Westflucht seiner Sportler, vor dem Ausverkauf der Leistungsträger, zu bewahren. Pünktlich zur Mittagszeit war der Vorstand des

Trägervereins Olympiastützpunkt Magdeburg/Halle e. V. bestimmt. Zu den Vorstandsmitgliedern gehörte ein Herr aus dem Westen, der es in den folgenden Jahren nicht versäumte, seinen Aufgaben gerecht zu werden: Reinhard Schunke, Abteilungsleiter für Jugend, Familie und Sport im Ministerium für Arbeit, Soziales und Gesundheit. Der Zweck des Vereins geht aus der Satzung hervor: »Einrichtung, Mittelbeschaffung und der Betrieb des Olympiastützpunktes Magdeburg/Halle mit den angeschlossenen Trainingszentren zur Optimierung des Trainings und der flankierenden Bedingungen für den/die Leistungssportler/in«.

Ende 1992, nach Stasi-Aufdeckungen und Stillstand, übernahm Schunke die Funktion des 1. Vorsitzenden, sein Stellvertreter wurde mit Gerd Henke der Landesgeschäftsführer des Landessportbundes. Beide sind stellvertretende Mitglieder im Lottobeirat. Der Beirat schüttete von nun an sein Füllhorn über dem Trägerverein aus: 100 000 Mark wurden im Juni 1996 gewährt, obwohl das Sozialministerium bei der Begutachtung zu bedenken gab: Eine »detaillierte Prüfung der Angemessenheit der Gesamtkosten« sei »aufgrund der Antragsunterlagen jedoch nicht möglich«.

Für ein Projekt des Landessportbundes Sachsen-Anhalt e. V. durfte Henke am 27. März 1996 gleich selbst abstimmen, indem er im Beirat Platz und Stimme seines Chefs, des Präsidenten des Landessportbundes, Klaus Gottschalk, übernahm. »Sport integrativ und sozial« heißt das Projekt, dessen Personalkosten Lotto seit 1994 übernimmt. Bei anderen Projekten wird regelmäßig vermerkt, daß keine Dauerförderung erfolgen könne. Mit 140 000 Mark wird sogar die 100 000-Mark-Grenze überschritten, die dem Beirat gesetzt ist. Nützlich war dabei sicher auch die zustimmende Stellungnahme des Ministeriums für Arbeit, Soziales und Gesundheit, dem Schunke angehört. Für das Jahr 1996 hatte das Ministerium sogar eine Förderung in Höhe von 164 800 Mark befürwortet. Es blieb bei 140 000 Mark. Allerdings waren die Kosten auch so nahezu gedeckt: Das Bundesinnenministerium gab 232 500 Mark dazu, das Magdeburger Sozialministerium 5000 Mark und eine Brauerei 10 000 Mark. Als Eigenmittel hatte der Landessportbund lediglich 10 000 Mark veranschlagt.

Doch aus den Zweckerträgen bedient sich in Sachsen-Anhalt bis heute auch die Lotto-Toto GmbH selbst: Schon in der dritten ordentlichen Sitzung des Aufsichtsrats vom 19. Dezember 1991 fragte der Vorsitzende, Innenstaatssekretär Peter Mahn, ob die Zweckerträge der Glücksspirale trotz der bestehenden Defizitsituation ausgeschüttet werden müssen. Leider stünden dem Verträge entgegen, wurde ihm beschieden. Der damalige Geschäftsführer Horst-Dieter Finke-Gröne, zuvor in Niedersachsen als Geschäftsführer abberufen, wollte die Zweckerträge sogar gänzlich einfrieren und verzinslich anlegen, bis die Verluste ausgeglichen seien. Der Aufsichtsrat forderte ihn auch tatsächlich auf, einen Antrag auf Begrenzung des Zweckertrags zu stellen. Der heutige Regierungsoberamtsrat a. D. und Mitarbeiter der Lottogesellschaft, Gerhard Bentin, konnte aber schon damals zusagen, daß das Innenministerium bereit sei, die Erlaubnis zur Kürzung der Zweckerträge zu genehmigen. Die Gesellschaft durfte schließlich fünf Prozent der Zweckerträge einbehalten.

1993 und 1994 erlaubte das Innenministerium sogar, »bis zu zehn Prozentpunkte der Zweckerträge von insgesamt 25 Prozent der Spieleinsätze aus den Lotterien ›Spiel 77‹, ›Super 6‹ und Rubbellotterie für den Aufbau der Gesellschaft ein[zu]setzen«. Ohne diese Erlaubnis, so beteuerte die GmbH, hätte sie kein ausgeglichenes Ergebnis erzielen können. Mit anderen Worten: Die Spielteilnehmer finanzieren den Aufbau der Lotto-Toto-Gesellschaft. Jede andere

GmbH hätte dazu Kredite aufnehmen müssen, die sie später verzinst wieder zurückzahlen muß. Nicht so Lotto. Man bedient sich bei den Schwächsten, den Spielteilnehmern, die darüber nicht einmal adäquat informiert, geschweige denn später für ihre unfreiwillige Aufbauhilfe honoriert werden. Für die Spielteilnehmer, von denen im ländlichen Sachsen-Anhalt viele Mitglieder in Vereinen sind, bedeutet dies vor allem: Zur Finanzierung ihrer Vereinsarbeit bleiben weniger Mittel übrig. Da die zur Verfügung stehenden Mittel nicht ausreichen, den Anträgen gerecht zu werden, kommt es zu den willkürlichen Entscheidungen von Beirat und Aufsichtsrat. Die Lottogesellschaft selbst dagegen konnte Anfang 1996 in ein neues Verwaltungsgebäude einziehen. Der Geschäftsbericht vermerkt: »Wir weihten das neue Haus am 3. September ein und feierten mit vielen Gästen.«

Während die Spielteilnehmer um ihren Einsatz für den guten Zweck beraubt wurden, gab die Gesellschaft an anderer Stelle reichlich aus: 1994 wurden »zahlreiche Schlüsselpositionen« besetzt, darunter sechs Abteilungsleiterstellen. Auch Geschäftsführer Wolfgang Angenendt, aus dem Westen nach Magdeburg gekommen, genoß bereits 1993 die üblichen Bezüge: 256 326,83 Mark.[124] Eines der wichtigsten Themen der Aufsichtsratssitzungen der Jahre 1994 und 1995 war die Vergütung der Bezirksleiter.

Fallbeispiel 5:
Thüringen – »Treue steh'n zu uns'rer Fahne ...«

Wenn er Zeit hat, schaut Thüringens Finanzminister Andreas Trautvetter schon einmal vorbei beim Männergesangverein »Concordia 1867 Kleinschmalkalden e. V.«. »Er singt sogar mit«, freut sich der Vorstandsvorsitzende des

Vereins, der Ledertaschenhersteller Dieter Roßmann. Zweiter Baß sei der Minister. Die Sänger waren schon zu DDR-Zeiten eine bekannte Truppe und traten sogar im Fernsehen auf. Auch nach der Wende wollten die Einladungen kein Ende nehmen: Roßmann erzählt von Partnerchören, etwa einem in Hessen, die man besuche. Auf einen Auftritt im ZDF 1997 ist Roßmann besonders stolz. Wer sich öffentlich präsentiert, muß auch anständige Klamotten haben. Daß man bei Lotto für solche Zwecke Mittel bekommen konnte, so Roßmann, »sprach sich bei den Vereinen schnell herum«. Und dies, obwohl von seiten der Ministerien »über Förderfälle keine Auskunft gegeben wird«, wie Finanzpressesprecher Patrik Kraulich behauptet. »Das unterliegt dem Datenschutz.«

Die Vereine wußten dennoch schnell, wen sie in die Pflicht nehmen mußten: im günstigsten Fall einen hohen Politiker beim Frühschoppen. »Wir haben uns an den Minister gewandt«, erinnert sich Roßmann. So informiert, habe man die nötigen Anträge ausgefüllt und bei den Sängern selbst den Hut kreisen lassen, weil auch ein Eigenanteil gefordert sei. Am 26. Juni 1995 kam dann der Bescheid: 16 000 Mark genehmigte Finanzminister Trautvetter seinem Gesangverein für die Ausstattung der Sängertruppe mit Trachtenanzügen.[125]

5,25 Prozent der Wetteinsätze, jährlich rund 8 Millionen Mark, erhält in Thüringen der Landessportbund, 3 Prozent (4,5 Millionen Mark) die Bundesarbeitsgemeinschaft der Freien Wohlfahrtspflege. Weitere rund 20 Millionen Mark flossen nach den Vorgaben des Thüringer Staatslotterie- und Sportwettengesetzes in diesem Jahr als sogenannter Restbetrag aus der Suhler Fröhlicher-Mann-Straße in die Erfurter Landeskassen. Dieses Geld sollen der Ministerpräsident und die Minister »zur Förderung kultureller, sozialer, umweltschützerischer und sportlicher Zwecke« verwenden.

Einen bestimmten Prozentsatz dieser Mittel teilen sich die Minister und der Ministerpräsident in einer Kabinettssitzung auf und sichern sich damit eine Kasse, aus der sie Millionen von Mark wie ein Karnevalsprinz seine Bonbons beliebig unters Volk werfen dürfen. Weil die Verteilung intern geregelt ist, kann hier nicht einmal der Rechnungshof ein Auge darauf werfen. In sorgsam gehüteten Listen wiesen die Ministerien 1994 und 1995 die Verwendung von jeweils knapp acht Millionen Mark für solche Zwecke nach. Der Rest von zwölf Millionen Mark ist im Haushalt verschwunden.

»Handlungsbedarf« sah hier zu Recht die PDS-Opposition im Landtag; »sehr fragwürdig« erschien ihr darüber hinaus diese Verteilung von »Geschenken«. Tamara Thierbach und ihrer Fraktion gefiel nicht, daß »die Minister ihre Anteile aushandeln wie auf einem asiatischen Basar« und daß die Mitglieder des Kabinetts dann »selbständig entscheiden, wann wer wo Lottomittel bekommt«. Doch ihr Antrag auf eine Änderung des Lottogesetzes und eine »verbesserte Verwendung der Überschußmittel« wurde 1996 von den Regierungsparteien verworfen.[126]

Umweltminister Hartmut Sieckmann verteilte für Vereinsfahnen des Bergmannsvereins »Glück Auf« Unterbreizbach 2971,52 und wenige Wochen später noch einmal fast 6000 Mark für Bergknappen, Verwendungszweck »kulturell«. Auch andere Ministerien rüsteten ganze Heere von Vereinen mit Fahnen und Trachten aus. Justizminister Otto Kretschmer bewies Vielseitigkeit: Er schenkte dem Tauziehverein Schweina 1990 e. V. 1000 Mark »für die Anschaffung eines wettkampffähigen Zugseils« und der Thüringer Philharmonie 5000 Mark für einen Konzertflügel. Ob in diesem Fall zutrifft, daß Antragsteller in Thüringen nicht zum zuständigen Minister gehen, sondern zu dem, den sie kennen, konnte hier allerdings nicht geklärt werden.

Dank Wirtschaftsminister Jürgen Bohn konnten sich die Ambulanten Herzgruppen 1986 Zella Mehlis e.V. einen Saunaofen kaufen, der Oberhofer Briefmarkenverein Erinnerungsmedaillen. Doch nicht immer sind die Spenden so klein und so uneigennützig. Auch die Minister in Thüringen wissen, wie nützlich solch eine Kasse sein kann. Andreas Trautvetter etwa stattete 1995 nicht nur seinen Männergesangverein aus, sondern unterstützte aus seiner Lottokasse auch neun weitere Vereine und Institutionen in seinem Wahlkreis Schmalkalden/Meiningen II mit 4000 bis 20 000 Mark.[127]

Peanuts? Freilich. Aber die Vereinsmitglieder sind auch Wähler und werden schon, wenn's darauf ankommt, daran denken, wer sie alimentiert hat. Annähernd ein Drittel der von Trautvetter selbst positiv beschiedenen Anträge dieses Jahres, 118 000 von 385 000 Mark, verteilte der Minister und Kreisvorsitzende der CDU Schmalkalden-Meiningen im Jahr nach der Landtagswahl in seinem Beritt und belohnte damit seine Schmalkaldener für genau 50,1 Prozent der Stimmen. Thüringen hat aber nicht nur Trautvetters, sondern 44 Wahlkreise.

Alle Thüringer Ministerinnen und Minister – sofern sie aus den neuen Bundesländern stammen – neigten dazu, »ihre« Lottomittel in einem überdurchschnittlichen Maß in ihre Wahlkreise zu pumpen. Die damalige Ministerin für Bundes- und Europaangelegenheiten, Christine Lieberknecht (CDU), wie Ministerpräsident Bernhard Vogel und Wirtschaftsminister Franz Schuster (bis 1994 Innenminister) früher bei der Konrad-Adenauer-Stiftung tätig, sah von ihrem Sessel in Erfurt aus nicht nur in die weite Welt, sondern vergaß auch nicht ihren Wahlkreis Weimar und Umgebung. Ein Drittel ihrer positiven Bescheide verschickte sie 1994 dorthin.

Am 15. November 1993 konstituierte sich in Erfurt die

Europäische Bewegung Thüringen e. V. als »Teil der Europäischen Bewegung Deutschland«. Ziel des Vereins: die »fortschreitende Integration in ganz Europa«. Erste Vorsitzende des Vereins wurde Christine Lieberknecht, damals wie erwähnt Ministerin für Bundes- und Europaangelegenheiten. Ihrem Verein genehmigte sie aus ihrem Lottotopf sofort 20 000 Mark »Zuschuß zur Erstausstattung des neuen Büros (Computer, Möbel, Schreibunterlagen)«. Obwohl die Mittel des Vereins laut Satzung »weder für unmittelbare noch mittelbare Unterstützung und Förderung politischer Parteien verwendet werden« dürfen, schaltete der Verein vor der Europawahl in mehreren Thüringer Zeitungen Anzeigen mit dem Titel »Hier ist Europa – Europa ist hier«. Das Geld hierzu kam ebenfalls aus dem Lottotopf der Ministerin und ist in den internen Listen als »Zuschuß für Wahlaufruf« bezeichnet.

Und auch wenn das Kuratorium Schloß Ettersburg 30 000 Mark für seine Kulturwerkstatt oder 3000 Mark für vier Adventskonzerte erhält, dann fördert Christine Lieberknecht ihren Verein – sie ist dort 1. Vorsitzende. Wenn sie dem Albert-Schweitzer-Gymnasium in Erfurt 4500 Mark für eine Fahrt nach Brüssel beziehungsweise in die Picardie zukommen läßt, wie im Oktober 1994 geschehen, hilft sie einem Parteifreund. Vermutlich würden gerne auch andere Schulen sich ihre Fahrten aus diesen schwarzen Kassen bezahlen lassen, aber nicht jede Schule hat einen Direktor, der wie Manfred Wohlgefahrt der Erfurter Stadtratsfraktion der CDU angehört, also Parteifreund Lieberknechts ist.

Auch die Wahlkreise Eichsfeld I und II um die Städte Heiligenstadt und Worbis hatten ihren Förderer, jedenfalls so lange, wie Dieter Althaus Kultusminister war, also bis 1994. Mit den üblichen bescheidenen Geschenken wurden etwa der 1. SV »Kraftverkehr 1963 Heiligenstadt« e. V. oder auch die Deutsche Pfadfinderschaft St. Georg Uder bedacht:

2000 beziehungsweise 3000 Mark. Richtig groß stieg Althaus dann beim Förderverein der thüringischen Bläserphilharmonie e. V. Heiligenstadt ein. 80 000 Mark machte der Kultusminister 1994 für ein »Projekt Schul-, Kinder- und Jugendkonzerte in Nordthüringen« locker, das ein Förderverein auf die Beine stellen sollte. Eine Summe, die in Thüringen, wo Lottomittel eher mit der Gießkanne – allerdings meist über ausgesuchten Objekten – verteilt werden, eine ausnehmend hohe Summe darstellt. 1995 gab es noch einmal 30 000 Mark.

Bei der Gründungsversammlung des Fördervereins vom 20. Februar 1993 steht Althaus' Name auf der Teilnehmerliste an erster Stelle. Mit der Zuteilung von Lottomitteln kam er als Mitglied des Vereins seiner satzungsgemäßen Pflicht in voll befriedigender Weise nach: »Die Mitglieder sind verpflichtet, den Verein und den Vereinszweck [...] in ordnungsgemäßer Weise zu unterstützen.«

Die Thüringer Bläserphilharmonie, ehemals 28 Köpfe stark, hatte eine große Tradition in der DDR. Insbesondere die Schülerkonzerte waren eine Institution. Der Förderverein sollte versuchen, den Verein aufzufangen, wie Klarinettist Reinhard Lauterberg erläutert. Solch prominente Politiker zu kennen sei da »schon nützlich«.

Gerne schicken die Ministerinnen und Minister auch ihre Parteifreunde zu den medienwirksamen Übergaben von Schecks aus ihrem Haus. Der Erfurter Zoodirektor Norbert Neuschulz, die Shire-Stute »Fashion« und das Fohlen »Quintus« etwa bildeten das Empfangskomitee, als die SPD-Landtagsabgeordnete Birgit Pelke im Auftrag des Innenministers 20 000 Mark zum Ausbau der Festwiese und des Schaubauernhofs überreichte. Daß die Wahl des Ministers für diese ehrenvolle Aufgabe auf Pelke fiel, hatte seine Gründe: Der Zoo liegt nicht nur in Pelkes Wahlkreis, sondern sie ist auch als Mitglied im Verein der Zoofreunde die Fachfrau der SPD in Tierparkfragen.

Die Westimporte in Thüringens Ministerien pflegen dagegen eine ganz andere Klientel: »Treue steh'n zu uns'rer Fahne wir Sigfriden Hand in Hand. Stets sei unser heißes Streben: Freiheit unserm Vaterland!« So singen die Mitglieder der katholischen Burschenschaft »Sigfridia« bei ihren Kommersen, Stammtischen und Gartenfesten im Burschenhaus. Doch die Sigfriden begnügen sich nicht mit Saufen und Singen in vollem Wichs. Die Sigfriden wollen »Impulse zur demokratischen Erneuerung Deutschlands« aussenden.[128]

»Es gibt größere Burschenschaften als die ›Sigfridia‹«, will am Telefon im Burschenhaus eine Frau Bischof schon zugeben, die, wie sie sagt, die Burschen »betreut«. Aber es komme ja auch darauf an, was man tue. Die katholische deutsche Burschenschaft »Sigfridia« zu Bonn tut etwas, und zwar seit 1990 jedes Jahr: Sie veranstaltet die Wartburggespräche zu Eisenach. Da werde diskutiert, erklärt Frau Bischof, und natürlich gebe es abends auch einen Kommers. Ja, das alles koste eine Menge Geld, will sic bestätigen, zumal Gäste aus Litauen, Polen und Rußland kämen. Aber von Lottogeldern hat die Dame noch nichts gehört. Nach der nächsten Frage aber ist Schluß mit der Freundlichkeit: Nein, eine Mitgliederliste wolle sie nicht verschicken, das sei ihr »zu gefährlich«.

58 950 Mark hat Franz Schuster, Wirtschaftsminister in Thüringen, der »Sigfridia« 1995 zugeschustert. Als Verwendungszweck ist in den einschlägigen Listen angegeben: »6. Wartburggespräch«. Vielleicht war das der Grund, weshalb die Dame lieber keine Namen nennen wollte. Denn Schuster ist eines von 190 Mitgliedern (40 Studenten und 150 Berufstätige) bei der »Sigfridia«. Auch der Name des Oberbürgermeisters von Eisenach, Hans-Peter Brodhun, und der des Landrats, Martin Kaspari, werden in der Mitgliederliste der »Sigfridia« aufgeführt. Man habe sie gerne

aufgenommen, als sie dies wünschten, erklärt Philistersenior Franz Gelhaus, der Chef der alten Herren des Rings katholischer deutscher Burschenschaften. »Wir sind froh, wenn sich Menschen für unsere gemeinsamen Ideale einsetzen.« Und die sind? Die europäischen Fragen, so Gelhaus, müßten »aktualisiert werden«.

Fallbeispiel 6: Brandenburg – Henry Maskes gute Bilanz

Mit einer »Bilanz der guten Sache« läßt die Land Brandenburg Lotto GmbH »Lottobotschafter« Henry Maske zeigen, »wie vielseitig Lottogelder zur Hilfe der Menschen in Brandenburg eingesetzt werden«. Deshalb, so sagt uns der Boxer in der bunten Broschüre, »bin ich dabei, jede Woche mit meinem Lottotip!« 86 Millionen Mark, so hat Finanzministerin Wilma Simon errechnet, kamen in den ersten fünf Jahren Westlotto gemeinnützigen Zwecken zugute. Bei 550 Millionen Mark Umsatz sind das nicht einmal 16 Prozent, obwohl Gesetz und Geschäftsbericht eine deutliche Sprache sprechen: »Die an das Land Brandenburg abzuführende Konzessionsabgabe beträgt für die Lotterien und Wetten grundsätzlich 20% der Spieleinsätze ohne Glücksspirale.«[129]

So »grundsätzlich« offenbar auch wieder nicht. Auch 1997 galt in Brandenburg noch eine flexible Kozessionsabgabe, die es dem Unternehmen ermöglichte, die Online-Kosten zu bewältigen und eine Sicherheitsrücklage aufzubauen. Knapp 30 Millionen Mark führte das Unternehmen 1996 ab, etwas mehr als 17 Prozent der Einsätze ohne Bearbeitungsgebühren.

Eine Überprüfung der Ministerien zeigt, daß nicht einmal diese gekürzte Summe für gemeinnützige Zwecke ausgegeben wird: Ganze 22,5 Millionen Mark fanden 1995 ihre

Antragsteller, obwohl die Land Brandenburg Lotto GmbH 28,3 Millionen Mark ans Land überwiesen hatte. Wo ist der Rest gebieben? Das Ministerium für Umwelt, Naturschutz und Raumordnung etwa, das immerhin 15 Prozent der Lottozweckerträge erhält, gab 1995 nur etwas mehr als zwei Millionen Mark aus, im darauffolgenden Jahr rund sieben Millionen Mark. 1,3 Millionen Mark blieben 1995 beim Bildungsministerium liegen, eine halbe Million Mark beim Wirtschaftsminister, 600 000 Mark bei der Sozialministerin. Regine Hildebrandt legte auch im folgenden Jahr fast zwei Millionen Mark in den Sparstrumpf, der Wirtschaftsminister 800 000 Mark. 1996 gaben die Ministerien dafür 1,4 Millionen Mark mehr aus, als die Lotteriezentrale an Zweckerträgen überwiesen hatte. Bleiben rund 4,5 Millionen Mark, die nicht ausgeschüttet wurden. Hoffentlich wurde das Geld wenigstens gut angelegt.

Und wohin gehen die ausgegebenen Mittel? 380 Projekte nennt die Broschüre. Der komplette, detaillierte Bericht bleibt dagegen im Kabinett, wo eine »gegenseitige Kontrolle« stattfinde, wie Helmut Baesecke, Abteilungsleiter im Finanzministerium, versichert. Einzusehen, beschied Baesecke im Herbst 1997 Journalisten, sei das Konvolut nicht. Das sei »regierungsintern«.[130]

Daß die Landesregierung sich nicht von jedem in die Lottokarten schauen läßt, hat seinen Grund. Wer die geheimen Listen zu Gesicht bekommt, entdeckt eine Unzahl von zweifelhaften Zahlungen.

Mehr als 200 Polen aus Slubice überschritten am 24. Juni 1995 die Grenze nach Frankfurt/Oder. Ein deutscher Unternehmer mit anrüchiger Vergangenheit hatte Verteiler für sein Anzeigenblatt *Brandenburger Spitz* gesucht. 100 Mark Tageslohn winkten. Die Staatsanwaltschaft erkannte eine illegale Arbeitsaufnahme und schlug zu: Insgesamt 252 Menschen wurden von Beamten des Bundesgrenzschutzes in eine ausgediente Fabrikhalle gesperrt, elf davon mehr als 24 Stunden. Ein Flugblatt, das an den darauffolgenden Tagen in Slubice kursierte, beschrieb die Aktion so: »Das ganze Gelände war umstellt von Uniformierten mit bellenden Hunden ohne Maulkorb. Von nun an wurden die Polen behandelt wie Gefangene. Es wurde nicht erklärt, was man ihnen vorwirft. [...] Die Szenen, die sich später abspielten, erinnerten an Ereignisse von vor 50 Jahren. Die Räume, in denen die ›Gefangenen‹ festgehalten wurden, hatten keine Frischluftzufuhr. Staub behinderte das Atmen, ebenso die große Hitze, außerdem fehlten Trinkwasser und Essen. Die Menschen mußten sich auf Kartons, den Fußboden oder Holzlatten setzen. Sie wußten nicht, was mit ihren Papieren gemacht wurde, die deutschen Beamten verweigerten jede Auskunft. Es wurden Menschen mit bunten Klebestreifen gekennzeichnet – ein Glück, daß nicht tätowiert wurde. Darüber hinaus wurden nach bekanntem und erprobtem Brauch Kinder von den Erwachsenen getrennt. Die Kinder wurden früher deportiert. [...] Vor der Deportation erhielten die Polen ihre Pässe oder Ausweise zurück, die aber nun einen deutschen Stempel trugen. Absichtlich und aus Gemeinheit wurden die Polen zum Grenzübergang nach Swiecko gebracht, von wo sie etwa sechs Kilometer zu Fuß nach Slubice heimkehren mußten.«

Die Polizeiaktion sorgte für heftigen diplomatischen Ärger. Fast alle Ermittlungsverfahren wegen Schwarzarbeit mußten eingestellt, die Ausweisungsstempel ungültig gemacht werden. Ausländeramt, Arbeitsamt und Staatsanwaltschaft schoben sich die Verantworung für eine überzogene Aktion gegenseitig zu, der Bundesgrenzschutz gründete eine »Arbeitsgruppe Imageverbesserung«. Daß den Polen eine Entschädigung bezahlt würde, hielt Brandenburgs Minister für Justiz- und Europaangelegenheiten, Hans Otto Bräutigam, zunächst für »kaum vorstellbar«. Doch der Besuch des Kanzlers in Polen stand bevor, und die Forderungen der Polen wurden lauter. Also wurden sie auf die Möglichkeit aufmerksam gemacht, eine Haftentschädigung zu beantragen: pro Person 20 Mark. Doch das Verlangen nach Gerechtigkeit stand weiter zwischen Deutschen und Polen. Da schaltete sich Ministerpräsident Manfred Stolpe persönlich ein, um die Situation zu retten. Er griff, so schrieb der Berliner *Tagesspiegel*, in seinen »Notfallfonds« und ließ durch Frankfurts Oberbürgermeister Wolfgang Pohl 300 Mark an jeden der über Nacht Inhaftierten auszahlen, je 150 Mark an die übrigen. »Zur Begrenzung von politischen und menschlichen Schäden« erfolgte diese Zahlung, wie Staatskanzleisprecher Winfried Muder begründet, »unabhängig von überprüfbaren Ansprüchen« sei dies »eine Art moralisches Wiedergutmachungssymbol« gewesen. Die insgesamt 33 750 Mark bezahlte weder der Bundesgrenzschutz noch eine Frankfurter Behörde, ja nicht einmal der Ministerpräsident selbst. Der »Notfallfonds«, aus dem die »Ex-gratia-Zahlung an 214 polnische Bürger wegen vorläufiger Festnahmen und Ausweisungsverfügungen« geleistet wurde, war der Lottotopf des Manfred Stolpe.

Auch andere politische Ziele der Staatsregierung werden manchmal aus dieser nie versiegenden Quelle gespeist. Als 1993/94 in Brandenburg die rechtsradikale Jugendszene anwuchs, hatte der Verfassungsschutz eine Idee: Wie wär's mit einem Aufklärungsprojekt für Heranwachsende? Innenminister Alwin Ziel schob dafür 190 000 Mark über den Tisch. Der Rathenower Verein »Neues Leben« erhielt davon 100 000 Mark. Die »wissenschaftliche Begleitung« übernahm ein Berliner Soziologe, den der Referatsleiter »Verfassungsschutz durch Aufklärung«, Ralph Leidenheimer, »dem Verein ans Herz gelegt« hatte. Mit Fragebögen, in denen er ohne elterliche Zustimmung nach der politischen Einstellung auch zehn- oder elfjähriger Besucher fragte, kam der Soziologe seinem Auftrag nach. »Unter dem Deckmantel der Wissenschaft hat der Verfassungsschutz versucht, jemanden in die Rathenower Jugendszene zu schleusen«, klagte später der Liquidator des in Konkurs gegangenen Vereins. Der Innenminister deckte diesen Modellversuch durch seine Finanzspritze aus dem Lottotopf. Etwas zynisch könnte man sagen, daß das Ministerium durch diese Mittelverwendung »die öffentliche Sicherheit und Ordnung verletzt« hat, was ausschließen muß, wer eine Lotterie betreiben möchte. Denn es ist anzunehmen, daß bei den bespitzelten Kindern das ohnehin angekratzte Vertrauen in diesen Staat nicht gefördert wurde.

Im Fall des Brandenburger Kulturbundes verschwanden 233 862 Mark aus Stolpes »Notfallfonds« in einem riesigen schwarzen Loch. Der Betrag wurde Anfang 1996 »zur Deckung des Fehlbedarfs« überwiesen. Wenige Monate später beantragte der Verein Gesamtvollstreckung, die mangels Masse abgelehnt wurde. In der Rückschau sind sich die Beteiligten einig: Es war absehbar, daß der Kulturbund nicht mehr zu retten war, auch wenn nach der Lottogabe noch einmal Hoffnung keimte. Einem der Liquidatoren, Frank Gregor, standen die Haare zu Berge, als er den Verein untersuchte. Er sieht die Geschichte so: Nach fünf Jahren hatte am 30. September 1995 der Geschäftsführer gekündigt. Die Bilanz von Roberto Heß schien sauber. »Vor seinem Ausscheiden aus dem Kulturbund verbürgt sich Herr Heß mit seiner Unterschrift für eine ausgeglichene Finanzsituation, für die ihm bekannten Verbindlichkeiten und Forderungen«, erklärte der Vorstand später. Gregor: »Herrn Heß gelang es immer, neues Geld ranzuholen, um die alten Löcher zu stopfen.« Er sei ein »Alleinherrscher« gewesen. Jetzt mußte sein Nachfolger, Alexander Popitz, allen Mitarbeitern kündigen, der Kulturbetrieb ruhte.

»Gravierende Finanzierungslücken« stellte Popitz bei seinem Antritt als Geschäftsführer fest. Handwerkerrechnungen vom Umbau des Hauses direkt an der Havel waren nicht bezahlt. Seit einem Jahr war nicht einmal die Miete an die Stadt (Popitz nennt den Vertrag »sittenwidrig«, weil die Stadt Gewerbemieten verlangte, Instandhaltung und -setzung aber dem Mieter auferlegt hatte) überwiesen worden. Zum Jahresende stellte sich heraus, daß 375 000 Mark Minus aufgelaufen waren. Zu allem Überfluß war auch noch das Rechnungsprüfungsamt gerade im Haus und überprüfte die Verwendungsnachweise der Jahre 1992 und 1993. Daß hier Rückforderungen anstanden, »zeichnete sich ab«. Der Vorstand, der den Geschäftsführer kontrollieren sollte, merkte von all dem nichts. Popitz resümiert: »Schlamperei kann unglaubliche Verheerungen anrichten.«

Händeringend suchte Popitz nach Geldquellen. Dann kam »eine Mitarbeiterin des Ministerpräsidenten«, so Popitz, auf die Idee, »Lottomittel« zu beantragen. »Ich hätte nicht gedacht, daß wir die kriegen«, blickt Popitz zurück. Doch er kriegte sie. 233 862 Mark. In den *Heimatkundlichen Blättern* freute sich Popitz noch über diese »beispiellose und unbürokratische Entscheidung«, da brach schon neues Unheil über den Verein herein. Weil der Verein jetzt »reich« war, kürzte die Stadt die Zuschüsse um mehr als die Hälfte und war auch nicht mehr bereit, über einen neuen Mietvertrag zu sprechen. Die Mitglieder wollten trotz der Finanzsituation weiterarbeiten, Popitz kündigte.

Zum Abschluß ihrer Untersuchungen stellten die Rechnungsprüfer Anfang 1997 fest, daß Fördermittel für die Sanierung des Kulturhauses direkt an der Havel (Fontane-Club) nicht korrekt verwendet wurden. Außerdem hatte Heß erhebliche Mittel verschwendet. So war ein Koch für die Gaststätte eingestellt worden, die noch längst nicht fertig umgebaut war. Nach 16 Monaten – der Umbau war noch immer nicht erledigt – wurde das Angestelltenverhältnis beendet.

Mehr als 280 000 Mark, empfahlen die Prüfer, solle das Ministerium zurückfordern – »aufgrund der Nichteinhaltung der Regelungen der AnBest-P zu § 44 LHO VV sowie der eklatanten Verletzung der Grundsätze der Sparsamkeit und Wirtschaftlichkeit«.

Kultusminister Steffen Reiche müßte dafür schon einem Nackten in die Tasche greifen. Er wird seine Steuergelder ebenso abschreiben müssen wie die Lottospieler ihren Glauben an Einsätze für einen guten Zweck. Versagt, meint Alexander Popitz, habe nicht nur die Vereinsführung. »Das Hauptversagen liegt bei den Verwaltungen in der Kommune und beim Land.« Das schwarze Loch, in das der Ministerpräsident auch noch seine Lottomittel warf, wäre bei ordentlicher Prüfung frühzeitig zu erkennen gewesen. Wenn man schon Aufgaben des Staates im Rahmen der Subsidiarität an freie Träger auslagere, dann müsse wenigstens eine wirksame Kontrolle der Mittelverwendung stattfinden.

Die Rechnungsprüfer schlugen statt dessen 1997 der Nachfolgerin des Brandenburger Kulturbundes vor, »gegen den ehemaligen Geschäftsführer rechtliche Schritte einzuleiten«. Doch dort weiß man nicht einmal, wo Heß sich aufhält.[131]

Wirtschaftsförderung II:
»Grundsätzlich Haushaltsmittel nicht ersetzen«

Paragraph 4 des brandenburgischen Lotteriegesetzes legt eindeutig fest, daß eine Erlaubnis für eine Lotterie nur dann ausgesprochen werden darf, wenn »keine wirtschaftlichen Zwecke verfolgt« werden und der Ertrag »ausschließlich und unmittelbar der Förderung gemeinnütziger, mildtätiger oder kirchlicher Zwecke dient«. Das Gesetz, nicht ohne Absicht reichlich mit Begriffen aus dem steuerlichen Gemeinnützigkeitsrecht versehen, stammt aus dem Jahr 1994. Die Erträge der Lotterie werden in Brandenburg unter den Ministerien verteilt, die sie dann zweckgebunden an berechtigte Antragsteller weiterleiten. 1991 und 1993 hatte sich das Kabinett darauf geeinigt, die Lottomittel auch für »sonstige im besonderen öffentlichen Interesse liegende Zwecke« zur Verfügung zu stellen. Mit Verabschiedung des Gesetzes ist diese Vereinbarung obsolet geworden. Das Innenministerium bestätigt ausdrücklich, daß sich der Gesetzgeber »im wesentlichen an den in der Abgabenordnung (§§ 52–58) verwendeten steuerrechtlichen Diktionen« orientiert habe. Danach sei gemeinnützig, »wer die Allgemeinheit auf materiellem, geistigem oder sittlichem Gebiet selbstlos (uneigennützig) fördert«. Das Ministerium nannte »Sport, Jugend- und Altenhilfe, Umwelt-, Landschafts- und Denkmalschutz, Bildung und Erziehung, Kunst und Kultur«. Wirtschaftsförderung taucht in der Liste – wie auch in der Abgabenordnung – nicht als förderungswürdig auf.[132]

Das Verbot der Förderung wirtschaftlicher Interessen aus Lottomitteln mißachten die Ministerinnen und Minister in Potsdam permanent. Sie begründen dies damit, daß eine solche Arbeitsplätze sichere oder schaffe und damit ein gemeinnütziger Zweck vorliege. Das ist Humbug und widerspricht der Gesetzeslage. Welche Blüten aber diese versteckte Wirtschaftsförderung aus Lottomitteln treibt, sollen die folgenden Beispiele zeigen.

Als sich im Jahr 1990 die Bezirksverwaltungen von Potsdam, Cottbus und Frankfurt/Oder zusammentaten, um die Wirtschaftsförderung Brandenburg GmbH zu gründen, hatten sie große Ziele. Die Gesellschaft sollte »umfassende Beratung und Betreuung sowohl anzusiedelnder als auch ansässiger Unternehmen in Brandenburg« bieten. Dies sollte geschehen insbesondere durch Werbung und Informationen über Standortgegebenheiten und Wirtschaftsförderungsmaßnahmen des Landes, die »Anwerbung geeigneter auswärtiger Unternehmen«, »umfassende investitionsbegleitende Beratung und Betreuung« und die »Beratung und Betreuung bei der Beschaffung von Grundstücken«. Zu beachten hatte die Gesellschaft lediglich: »Diese Aufgaben werden entsprechend den Leitlinien der Wirtschaftspolitik des Landes Brandenburg wahrgenommen.«

Die Gesellschafteranteile haben sich 1991 »in der Hand des Landes Brandenburg vereinigt«. Die Geschäftsführung übernahm Burkhard Dreher, Diplomvolkswirt aus Dortmund. Vorsitzender des Aufsichtsrats ist der jeweilige Wirtschaftsminister, neben ihm beaufsichtigen Wirtschaftsvertreter, etwa der Hauptgeschäftsführer der Vereinigung der Unternehmerverbände Berlin/Brandenburg e.V., Hartmann Kleiner, die Gesellschaft. Als Dreher ein Jahr später Oberstadtdirektor von Bochum wurde, schied er aus der Geschäftsführung aus, übernahm aber 1996 als Brandenburgs Wirtschaftsminister den Vorsitz des Aufsichtsrats, in dem auch Vertreter der Industrie- und Handelskammern sowie der Handwerkskammern saßen. 1997 übernahmen diese einen Teil der Geschäftsanteile, die aber zu drei Vierteln weiter in der Hand des Landes blieben. Heute wirbt das Ministerium im Internet für seine Investoren-GmbH. »Wenn Sie in Brandenburg investieren wollen oder Geschäftskontakte suchen, ist Ihre erste Anlaufstelle immer die: Wirtschaftsförderung Brandenburg GmbH (WFB).« Es folgen die Namen der Geschäftsführer, Adresse, Telefon- und Faxnummer. Der Auftrag der WFB sei es, faßt Drehers Pressesprecher Kenneth Frisse zusammen, für potentielle Investoren »ein günstiges Investitionsklima zu schaffen«. Die Gesellschaft versuchte dies beispielsweise 1995, als sie die 4. Investorenkonferenz ausrichtete. Dafür bekam die

Gesellschaft 80 000 Mark an Lottomitteln aus dem Wirtschaftsministerium ihres ehemaligen Geschäftsführers und aktuellen Aufsichtsratsvorsitzenden Burkhard Dreher. Im selben Jahr überwies das Ministerium der GmbH noch 14 564 Mark zur »Förderung einer Jagdveranstaltung zwecks Beteiligung bei Akquisition von Investoren«. Konkret sei es dabei um Verhandlungen mit einem französischen Investor gegangen. Bei einer Abendveranstaltung, die auch »eine Jagdkomponente« gehabt habe, so Frisse, hätten »hochrangige Politiker« mit den Firmenchefs gesprochen. Auch die Dolmetscher seien mit dem Geld bezahlt worden. Frisse verteidigt die Ausgabe: »Andere Länder leisten sich da viel mehr.«[133]

Das mag sein. Aber nicht aus Lottomitteln. Daran ändert auch nichts, daß 1991, als Dreher bei der Wirtschaftsförderung Brandenburg wirkte, der Gesellschaftszweck um den üblichen Zusatz erweitert wurde: »Die Gesellschaft verfolgt ausschließlich und unmittelbar gemeinnützige Zwecke. Die Gesellschaft ist selbstlos tätig, sie verfolgt nicht in erster Linie eigenwirtschaftliche Zwecke.« Lottokompatibel ist die Gesellschaft damit noch lange nicht. Burkhard Dreher sagt es in der Broschüre »Bilanz der guten Taten« selbst: Es gehe darum, 800 kleinen und mittleren Unternehmen mit 2500 Beschäftigten auf die Beine zu helfen, »die im weitesten Sinne technologische Anwendungsfelder erforschen und entwickeln«. Sie kämpften ums Überleben und täten sich in überregionalen Märkten noch schwer, weil ihnen die Erfahrung in der Zusammenarbeit mit internationalen Partnern noch fehle. Durch Lottomittel finanzierte Maßnahmen wie die Technologiekonferenzen sollen die »Leistungsfähigkeit dieser Unternehmen stärken« und »kleinen und mittleren Unternehmen innerhalb der nächsten Jahre Wettbewerbsvorteile auf internationalen Wachstumsmärkten verschaffen«. Ein lobenswertes Streben – solange Burkhard Dreher zur Finanzierung seinen Ministeriumshaushalt bemüht.

An der Technologie- und Innovationsagentur GmbH (T.IN.A.) ist die Wirtschaftsförderung Brandenburg GmbH ebenfalls beteiligt, wie auch die Industrie- und Handelskammern und die Handwerkskammern der drei Bezirke Potsdam, Cottbus und Frankfurt/Oder. Ihr Geschäftsführer, Klaus-Peter Schulze, hatte bei der Gründung die »geschäftsmäßige« Adresse: Potsdam, Heinrich-Mann-Allee 107. Dies ist (auch) der Sitz des Wirtschaftsministeriums. Er konnte damals wohl noch nicht ahnen, daß der Wirtschaftsminister bald Burkhard Dreher heißen würde. Seine Liste der Teilnehmer der Aufsichtsratssitzung vom 6. Juni 1994 verzeichnete Klaus (!) Dreher, Oberstadtdirektor der Stadt Bochum. Zuvor, als Stadtdirektor der Stadt Dortmund, war Dreher – richtiger Vorname: Burkhard – mit drei Fünfteln der Arbeitszeit in die Staatskanzlei des Landes Brandenburg abkommandiert, um den Potsdamern als Geschäftsführer der Wirtschaftsförderungsgesellschaft des Landes Brandenburg – so sein Lebenslauf auf der Internetseite seines Ministeriums – beim Aufbau Ost zu helfen. Trotz der Wahl zum Oberstadtdirektor Bochums hielt Dreher Kontakt zum Land Brandenburg und saß im Aufsichtsrat der T.IN.A.

Als Minister kehrte er am 11. Oktober 1994 zurück. Professor Schulze hat er den falschen Namen offenbar verziehen. Knapp 300 000 Mark ließ sich Burkhard Dreher die Vorbereitung und Durchführung der 3. Technologiekonferenz Brandenburg am 4. und 5. Dezember 1995 in Potsdam kosten, weitere 50 000 Mark bekam die T.IN.A. im darauffolgenden Jahr für eine nicht näher bestimmte »Forschungs-, Innovations- und Technologieveranstaltungsreihe« – alles aus Lottomitteln.

Nichts gegen die Gesellschaft an sich: Die T.IN.A soll bis zum Jahr 2004 die Technologiekonzeption der Landesregierung umsetzen helfen und die Vernetzung kleinerer und mittlerer Unternehmen mit der Wissenschaft stärken, um sie – unvermeidlich dieser Zusatz zu einer Pressemitteilung des Ministeriums – »für den internationalen Wettbewerb fit zu machen«.[134] Kenneth Frisse sagt: »Die T.IN.A ist unser Dienstleister für unsere Technologie- und Innovationspolitik.« Sie werde aus Haushaltsmitteln des Bundes und des Landes finanziert. Und aus Lottomitteln, wäre zu ergänzen. Andere Länder finanzieren diese Agenturen korrekt aus Haushaltsmitteln. Burkhard Dreher hält es anders und kündigte jetzt die Gründung einer Technologiestiftung Brandenburg an. Mal sehen, woher das Kapital kommen wird!

Als sich am 10. und 11. September 1997 die Uckermark im brandenburgischen EU-Verbindungsbüro zu Brüssel als Wirtschaftsstandort präsentierte, reisten Vertreter der Kreisverwaltung, der Wirtschaft, des Handwerks und der Landwirtschaft, Bürgermeister und Amtsdirektoren nach Belgien. »Charly's Treff«, ein Partyservice aus Schwedt-Heinersdorf, sorgte dafür, daß die geschätzten Interessenten uckermärkische Spezialitäten kennenlernten, die Uckermärkischen Bühnen Schwedt gaben ihre über die Grenzen der Uckermark hinaus bekannte Show mit Hits aus den achtziger Jahren. »Ziel war es«, erläutert die Sprecherin von Landrat Joachim Benthin, »die Region bekannt zu machen. Wir haben ja große Probleme in wirtschaftlicher Hinsicht.« Wem sich die Uckermark bekannt machen wollte? »Na, der EU-Kommission wegen der Fördermittel und den Beamten und Politikern in der EU.« Schirmherr – auch das verdeutlicht den Sinn der Übung – war Wirtschaftsminister Burkhard Dreher. Mit ihm eilte auch der damalige Umweltminister Matthias Platzeck nach Brüssel, zum Wohl der uckermärkischen Wirtschaft. Zu den Gesamtkosten steuerte der Minister 30 000 Mark bei, aus Lottomitteln.[135]

Wenn Lotteriemittel auf diese Weise zweckentfremdet oder gar direkt an Wirtschaftsunternehmen vergeben werden, dann dient das Spiel, aus dem die Fördermittel stammen, wirtschaftlichen Zwecken. In Brandenburg ist die Regierung offenbar der Meinung, sich durch windelweiche Formulierungen über die Gesetze hinwegsetzen zu können: Nicht nur Henry Maske erwähnt in der »Bilanz der guten Sache« die »Wirtschaftsentwicklung« als ein Gebiet, auf dem Lotterieerträge helfen. Auch Finanzministerin Wilma Simon erweitert im selben Heft die Gruppe der Destinatäre, indem sie sich offensichtlich auf die veralteten Beschlüsse der Landesregierung aus den Jahren 1991 und 1993 beruft. Sie erklärt dort, die Lottomittel dürften »für soziale, kulturelle, sportliche und sonstige im öffentlichen Interesse liegenden Zwecke verwendet werden«. Offenbar hat, auch nach Verabschiedung des Gesetzes über die Lotterien und Ausspielungen im Land Brandenburg, jedes Ministerium seine eigenen Vorstellungen, wie die Einsätze der Toto- und Lottospieler zu verwenden sind. Parlamentsbeschlüsse scheinen da nicht viel zu zählen.

Wenn die Kassen knapp sind, die Umsätze beim Lotto aber und mit ihnen die Erträge steigen, dann ist die Verlockung für Politiker offenbar groß, sich letztere für ihre Zwecke anzueignen. Sein soll und darf das freilich nicht: »Schließlich sollen Lottomittel grundsätzlich Haushaltsmittel nicht ersetzen«, bemerkte die Landesregierung ausdrücklich noch einmal auf eine Kleine Anfrage des Abgeordneten Thomas Lunacek (CDU) hin.

»Entlastung für den Landeshaushalt«

In der Lotteriebroschüre freuen sich die beiden Ministerialräte im Justizministerium, Dieter Temming und Karl-Heinz

Michalczik, über eine halbe Million Lottomark für das Projekt »Jugendhilfeeinrichtung Frostenwalde«. Das dürfen sie auch, denn mit dem Geld soll straffällig gewordenen Jugendlichen der Weg zurück in die Gesellschaft erleichtert werden. Doch warum freuen sich Ministerialbeamte? »Weil wir dem Heim die Lottomittel von 500 000 Mark gewähren konnten. Wir haben diese Mittel als Entlastung für den Landeshaushalt dankbar entgegengenommen.« Ein ehrliches Wort. Der Überschuß aus den Lotterieeinsätzen als Ersatz für Haushaltsmittel!

Auch Bildungsministerin Angelika Peter hatte sicher das beste im Sinn, als sie klammen ländlichen Gemeinden Zuschüsse für kleine Kindertagesstätten genehmigte oder verschiedenen Jugendämtern mehr als eine halbe Million Mark zur »Schaffung von zusätzlichen Pflegestellen«. Daß in Niedergörsdorf der »Schulunterricht unter Einbeziehung von Aussiedlerkindern« nur gesichert werden kann, wenn Lottomittel fließen, ist für dieses Land ein Armutszeugnis. Die regionale Arbeitsstelle für Ausländerfragen in Potsdam muß wie viele gleichartige Vereine jedes Jahr um einen neuen Lottozuschuß zur Bezahlung ihrer Mitarbeiter buhlen, um nicht schließen zu müssen. Wenn auch mehr als zweifelhaft ist, ob diese Maßnahmen aus dem Lottotopf finanziert werden sollen, so sind sie wenigstens gut gemeint. Daß die Ministerin sich aber nicht scheut, die Kosten für den Empfang der Teilnehmer der Olympia- und Paralympicsteilnehmer auf diese Weise aus ihrem Haushalt zu schieben, empört. 8873 Lottomark gingen für ein werbewirksames Pressefoto mit der Ministerin verloren.

Weil er eine »Schaubäckerei« auf dem Hof seines Bruders mit Fördermitteln aus seinem Ministerium unterstützt hatte und weil die Medien darüber mit langem Atem berichteten, trat der brandenburgische Landwirtschaftsminister Edwin Zimmermann (SPD) am 14. November 1997 zurück. In dieser »Brötchenaffäre« ging es um eine halbe Million Mark, die das Ministerium zurückfordern wollte. Natürlich hatte Zimmermann auch einen Fördertopf zur Verfügung, den die Lotterie speiste. Daß der Ex-Landwirtschaftsminister nicht nur ein Herz für Bäcker, sondern auch eines für Bauern hat, zeichnete ihn aus als den richtigen Mann am richtigen Platz. Dennoch hätte er dem Antrag der Eigentümer der Schmachtenhagener Agra GmbH, Rechtsnachfolgerin der früheren LPG, nicht stattgeben dürfen, als sie um Unterstützung für den Kauf eines Ochsengrills baten. 50 000 Mark machte der Minister locker, damit der Schmachtenhagener Bauernmarkt attraktiver wird. Der Ochsengrill, so erläutert die Angestellte Kaddatz, sei ein Experiment. Statt das Fleisch »zu Dumpingpreisen an ein Schlachthaus zu liefern, veredeln wir das Produkt«. Und erzielen höhere Einkünfte. »Das Prinzip der Direktvermarktung könnte die deutschen Bauern retten«, hofft Kaddatz. Schön, daß das Ministerium seinen Aufgaben nachkommt. In die Lottokasse hätten die großzügigen Spender dafür allerdings nicht greifen dürfen. Vielleicht ist das den Entscheidungsträgern sogar bewußt. Denn aus dem Zuwendungsbescheid geht die Herkunft der Mittel nicht hervor. Und so wußten die Schmachtenhagener Bauern gar nicht, daß sie ihr Glück den Lotterien verdanken.

Auch in Glindow, südwestlich von Berlin, wurde eine LPG aufgelöst. Für den Obstanbau drückte seit 1936 eine Pumpe das Wasser vom Glindower See hoch zur Glindower Platte. Die Pumpe erhielt auf der Weltausstellung 1936 sogar einen Preis. Aber die hohen Energiekosten führten dazu, daß kein Betreiber den Obstanbau fortsetzen wollte. So gründeten die Glindower einen Verein, den Brauchwasserverein Glindow, »um blühende Landschaften zu erhalten«, wie Bürgermeister Hermann Bobka schmunzelnd erklärt. Der Vorstand des Vereins bewirtschaftet selbst rund hundert Hektar Land, wie viele andere »Kleingärtner«, so Bobka. Das Geld für den Betrieb der Pumpe holten sie bei Minister Zimmermann, genauer: aus dessen Lottotopf. 425 000 Mark waren es 1995 zur »betrieblichen Existenzsicherung«.

Auch das landeseigene Haupt- und Landgestüt Neustadt/Dosse, das zum »Mekka für den Pferdesport in Ostdeutschland« werden soll, muß aus Steuermitteln gefördert werden. Der Landkreis Ostprignitz-Ruppin gilt als strukturschwache Region, der Tourismus soll's richten. Das Gestüt spielt in dieser Konzeption eine große Rolle. Vier Millionen Mark Steuergelder jährlich fließen ins Gestüt. Doch auch der Reit- und Fahrverein, der auf dem Gestüt sitzt (der Vereinsvorsitzende Günter Zahn arbeitet gleichzeitig auf dem Gestüt), braucht Geld, um das Fahrderby und den Bundesländer-Mannschaftskampf im Springreiten austragen zu können. Zimmermann schoß »zur Förderung der Vereinsarbeit« Hunderttausende aus Lottomitteln zu: 1995 bekamen die Neustädter mehr als 150 000 Mark, 1996 sogar genau 212 006,79 Mark – bei weitem die höchste in diesem Jahr vom Landwirtschaftsministerium vergebene Summe. Nicht nur als Landwirtschaftsminister kümmerte sich Zimmermann um den Verein, sondern er ist auch Vorsitzender der Freunde und Förderer des Haupt- und Landgestüts Neustadt/Dosse e. V. und damit auch dem Reitverein verpflichtet. Wohl dem Verein, der Förderer mit solchen Zugriffsmöglichkeiten hat!

7. Die Destinatäre
Der Sport

Alle Bundesländer geben vor, aus den Lotterieerträgen gemeinnützige Zwecke zu fördern. Drei Gruppen sind damit überwiegend gemeint: der Sport, die Wohlfahrt und die Kultur. Das war nicht immer so. Nach dem Krieg reklamierten die Sportverbände die Lottomittel für sich. Dies begründete sich damit, daß die Wetten Sportwetten waren: Toto, später die Auswahlwette und das Rennquintett. Doch heute ist die Situation eine andere: Inzwischen macht die Wette 6 aus 49, die nichts mit dem Sport zu tun hat, mehr als dreißigmal soviel Umsatz wie Auswahl- und Ergebniswette. Bundesweit ist sogar beim Toto trotz einer Erhöhung des Spieleinsatzes von 1,00 auf 1,25 Mark der Umsatz rückläufig, 1996 um fast sieben Prozent. Auch das Rennquintett ist ein Zuschußbetrieb, nur Nordrhein-Westfalen, Hamburg, Bayern, Hessen und Rheinland-Pfalz bieten diese Wette überhaupt noch an.

Dennoch fließt bis heute in allen Bundesländern ein immenser Anteil der Lottomittel in den Sport. In Baden-Württemberg etwa stehen 44 Prozent aus dem Wettmittelfonds für den Sport und seine Organisationen zur Verfügung. Aus Toto-Lotto-Mitteln werden einmalige Investitionen, zum Beispiel der Bau von Sport- und Trainingsstätten, ebenso gefördert wie auch regelmäßig anfallende Kosten für Übungsleiter und Lehrgänge übernommen. Rheinland-

Pfalz verteilt über den Haushalt fast die Hälfte der Lottomittel an Sportzwecke – 67 von 147 Millionen Mark 1996.

Weil aber nicht nur Sportler Lottozahlen tippen, sondern ebenfalls Angehörige von Umweltverbänden, sozial engagierte oder hilfsbedürftige Menschen und nicht zuletzt solche aus dem Bereich der Kultur, erheben auch diese Gruppen ihre Stimmen lauter. Sie wollen angemessen teilhaben am Lottosegen. Insofern haben in anderen Bundesländern diese gesellschaftlichen Gruppen zu Recht Ansprüche auf diese Mittel erhoben – und durchgesetzt.

Nicht so im Saarland, jedenfalls nicht mit durchschlagendem Erfolg. In Saarbrücken ist am deutlichsten zu sehen, wie der Sport »seine« Millionen zu verteidigen versteht.

Fallbeispiel 7:
Saarland – Milchkühe, Nilpferde, Elefanten und Kolibris

Irgendwann 1955 war es, als Hermann Neuberger seine Sportlerheerscharen hinter sich sammelte. Drei Jahre lang hatte das saarländische Kultusministerium den Sportlern zustehende Lotteriegelder nicht ausgezahlt. Jetzt war es an der Zeit, etwas zu unternehmen. Anläßlich einer Rede vor der Versammlung des saarländischen Fußballverbandes forderte Neuberger die Delegierten auf, die Sportwette zu boykottieren, falls sich nichts ändere. Seither fließen die saarländischen Lotteriemillionen überwiegend in den Sport, bis heute. Die Saarland-Sporttoto GmbH gehört zu drei Siebteln dem Landessportverband für das Saarland (LSVS). Zweiter Gesellschafter ist das Land, das die übrigen vier Siebtel der Einlagen beibrachte. In einer Selbstdarstellung im Internet erläutert LSVS-Präsident Albert Wagner: »Zu den Aufgaben des LSVS zählen insbesondere die Verteilung des dem LSVS zufließenden Achtels der

Wetteinsätze der Saarland-Sporttoto GmbH im Rahmen der Richtlinien von Sporttotomitteln zur Förderung des Sports im Saarland […]« Mehr als 20 Millionen Mark jährlich erhält der Landessportverband von Saartoto, das sogenannte Sportachtel. Das ist im saarländischen Lotteriegesetz so festgelegt. 1996 bekam der Sport aus den Lotterieüberschüssen sogar 22 Millionen Mark, die den LSVS und seine angeschlossenen Verbände finanzieren, also Verwaltungskosten, Lehrgänge, Personal, Fahrtkosten und Anschaffung von Geräten. Rund 3,5 Millionen Mark erhält eine Planungskommission, die über Zuwendungen für den Sportstättenbau entscheidet. Sieben von 14 Mitgliedern dieses Gremiums gehören dem Landessportverband an, außerdem sind darunter drei Landtagsabgeordnete und vier Vertreter von Ministerien (früher war dieses Verhältnis umgekehrt). Bleiben die Umsätze gleich, bekommt auch der Sport immer gleichbleibend hohe Anteile aus dem Lottotopf.

Gut für den Sport, daß dieses Gesetz Sportwettengesetz heißt und nicht Kultur- oder Sozialwettengesetz und auch niemals in 45 Jahren an aktuellere Entwicklungen angepaßt wurde. Es bestimmt, daß die Mittel »vorwiegend für Sportanlagen zu verwenden« seien, »die den sportlichen Belangen der Bevölkerung zu dienen und insbesondere zur sportlichen Ertüchtigung und Gesundung der Jugend beizutragen« haben. Die Bevorzugung des Sports ist offenbar politisch so gewollt, und solange andere gesellschaftliche Gruppen nicht dagegen aufbegehren, ist dagegen auch nichts einzuwenden.

Für Kultur, Wohlfahrt und soziale Einrichtungen bleibt im Saarland um so weniger, je schlechter die Saarland-Sporttoto GmbH (Saartoto) wirtschaftet. Denn nach Abzug des Sportachtels bedient sich immer zuerst Saartoto: Sie zieht zuerst ihre Unkosten ab, außerdem überweist sie die Steuern, und über die Verwendung der dann »verbleibenden Überschüsse entscheidet die Saarland-Sporttoto-Gesellschaft mit Genehmigung der Aufsichtsbehörde«. Genauer: Dem Aufsichtsrat werden die Überschüsse anvertraut, über deren Verwendung dieser – unter Berücksichtigung einiger verbindlich vorgegebener Festbeträge und Quoten – entscheidet. Was dann noch bleibt, darf der Aufsichtsrat nach Gutdünken verteilen.

Vorsitzender im Lotto-Aufsichtsrat ist Innenminister Friedel Läpple (SPD), neben ihm sitzen ausschließlich Vertreter des Sports und der Ministerien. Den Landessportverband vertrat bis 1996 der frühere Staatssekretär in der Staatskanzlei, Kurt Bohr, der inzwischen Vizepräsident des LSVS ist. Außerdem ist er Präsident des Saarländischen Turnerbundes sowie Vorstandsmitglied der Stiftung Saarländischer Kulturbesitz, die inzwischen ebenfalls eine Millionenzuwendung von Saartoto erhält. Für Bohr, der seit dem 18. März 1996 alleiniger Geschäftsführer bei Saartoto ist, sitzt heute Albert Wagner im Aufsichtsrat. Er ist Mitglied der CDU und Präsident des Landessportverbandes. Ein Ringtausch – zuvor war Wagner mehr als zehn Jahre lang Saartoto-Direktor. Mit ihm »regierte« in der Saaruferstraße 17 Alfred Holzwarth (SPD), der bis Dezember 1996 auch Chef der Spielbank war. Von Holzwarth ist der Spruch überliefert: »Der Oskar [Lafontaine] hat die Macht, aber der Alfred hat das Geld.« Nach Abzug des Sportachtels durfte der Aufsichtsrat 1996 noch ganze acht Millionen Mark verteilen, davon gingen allein drei Millionen Mark an die politikdominierte Stiftung Saarländischer Kulturbesitz. Warum nun auch die Stiftung einen festen Betrag zugewiesen bekommt, ist im Geschäftsbericht erläutert: »Aufgrund einer Vereinbarung mit dem Ministerium für Wirtschaft und Finanzen [...] sind auf unbestimmte Zeit jährlich 3 Mio. DM aus den Überschüssen an die Stiftung Saarländischer Kulturbesitz abzuführen.« Quasi-öffentliche Mittel wurden im Saarland also an jeglichen parlamentarischen Kontrollinstanzen vorbei nach Gutdünken verschoben.

Insbesondere die für Finanzen und Kultur zuständigen Minister haben davon profitiert: Erstens brauchen sie sich um diese drei Millionen Mark künftig keine Sorgen mehr zu machen, müssen sie vor allem nicht aus den ohnehin maroden Kassen des Landes herbeizaubern; und zweitens haben sich die beiden Minister faktisch selbst Geld zugebuttert. Das Kuratorium führen nämlich die jeweiligen Minister für Kultus, Bildung und Sport sowie für Finanzen an, Henner Wittling und Christiane Krajewski.[136] Fünf bis acht weitere Mitglieder stehen ihnen zur Seite – berufen von der Landesregierung. Kultusminister Wittling saß zuvor als Wirtschafts- und Finanzstaatssekretär bereits im Aufsichtsrat der Saartoto. Damit ist die Kulturstiftung fest in Politikerhand, denn das Kuratorium »beschließt über alle Angelegenheiten der Stiftung«. Das Kuratorium »kann Richtlinien für die Leistung der Stiftungsverwaltung beschließen« sowie »dem Vorstand im Einzelfall Weisungen erteilen«.

Auf den ersten genauen Blick ist zu erkennen, daß sich bei Saartoto, Sport und Kulturstiftung eine Gruppe von Honoratioren allen Einfluß gesichert hat. Akribisch achtet dieser – fast ausschließliche – Männerbund darauf, möglichst keine Informationen über seine Machenschaften nach außen dringen zu lassen und so die Lottomillionen weitgehend untereinander verteilen zu können. Selbst die Opposition läßt die Regierung mit ihren arroganten und wenig hilfreichen, dafür informationsarmen Antworten im Landtag abblitzen.

»Wie ist die Höhe der Gehälter in Relation zum Umsatzvolumen im Vergleich zu anderen Sporttoto-Gesellschaften in Deutschland zu sehen?«, wollte der CDU-Abgeordnete

Alfons Vogtel 1994 wissen. Wenn man die Frage so verstehen möchte, wie sie gemeint war, ist dies eine durchaus berechtigte und darüber hinaus begründete Frage. Die Landesregierung antwortete dagegen: »Die Höhe der Gehälter bemißt sich genausowenig am Umsatzvolumen wie die Diäten des Fragestellers am Landeshaushalt.« Das Eingeständnis, daß die Saartoto im Vergleich zu anderen Lottogesellschaften relativ zum Umsatz ein Mehrfaches für die Gehälter aufwendet, wurde damit vermieden. Auf ähnliche Weise prallen alle Fragen zum Geschäftsgebaren der Saartoto an der Gesellschaft, der Landesregierung sowie dem Innenministerium als Aufsichtsbehörde ab.

1993 wurden die Amateurmusikvereine Opfer dieser Praxis. Statt der erwarteten 1,5 Millionen Mark konnte ihnen das Kultusministerium nur etwas mehr als die Hälfte geben. Man könne lediglich verteilen, hieß es, was zum Verteilen angewiesen werde. Angewiesen hatte die Saartoto offenbar weniger als in den Jahren zuvor, obwohl der Umsatz um sechs Prozent gestiegen war. Sängerbundchef Josef Petry wollte deshalb die Unterlagen der Gesellschaft einsehen, um festzustellen, wo das ganze Geld geblieben ist. Das Unternehmen könne doch nicht einfach Zuschüsse zusammenstreichen, mit denen öffentlich disponiert werde, ereiferte sich Petry. Doch die Geschäftsberichte, jedenfalls die detaillierteren, blieben auch für ihn Verschlußsache.

Die Volkskulturverbände, vertreten durch Josef Petry, im Hauptberuf Rechtsanwalt, drohten mit einer Verfassungsklage. Schließlich sei die Kultur »nicht nur die Angelegenheit einer privilegierten Oberschicht«, hieß es mit Blick auf die drei Millionen Mark, die jährlich an die Kulturstiftung gingen. »Der Ursprung echter Kultur wird von der Gesamtheit des Volkes getragen, denn jede Kultur hat darin ihre Wurzeln.« Die Vergabepraxis, die Petry und die Mitkläger auch aufgrund der im Saarland praktizierten Form für verfassungswidrig hielten, sollte geändert werden. Denn: »Die zur Verfügung stehenden beträchtlichen Mittel werden im Rahmen eines GmbH-Gesetzes durch die Saarland-Sporttoto GmbH verteilt, ohne daß der Hoheitsträger den Vorbehalt des Gesetzes zu beachten braucht.« Petry und seine Freunde meinten, Paragraph 5 Absatz 2 des Lotteriegesetzes betreffe lediglich Sportwetten, diese machten aber inzwischen weniger als zehn Prozent des Gesamtumsatzes aus. Durch einen einfachen Verwaltungsakt sei die Regelung, die das Sportachtel festschreibt, auf alle Wettarten erweitert worden. Der Gesetzgeber hätte hier, so die Beschwerde, »seinen Gestaltungsspielraum [...] ausüben sollen«. Statt dessen sei das Lotterierecht »am Parlament vorbei erweitert« worden. In der Tat genehmigte der »Hämmererlaß« – am 25. September 1956 von einem Regierungsrat namens Hämmer unterschrieben – die Einführung des Zahlenlottos, ohne die Verteilung der Mittel neu zu ordnen.

Die Verfassungsklage nahmen die Sänger, Zupfer, Akkordeonspieler, Volkstänzer, Trachtenträger und Karnevalsjecken bald zurück. Sie ließen sich von einem schlagenden Argument überzeugen: Müßten die Lotteriemittel über den Landeshaushalt verteilt werden, müßten sie bei den Berechnungen im Zusammenhang mit dem Länderfinanzausgleich berücksichtigt werden. Da das Saarland Empfängerland ist, würde dies zu Kürzungen führen. Offenbar sahen alle ein, daß dem Saarland mit einer demokratischen Lösung der leidigen Veteilungsfrage beim Lotto nicht gedient wäre, und ließen es im Prinzip weiter so laufen: Die Regierung, die Opposition, die Kulturverbände – alle standen zusammen. Zumal den Kulturschaffenden eine günstigere Regelung versprochen worden war.

Als die Mittel wegen mangelnder Überschüsse erneut gekürzt wurden, machte sich Petry zum Jahresende 1995 Luft: »Es darf nicht sein, daß einige wenige, weil sie über die entsprechenden Mittel verfügen, bestimmen können, was kulturell förderungswürdig sei«, schimpfte Petry. »Es darf nicht so sein, daß ein Sportdirektor der Saarland-Sporttoto GmbH als großzügiger Mäzen nach eigenem Gusto fördert und nur diejenigen beschenkt, die die richtige politische Gesinnung aufweisen.«

Der Sport fürchtete um sein Sportachtel und blockte Versuche, die Vergabepraxis zu ändern, zunächst ab. Auch Saartoto mauerte. Direktor Albert Wagner sprach bei einer Anhörung von Forderungen in einem »revolutionären Umfang« und erklärte, daß man »nicht mehr als vielleicht 16, 16½ Prozent des Umsatzes nach außen geben kann, wenn man nicht den Stand der Gesellschaft gefährden will«. Große Länderunternehmen wie die WestLotto, so wird aus der Lottozentrale argumentiert, könnten Abgabensätze von mehr als 20 Prozent besser abdecken, weil deren »Fixkostenapparat« sich in einem finanzkräftigen Unternehmen weniger bemerkbar mache. Das klingt einleuchtend und ist dennoch nicht die ganze Wahrheit: Mecklenburg-Vorpommern gelingt es, mit dem halben Umatz 21,5 Prozent der Einsätze an den Finanzminister abzuliefern; auch die kleinste Gesellschaft, diejenige in Bremen, schafft mehr als 22 Prozent.

Das Sportachtel verteidigte Wagner ebenso wie das Ministerium stets damit, daß im Landeshaushalt ansonsten für Sport keine Mittel bereitgestellt würden, der Landessportverband allein für die Landessportschule 30 bis 40 Millionen Mark investiert habe. Sein Nachfolger Kurt Bohr meinte schließlich: »Es kann jedenfalls nicht so sein, daß jeder meint, sich aus dem Umsatz bedienen zu können.«

Doch die Amateurkünstler blieben hartnäckig. Auf der Generalversammlung des Sportverbandes am 25. Mai 1997 konnte Albert Wagner dann schließlich melden: Der LSVS habe die »Friedenshand« ausgestreckt und gemeinsam mit

Saartoto und den kulturtreibenden Verbänden nach Lösungswegen gesucht. Erste positive Ansätze seien gefunden worden. Auch die Opposition schien in das Gemauschel eingebunden worden zu sein. Im Ausschuß für Bildung, Kultur und Wissenschaft nahm sogar der Grünen-Abgeordnete Andreas Pollak am 16. April 1997 Rücksicht auf die Belange des Landes: Das Sportachtel, und wohl auch die Art der Verteilung des restlichen Geldes, habe für ihn zwar »etwas Anrüchiges«, weil »Gelder am Landeshaushalt vorbeigeschleust werden«. Dennoch führte er einen guten Grund an, weshalb es so bleiben sollte: »Wir sind als Saarland ein armes Bundesland. Wir leben davon, daß Gelder von draußen aus dem Länderfinanzausgleich in das Saarland kommen. Jeder, der hier am Tisch sitzt, weiß, wenn wir dieses Geld in den Landeshaushalt einstellen, dann kriegen wir weniger von außen, dann ist es fort.[...] Wir haben dann gesagt, lassen wir es so laufen, obwohl es eigentlich von unserer demokratischen Überzeugung her so sein müßte, daß es bei uns im Saarland wie in allen anderen Bundesländern in den Landeshaushalt eingestellt wird.«[137] In der späteren Parlamentsdebatte sagte Pollak sogar deutlich: »Jeder hier im Land, der sich mit der Materie auseinandersetzt, weiß, daß unser Sportwettengesetz einer verfassungsrechtlichen Prüfung nicht unbedingt standhalten würde.«[138] Wenigstens die Grünen im Saarland hatten damit frühzeitig ihre Regierungsfähigkeit nachgewiesen.

Schließlich kam es 1998 tatsächlich zu einer Lösung: Im Lotteriegesetz wurden die neuen Quoten festgeschrieben, und die Volksmusikanten konnten immerhin ein wenig zu den Sportlern aufschließen. Das erhoffte Kulturachtel gab es dennoch nicht. Es wäre auch nicht finanzierbar gewesen. Aber ein verbrieftes Anrecht auf die Lottomittel haben nun auch die Amateurkünstler. Sie erhalten nun über die Landesakademie für musisch-kulturelle Bildung e. V. eine feste

Quote von einem Prozent an den Spieleinsätzen bei Sportwetten und Lotterien, rund 1,7 Millionen Mark. Zufrieden sind sie damit nicht. Auch zusammen mit den 1,5 Prozent, mindestens aber drei Millionen Mark für die Stiftung Saarländischer Kulturbesitz sei das »ein bißchen wenig«, meint Josef Petry. Schließlich betreuten die Volksmusikverbände im Saarland 130 000 Menschen, die Sportverbände rund 350 000. Die neue Regelung sei insofern immer noch »ungerecht«. Auch die Forderung nach einem Vertreter der Kultur im Aufsichtsrat konnte nicht durchgesetzt werden. Übrigens: Petry, der jahrelang für die Interessen der Laienmusiker stritt, ist nun auch stellvertretender Vorsitzender der Landesakademie. Damit die Millionen gut betreut werden, übernahm der Finanzpräsident und Vorstandsvorsitzende des Saar-Sängerbundes, Hermann-Josef Hiery, den Posten des ersten Vorsitzenden.

Saartoto-Chef Kurt Bohr meint dagegen, mit sieben Millionen Mark pro Jahr neben dem Sportachtel, die Saartoto künftig zu bezahlen habe, sei man »bis an die Grenzen des wirtschaftlich Vertretbaren herangegangen«. 16,15 Prozent der Spieleinsätze (ohne Glücksspirale und Losbrieflotterie) werden nun im Saarland an Sport und andere gemeinnützige Zwecke verteilt. Die Überschüsse aus der Losbrieflotterie (Umsatz: unter zehn Millionen Mark) gehen in ungenannter Höhe an Umwelt- und Naturschutz sowie an die Kultur. 1999 soll eine neue Lotterie Mehreinnahmen schaffen, sogenannte Oddset-Wetten nach skandinavischem Vorbild, bei denen die Ergebnise von Fußballspielen getippt und mit festen Gewinnbeträgen bedacht werden. Damit möglichst viel in den »schwarzen Kassen« des Aufsichtsrats bleibt, wurde der Zweckertrag auf lediglich 15 Prozent festgelegt.

Auch den Fehler im Gesetz haben die Saarländer behoben. Das Lotterierecht erklärt jetzt ausdrücklich auch

Lotto, Super 6 und Spiel 77 zu Sportwetten. Andreas Pollak übersetzte diesen »Salto« so: »Als Känguruh im Sinne dieses Gesetzes gelten Nilpferde, Elefanten und Kolibris.«[139]

Über die Vergabe der verbleibenden Mittel für einzelne Projekte entscheidet weiter allein der Saartoto-Aufsichtsrat. Weil er dem Sport zuneigt, ist nicht überraschend, daß Saartoto auch aus diesem »Reptilienfonds« den Sport bedient, zusätzlich zum Sportachtel. Während der Diskussion des Gesetzentwurfs im Landtag nannte Innenminister Friedel Läpple das internationale Leichtathletiksportfest in Rehlingen und Ringervereine, die unterstützt worden seien. Mit einem jährlichen Betrag – die Höhe wollte Läpple nicht angeben – wurde der Speerwerfer Boris Henry, »Aushängeschild für unser Land«, vom Weggang aus dem Saarland abgehalten. Er dankte es immerhin mit Weltbestleistungen.

Wen die Gesellschaft sonst noch fördert? Die vollständige Liste, bedauert Saartoto-Sprecherin Ulrike Jungmann, dürfe sie nicht herausgeben. »Das würde nur zu Ärger unter den potentiellen Destinatären führen. Da ist das Saarland wie ein Dorf.«[140] Auch früher schon hatten sich Saartoto und Landesregierung mit dem Hinweis vor der Veröffentlichung solcher Zahlen gedrückt, sie seien zur »Veröffentlichung der Mittelverwendung in allgemein zugänglichen Quellen »rechtlich nicht verpflichtet«. Wieviel nach der Auszahlung der gesetzlich festgelegten Abgaben noch übrigbleibt, ist bis heute das Geheimnis der Saartoto. Die oppositionelle CDU klagte schon 1991, daß die Geschäftsführer der Saartoto Finanzmittel aus dem Sportwettengesetz »nach persönlicher Präferenz und eigenem Gutdünken« vergeben können und sich »als Kulturpäpste dieses Landes fühlen und feiern lassen«. Daß die CDU an dieser Praxis nichts geändert hatte, solange sie die Regierung in Saarbrücken bildete, daran will sich in der Partei heute niemand mehr erinnern.

Zu befürchten ist, daß gerade die Mittel aus diesem Geheimfonds nicht nach den Interessen der Allgemeinheit, sondern nach ganz anderen Kriterien ausgegeben werden. Vielleicht ist die Saartoto aber auch nur beschämt über die geringe Gesamtförderquote. Denn die hat einen Grund: Die Saartoto wirtschaftet schlecht, schlechter als alle anderen Gesellschaften, ja schlechter sogar als die ostdeutschen Lotterien, die noch aufbauen. Oder anders herum: Saartoto gibt zuviel Geld aus. Nur rund 16 Prozent der Einsätze (ohne Glücksspirale) blieben deshalb 1996 zur Verteilung übrig. (Nimmt man die Einsätze des Jahres 1994 als Grundlage, aus denen die Ausschüttungen von 1996 stammen, dann fällt dieser Anteil mit weniger als 15 Prozent noch geringer aus.) Während 1989 bei 171 Millionen Mark Umsatz nach Abzug des Sportachtels noch mehr als zehn Millionen Mark zu verteilen waren, blieben 1995 bis 1998 bei durchschnittlich 200 Millionen Mark Umsatz – die jährlichen Ausschüttungen errechnen sich jeweils aus den Abschlüssen des vorletzten Jahres, also für 1998 aus dem Jahr 1996 – jeweils weniger als neun Millionen Mark übrig.

Warum aber bleibt nun im Saarland ein dermaßen geringer Überschuß? Erster Grund: Ein Geschäftsführer, der für den Sport das Beste will, also möglichst viel Geld durch das Sportachtel, der muß für Umsatz sorgen, egal welche Kosten das verursacht. Ihren Werbeetat hütete die Saartoto in den letzten Jahren wie ein Staatsgeheimnis. Die Personalkosten dagegen gehen aus dem Geschäftsbericht hervor. Und die sind im Verhältnis zum Umsatz so hoch wie in keiner anderen der 16 Gesellschaften. Mehr als fünf Prozent der Umsätze gehen allein für Personalkosten drauf – ohne die Provisionen für die Annahmestellen und die 291 000 Mark Pensionszahlungen an »frühere Mitglieder der Geschäftsführung und Hinterbliebene«.

Daß die Geschäftsführer doppelt kassieren, weil sie auch

noch die Spielbanken leiten, und das natürlich nicht umsonst, sei nur am Rande erwähnt. Diese Regelung gilt schon seit 1979, als Ministerpräsident Franz Josef Röder (CDU) die Direktoren Hermann Neuberger (bis 1984) und Hanns-Josef Christ (bis 1981) zu Doppelverdienern machte. 1994 wurde ein monatliches Zusatzgehalt von 7000 Mark plus »gewinnorientierte Jahresabschlußvergütung« für jeden der Geschäftsführer für die Spielbanktätigkeit angegeben.[141] Die Höhe der Jahresabschlußvergütung wurde natürlich in bewährter Manier verschwiegen. In den Geschäftsberichten bis zum Jahr 1993 finden sich genaue Zahlen. Für das Jahr 1992 heißt es: »Die Gesamtbezüge der Mitglieder der Geschäftsführung betrugen 247 TDM.« Holzwarth und Wagner hatten demnach jeder mehr als 120 000 Mark zusätzliches Gehalt durch ihren »Nebenjob«. 1996 ließ die Spielbank 42 500 Mark an Jahresabschlußvergütung springen, 1997 für Bohr allein 30 000 Mark. Natürlich bekommen die Direktoren auch eine Pension – nicht nur von Lotto, sondern auch von der Spielbank. Für fünf laufende Pensionen und eine Anwartschaft (Bohr) waren Ende 1997 mehr als 2,4 Millionen Mark zurückgestellt, eine Viertelmillion an frühere Geschäftsführer ausbezahlt worden.

Auch die Höhe der Geschäftsführergehälter bei Saartoto will niemand preisgeben. »Die Jahresgehälter der Geschäftsführer werden im Bundesanzeiger für jedermann nachlesbar veröffentlicht«, ließ die Landesregierung in ihrer Antwort auf eine Kleine Anfrage wissen. Der Geschäftsbericht 1992 weist für zwei Geschäftsführer »Gesamtbezüge inkl. Beihilfen der Mitglieder der Geschäftsführung« in Höhe von 502 000 Mark aus, im darauffolgenden Jahr immerhin noch 476 000 Mark. »Eine Erhöhung der Gehälter«, erklärte die Regierung, »findet ansonsten im Gleichklang mit dem öffentlichen Dienst statt.« Eine »gewinnorientierte Leistungsvergütung« erhielten die Direktoren seit 1977, außerdem einen Dienstwagen, der »als geldwerte Leistung zu versteuern« sei. Ganz besonders stolz war die Landesregierung, daß seit dem Streit um die Pensionseinnahmen des Ministerpräsidenten auch bei Saartoto »die vorherige Praxis geändert [worden sei], wonach ein Geschäftsführer der Saarland-Sporttoto GmbH eine Rente, die Ministerpension und ein volles Geschäftsführergehalt nebeneinander bezog«.[142] *Focus* berichtete Anfang 1997, Bohr bekomme 23 000 Mark monatlich von Saartoto sowie »zusätzlich die gesetzliche Absicherung seiner Beamtenversorgung«.[143]

Daß die Boulevardpresse von einem »Lotto-Sumpf nun auch in Saarbrücken« sprach, konnten die Manager überhaupt nicht verstehen. Die Geschäftsführergehälter wurden seither nicht mehr ausgewiesen. Daß sie bescheiden wären, kann nun nicht gerade gesagt werden: Die im öffentlichen Dienst arbeitenden Lotteriedirektoren Bayerns jedenfalls kommen an die Honorare ihrer saarländischen Kollegen bei weitem nicht heran, obwohl sie in Relation zum Umsatz bei der Gewinnerzielung deutlich erfolgreicher sind. Ob die Erhöhung der Gesamtbezüge sich »im Gleichklang mit dem öffentlichen Dienst« befand, muß angesichts der Steigerungsraten bezweifelt werden: Zwischen 1989 und 1992 von 362 000 auf 502 000 Mark – 39 Prozent Zuwachs in drei Jahren! Wie gesehen, verstehen sich die Saarländer ganz gut darauf, Geld auszugeben: Die Gesellschaft verteilt Mittel in unbekannter Höhe für Sponsoring von Sportveranstaltungen, aber auch von kulturellen Ereignissen.

Eine Bestimmung der Lotteriegesetze sorgt für weitere Ausgaben: Die Gesellschaft ist berechtigt, sich an anderen Unternehmen zu beteiligen, Immobilien zu erwerben und zu verwalten, »soweit dies dem Unternehmenszweck dienlich ist«. Das führte so weit, daß der Aufsichtsrat auf seiner Sitzung am 4. Dezember 1995 »über die Beteiligung an einem privaten Fernsehsender« diskutierte. Paragraph 2 Absatz 3 des Gesellschaftsvertrags hätte dies früher unmöglich gemacht. 1978 hieß es: »Die Gesellschaft ist berechtigt, sich an anderen Unternehmen gleicher oder verwandter Art des In- und Auslandes zu beteiligen sowie solche Unternehmen zu gründen oder zu erwerben.«

Der CDU-Abgeordnete und Landtagsvizepräsident Gerd Meyer – auch er nebenbei im Vorstand des Ringerverbandes und im LSVS – sieht insbesondere drei »Altlasten«, die den Gewinn der Saartoto mindern: In erster Linie nannte er die Saarlandhallen, zu denen auch die Eissporthalle gehörte. Die Hallen, gleich neben dem Ludwigsparkstadion gelegen, waren vor mehr als 30 Jahren vom Landessportverband gebaut und schon in den achtziger Jahren aus Lottomitteln modernisiert worden. 1990 übernahm sie die Saartoto, was nur einen freute: Finanzminister Hans Kasper (SPD). Denn die Saarlandhallen GmbH schrieb permanent rote Zahlen. Aus dem Sportverband wird berichtet, daß die Hallen dem Verband ständig auf der Tasche gelegen hätten; im Haushalt seien dafür jährlich rund drei Millionen Mark eingeplant gewesen. Das Veranstaltungsvolumen sei zu gering gewesen. Das Defizit trug nun Saartoto und damit jeder einzelne Tipper. Das Minus blieb auch, nachdem der Landessportverband (60 Prozent) und die Rolf Deyhle Grundstücksentwicklungs GmbH & Co. KG, Stuttgart (40 Prozent), im Januar 1992 die Saarlandhallen (wieder) übernommen hatten. Die C & L Treuarbeit Deutsche Revision ermittelte in einem Bericht zwischen 1992 und 1995 ein jährliches Minus von durchschnittlich mehr als 2,5 Millionen Mark. 1993 stieg SPD-Mitglied Deyhle wieder aus, und das Saarland übernahm die Hallen, »mit Verlust« für den Landessportverband, wie Gerd Meyer erklärt. Offenbar setzt der Sportverbandschef die Saartoto mit seinem LSVS gleich, denn gekauft und verkauft hat die Saartoto.

Auch die Kongreßhalle kam auf durchschnittlich zwei Millionen Mark Minus pro Jahr.

Gutachten des Architekten Fissabre, der unter anderem den Neubau der Spielbank am Deutsch-Französischen Garten betreut hat, und der Treuarbeit errechneten damals auf lange Sicht eine jährliche Belastung von drei Millionen Mark, außerdem einen Investitionsbedarf von 17 Millionen Mark. Zwar übernahm das Saarland die Hallen, die Investitionen und bestehende Kredite aber sollte der Landessportverband tragen. Bei Besprechungen im Finanzministerium im Juni 1993 erklärte LSVS-Vertreter Erwin Saar, der Verband könnte maximal sieben Millionen Mark übernehmen. Offenbar blieben die Vertreter der Landesregierung hart. Der möglicherweise entscheidende Vermittlungsvorschlag kam dann von Holzwarth. Er schätzte die Ertragssituation wesentlich besser ein, wenn die Investitionen getätigt sein würden. Außerdem werde sich auch ein neuer Gastronomiepachtvertrag günstig auswirken. Und: »Schließlich könnten Mittel der Sportplanungskommission künftig zeitweise rückgeführt werden.« Die Sportplanungskommission plante zwei Millionen Mark ein, die zur Finanzierung beitragen sollten und die letztendlich die Tipper trugen. Doch damit nicht genug: Weil der LSVS rund elf Millionen Mark Kredit aufnehmen mußte, führte das für 15 Jahre zu einer jährlichen Tilgungslast von mehr als einer Million Mark. Die Mauschler aus Politik und Sport fanden auch dafür eine Lösung, und man ahnt: Die »einschneidende und dauerhafte finanzielle Belastung« sollte abgemildert werden »durch außerordentliche Zuwendungen der Saarland-Sporttoto GmbH an den LSVS«.[144]

Die Eishalle, die niemand mehr haben wollte, übernahm Saartoto für eine Mark vom Landessportverband. Holzwarth wurde von den Saarbrückern als Retter in der Not gefeiert, der, so schrieb die *Saarbrücker Zeitung* begeistert, das »Moos« habe, ohne das bekanntlich nichts los sei. Das »Moos« lieferten allerdings wieder die Tipper. Weihnachten 1992 hatten die Schlittschuhläufer draußen bleiben müssen, weil sich Rolf Deyhle geweigert hatte, die defizitäre Eishalle wieder in Betrieb zu nehmen – sie fuhr jährlich rund 300 000 Mark Minus ein. Deyhles Entschluß ist verständlich. Denn er hatte geplant, die Eishalle, die 1975 mit vier Millionen Mark aus Lottomitteln gebaut und dann dem LSVS geschenkt worden war, abzureißen und ein Großkino sowie ein Hotel an ihrer Stelle zu errichten. Es hieß damals, wenn Deyhle sich an den defizitären Saarlandhallen beteilige, dann müsse daneben auch eine »Milchkuh« stehen. Die Milchkuh war die Eishalle, besser gesagt das 9000 Quadratmeter große Grundstück, auf dem sie stand. Das hatte Deyhle für eine Mark dazubekommen. Darüber hinaus hatte der LSVS die Kosten für den Abriß der Halle getragen, rund eine Million Mark, sowie für ein »wohlgesonnenes politisches Umfeld für das geplante Cinemaxx-Kino-Projekt« zu sorgen versprochen. Den Vertrag hatte noch Hermann Neuberger geschlossen, und der, so heißt es heute, war ja für seine eigenbrötlerischen Entscheidungen bekannt.

Doch nun scheiterten die Kinopläne am Protest der Anwohner und dem folgenden von der Stadt erlassenen Stopp des Projekts. Und so lag die Eishalle wieder in den Händen von Saartoto, mit den zu erwartenden roten Zahlen. Nachdem sie »für mehrere hunderttausend Mark«, so war zu erfahren, hergerichtet worden war – natürlich aus Wettmitteln –, vermietete die Saartoto die Halle im Mai 1993 an den Neuwieder Kaufmann Thomas Scherhag. Doch auch dieser schaffte es nicht, die Eishalle mit Gewinn zu bewirtschaften. Nachdem Scherhag 1996/97 monatelang keine Pacht mehr überwiesen hatte und rund 400 000 Mark aufgelaufen waren, ließ die Saartoto bei der Eislaufgala »Stars on Ice '97« die Abendkasse pfänden. Scherhag drohte mit einem Konkurs und meinte: »Bei einem Konkurs würde Saartoto leer ausgehen, aber Geld haben die ja genug.« Saartoto-Chef Bohr bestätigte: »Wir haben keinerlei Interesse daran, daß Herr Scherhag in Konkurs geht, denn dann hätten wir einen hohen Abschreibungsbedarf.«[145] Wer für die Schulden Scherhags bei der Sparkasse Saarbrücken aufkommen sollte, immerhin rund fünf Millionen Mark, blieb unklar. Die Vermutung, daß es an Saartoto und damit an den Lottospielern hängenbleiben könnte, ist nicht weit hergeholt. Die Landtagsabgeordnete Anita Girst (CDU) wußte zu berichten, daß die Eishalle als Sicherheit an die Sparkasse übereignet worden sei; in der Folge seien Kredite von 4,7 Millionen Mark an den Hallenpächter Scherhag geflossen.[146]

1995 wurde die Saarlandhallen GmbH mit der Kongreßhalle zur Congress-Centrum Saar GmbH (CCS) verschmolzen. Stadt und Land sind beteiligt. Aufsichtsratsvorsitzender der neuen CCS war Alfred Holzwarth[147], vormals Direktor der Saartoto und zu dieser Zeit noch mit einem Beratervertrag an die Spielbank, also indirekt an Saartoto, gebunden.

Wenn Andreas Pollak fordert, die Zeiten müßten vorbei sein, »in denen Toto-Direktoren wie kleine Herrgötter durchs Land zogen [...] und sich Schlösser bauten«, so hat dies einen realen Hintergrund. Holzwarth erfüllte sich beim Umbau des Schlosses Berg in Nennig offenbar »einen Traum«, wie die CDU-Abgeordnete Monika Beck berichtet. Das der dortigen Spielbank angeschlossene Hotel habe eine Luxusausstattung, wie sie nach Aussage von Fachleuten nur noch ein Hotel dieser Welt aufweise. Die Belegungszahlen decken die Kosten bei weitem nicht; Schloß Berg, so auch Pollaks CDU-Kollege Meyer, »fährt jährlich große Verluste ein«. Meyer verlangte, »daß Verluste von Schloß Berg, dem Luxusdenkmal von Herrn Holzwarth, in

Zukunft nicht mehr von der Saarland-Sporttoto GmbH getragen werden«. Die Spielbank gehört zu 100 Prozent Saartoto. Wie hoch die Verluste sind, die das Gesamtergebnis der GmbH schmälern, wird hartnäckig verschwiegen. Minister Henner Wittling bestritt sogar, daß es Verluste überhaupt gebe.

Fünf Jahre lang führte das Ehepaar Loncar Schloß Berg, das Hotel und das Restaurant. Dann, mit Ablauf des Pachtvertrags, gaben sie das Hotel ab. Monika Loncar meint, das Haus könne man gar nicht rentabel betreiben, dazu sei es zu klein. 36 Sitzplätze habe das Restaurant, nur 17 Zimmer das Hotel. »Wenn wir Tagungen hatten, konnten wir die Zimmer sogar nur einfach belegen.« Für sie sei es ein »Prestigeobjekt« gewesen.[148]

Inzwischen betreibt die Hotelkette Victor's (»Residieren wird bei uns großgeschrieben«) das Hotel Schloß Berg, genauer: die Firma Victor's Bau & Wert AG, die zuvor PBG Bau & Wert AG hieß. Von der Spielbank erhält die AG einen Betriebskostenzuschuß von 350 000 Mark. Schon im Sommer 1998 wurde darüber gesprochen, daß das Hotel einen Anbau erhalten solle. Vorstand von PBG/Victor's war bis 1995 Hartmut Ostermann. Heute ist er Vorstandsvorsitzender der DFK-Unternehmensgruppe mit Sitz in Worms, deren Tochter die Victor's AG ist. Sie besitzt ein weiteres Hotel in Unterschleißheim bei München und baut das Residenzhotel neben der neuen Spielbank am Deutsch-Französischen Garten in Saarbrücken, das 1999 eröffnet werden soll. Ostermann ist im Saarland eine Größe. Er ist Präsident des FC 08 Homburg, dessen Kicker immerhin schon in der ersten Bundesliga spielten. 1998 gab es kräftigen Ärger, weil der 1. FC Saarbrücken und der FC Homburg an eine Kooperation dachten. Die Vereinsbosse hatten vereinbart, daß die besten Homburger Spieler nach Saarbrücken wechseln, um den Hauptstadtverein endlich wieder in die Bundesliga zu bringen. Aus dieser war der 1. FC Saarbrücken einst mit hohen Schulden abgestürzt. Einen Millionenbetrag davon hatte die Sparkasse übernommen, was die Kunden verärgerte. Aufsichtsrat bei der Sparkasse war damals Holzwarth. Heute verfügt offenbar Ostermann über ausreichend Geld. Er versprach den Homburgern, falls sie als Talentschmiede fungieren würden, sie mit einem Millionenbetrag aus seiner Privatschatulle zu unterstützen. Präsident des 1. FC Saarbrücken war Reinhard Klimmt, der damals als zukünftiger Ministerpräsident galt, falls Oskar Lafontaine nach der Wahl nach Bonn wechseln würde (was inzwischen auch so eingetreten ist). Als Nachfolger Klimmts beim 1. FC Saarbrücken wurde Ostermann gehandelt. Die Homburger Fans schrieben im Internet bitterböse Kommentare zum Ausverkauf ihres Vereins und sprachen von einer »Mafia aus Politik, Journalismus und Sport in Saarbrücken«. Saartoto haben sie in der Auflistung vergessen.

Als Belastungsfaktor des LSVS gilt auch die Landessportschule, die nach Hermann Neuberger, dem Multifunktionär in den Sportorganisationen und ehemaligen Geschäftsführer der Saartoto, benannt ist. Sie befindet sich offenbar in einem bemitleidenswerten Zustand. 30 Millionen Mark soll die Renovierung kosten. Drei Millionen Mark hat 1998 der Landessportverband lockergemacht, doch das Land und die Stadt Saarbrücken haben kein Geld. Wo betteln? Natürlich bei der Saartoto. »Die helfen«, freut sich Gerd Meyer, »schließlich ist der Landessportbund zu drei Siebteln an der Gesellschaft beteiligt.« Da gebe es über die festen Quoten hinaus noch Reserven, weiß Meyer, »das ist doch überall so«.[149]

Wer kann, bedient sich dort nach Kräften. Ein launiges Papier, das unter potentiellen Antragstellern kreist, gibt diesen hilfreiche Tips und einen Einblick, wie es im Saarland zugeht. Titel auf der Seite 8: »Wie melkt man die Kuh?«

»1. Antrag an die Geschäftsführung der Saarland-Sporttoto GmbH unter Darlegung des Sachverhaltes.

2. Zur Unterstützung des Antrages Gespräch mit dem Aufsichtsratsvorsitzenden.

3. Bei besonderer Beflügelung des Antrages Ansprache von Aufsichtsratsmitgliedern – entweder die Sport- oder die Staatsseite, je nach dem Sachverhalt sportlich oder allgemein.

4. Wenn dies alles nichts hilft, Bitte um Behandlung des Antrages über den Verfügungsfonds der Geschäftsführung [...].«

Saartoto ist zur Melkkuh für Politik- und Sportfunktionäre geworden. Andere drängeln sich dazwischen. Eine ernstzunehmende Kontrolle findet nicht statt. Mit Journalisten zu sprechen, die nicht aus dem Saarland stammen, dazu scheint Saartoto-Direktor Kurt Bohr keine Neigung zu verspüren. Auch die Pressestelle, die zu diesem Zweck eingerichtet sein sollte, geht kritischen Fragen lieber aus dem Weg (»... daß wir zu den von Ihnen gestellten Fragen keine Stellungnahme abgeben werden«). Das Wort der CDU-Abgeordneten Monika Beck, die Millionen der Saartoto würden nach »Gutsherrenart« verwaltet, scheint zuzutreffen. Zuzustimmen ist der Landtagsabgeordneten Gabriele Bozok, wenn sie fordert: Auch im Saarland »haben die Bürgerinnen und Bürger ein Recht darauf zu wissen, was mit ihren Spieleinsätzen passiert«.[150]

Bremen: Geld oder Leben

Weil der Sport noch immer den Daumen drauf hat, dürfen Vereine, die in die Bredouille geraten sind, auf letzte Hilfe bei Lotto und Toto setzen. Etwa in Bremen. Dort endete das Spieljahr 1996/97 für die Volleyball-Damen des Turnvereins der Bahnhofsvorstadt Bremen e. V. mit einem Fiasko: Den Frauen trieb der Abstieg aus der Bundesliga die Tränen in die Augen, dem ersten Vorsitzenden Arnold Reinecke die Abrechnung des Managers der Mannschaft. Mehr als 200 000 Mark Minus wies dessen Bilanz aus. »Der hatte schlecht kalkuliert«, meint Reinecke, statt 300 000 Mark Etat seien 180 000 Mark »und ein paar mehr« dazugekommen. »Mißmanagement« nennt das Reinecke, sein technischer Leiter, Rüdiger Rosenkötter, spricht von »Unwissenheit« und »Fahrlässigkeit«.

Zum mangelnden Managerglück kam dann auch noch Pech dazu: Ein Sponsor – der Fernsehsender TM 3 – sei während der Runde abgesprungen, was das Loch um rund 50 000 Mark vergrößert habe. Erst spät offenbarte der Manager der Vereinsführung das Drama. »Hätte der eher geredet, hätten wir früher die Bremse reingehauen. Als wir davon hörten, war die Kacke am Dampfen«, resümiert Rosenkötter.

Was tun? Die Verträge mit den Spielerinnen waren auf zwei Jahre abgeschlossen, der Verein konnte trotz seiner 2000 Mitglieder die Schulden der Leistungsabteilung nicht tragen. »Natürlich haben wir den Landessportbund eingeschaltet«, erklärt Reinecke. Rückblickend war es sicher kein Nachteil, daß Rüdiger Rosenkötter mit der Vizepräsidentin des Landessportbundes verheiratet ist, Ingelore Rosenkötter. Wie's dann weiterging, erzählt Rüdiger Rosenkötter so: »Natürlich hat der Landessportbund Kontakte zur Politik. In einem Stadtstaat wie Bremen sind die Verbindungen ja noch enger als in einem Flächenstaat. Es gab also zahlreiche Vorgespräche, und wir haben gesagt: ›Entweder wir kriegen eine Spritze, oder der Verein geht über'n Kopp.‹ Und dann haben wir überlegt, wie wir die Kuh vom Eis kriegen.« Die Bremer kriegten die Kuh vom Eis, weil sie die Lottokasse anzapften und »in Bremen alle Parteien ein Herz für den

Sport haben, Gott sei Dank«. Die Gespräche mit den Parteienvertretern führten am 2. Juli 1997 zum Beschluß der Sportdeputierten, 180 000 Mark für die »Überbrückung einer Liquiditätslücke« bereitzustellen. Das zinsfreie Darlehen muß in zehn Jahresraten zurückgezahlt werden. Dem Verein erspart dieser Weg mehrere zehntausend Mark Bankzinsen. Vielleicht aber auch noch mehr. Denn Reinecke meldet schon heute Zweifel an, »wie wir das zurückzahlen sollen«. Vielleicht finden die Deputierten, die in Bremen über die Zuteilung befinden, ja eine praktische Lösung?[151]

Die guten Kontakte zur Politik sind auch für den Landessportbund ein Segen. Seit August 1992 werden die Zweckerträge, die an die Stadtgemeinde Bremen fließen, anders verteilt. Der Sport wird seither an den Erträgen aus der Super 6 beteiligt, offenbar auf Drängen des SPD-Fraktionsvorsitzenden Claus Dittbrenner. Damals war die Regelung: Eine Million Mark kriegt die Kultur, der Rest wird mit dem Sport geteilt. Schon auf der nachfolgenden Hauptversammlung des Landessportbundes am 26. September 1992, an dem Innen- und Sportsenator Friedrich von Nispens ebenso teilnahm wie der Bürgermeister Klaus Wedemeier, waren die Sportvertreter damit nicht mehr zufrieden: Die Funktionäre störte, daß die Kultur aus Super-6-Erträgen 1,17 Millionen Mark erhielt, der Sport eine Million weniger. Landessportbund-Präsident Heinz-Helmut Claußen war damit »unzufrieden«, wie er sagte. Er hoffe, »daß die politisch Verantwortlichen im Jahr 1993 erneut über die Verteilung der Toto-Lotto-Mittel nachdächten und dem Sport dann mehr als bisher zur Verfügung stellten«.[152]

Claußens Ruf fand offene Ohren: 1995 bekam in Bremen der Sport 343 000 Mark, die Kultur noch immer eine Million Mark mehr. Aber im folgenden Jahr war es umgekehrt:

1,385 Millionen Mark für den Sport, nur noch 385 000 Mark für die Kunst. Insgesamt erhält der Sport heute ein Drittel (rund 6,2 Millionen Mark) der gesetzlichen Abgaben aus allen Lotterien, insgesamt 18,7 Millionen Mark, der Kultur bleiben 2,7 Millionen Mark. Rosenkötter ist darüber glücklich und meint, damit sei das Verhältnis zwischen Kultur und Sport »wieder zurückgeschoben in den Normalzustand«.

Geld ist also genug da im Bremer Sport, jedenfalls kann man sich über mangelnde Lotteriemittel nicht beklagen. Wenn's ums Verteilen der Lottogelder geht, scheint man deshalb in Bremen nicht so genau hinzusehen, sondern sieht manchmal auch über Gesetze hinweg. Die Gelder werden in Bremen und Bremerhaven nach einem komplizierten Schlüssel auf die beiden Städte, dort wiederum auf Sport- und Wohlfahrtsverbände sowie die Senatoren verteilt. Der Landessportbund erhält nach diesem Schlüssel direkt jährlich rund 1,3 Millionen Mark, der Fußballverband 660 000 Mark. Das Senatorengeld verwalten und bewilligen Deputationsausschüsse, denen Repräsentanten aller im Parlament vertretenen Parteien angehören. Für den Sport standen 1996 aus diesem Topf rund 4,2 Millionen Mark zur Verfügung.

»Die Städte haben die an sie abgeführten Beträge als zweckgebundene Mittel zu verwenden«, bestimmt das Gesetz über Totalisatoren und Lotterien. »Zuwendungen für solche Ausgaben, die bei der Unterhaltung des Geschäftsbetriebs des Begünstigten selbst entstehen (Verwaltungsaufgaben), dürfen nicht gegeben werden.« Eindeutig formuliert, sollte man glauben. Doch der Bremer Turnverband (Vorsitzender: Rüdiger Rosenkötter) erhielt zuletzt 48 000 Mark jährlich für »Personalkosten für den Bundesstützpunkt Rhythmische Sportgymnastik«, am 30. Oktober 1996 spendierten die Deputierten 60 000 Mark für »Personalkosten ab 1997 für eine hauptamtliche Kraft – für 1997« und noch einmal soviel für 1998. »Im engeren Sinne«, meint auch der Rechnungshof, seien dies Verwaltungskosten, mithin handelt es sich um eine nicht sachgerechte Verwendung von Lotteriemitteln. Das sei »eine gewisse Konstruktion«, will auch Rosenkötter einräumen, die dazu diene, die Trainerin für den Stützpunkt zu bezahlen. Der Deutsche Turnerbund habe die nämlich abgezogen, der Bremer Turnverband sei aber »ein bettelarmer Verband«. Weil das so ist, kamen Anfang 1997 offiziell noch einmal 48 000 Mark für die Trainerin hinzu.

Nicht nur im Saarland und (begrenzt) in Bremen hat der Sport bei den Lotterien die Hand drauf. Auch in Rheinland-Pfalz bedienen sich die Sportbünde über Gebühr der Lotteriemillionen. Der Aufwandersatz, der dem Landessportbund über den Haushalt zugewiesen wird, ist horrend angestiegen. Während Anfang der neunziger Jahre noch 13,2 Millionen Mark ausreichten, beanspruchten die Sportbünde 1997 mehr als 21 Millionen Mark. In der Rechnungsprüfungskommission erläuterte der damalige Finanzstaatssekretär Thilo Sarrazin, der Landessportbund erhalte insgesamt rund 60 Millionen Mark aus Lotteriemitteln über den Landeshaushalt. Außerdem flössen aus der Lotto-Gesellschaft noch einmal rund 900 000 Mark zu.[153]

Wohlfahrtsverbände: »Perfekt abgeschottet«

Wenn Empfänger wie das Unionshilfswerk zu Berlin Lottomittel erhalten, dann weiß man wenigstens, wer das Geld erhält und warum. Bei den Wohlfahrtsverbänden, die jedes Jahr bundesweit eine dreistellige Millionensumme aus den Lotterieeinnahmen erhalten, ist das überhaupt nicht so sicher. Mehr als sechs Millionen Mark erhalten die Wohlfahrtsverbände allein in Berlin jährlich für die laufende Sozialarbeit. Auch andere Bundesländer geben die für Soziales bestimmten Lottomillionen vertrauensvoll in die Hände eines Dachverbandes. Ein Drittel der Zweckerträge aus der Glücksspirale geht pauschal an den Bundesverband der Freien Wohlfahrtspflege. Was dort mit dem Geld geschieht, bleibt den Verbänden überlassen.

Niedersachsen hat nun beschlossen, ein Auge auf diese Destinatäre zu werfen. Sportbund wie auch Wohlfahrtsverbände müssen seit der Verabschiedung eines neuen Lotteriegesetzes im Jahr 1997 einen Nachweis über die Verwendung der Mittel einbringen, und zwar sowohl einen Plan über die beabsichtigte Vergabe der Mittel als auch einen Jahresabschluß. Das hatte der Landesrechnungshof jahrelang eingefordert. Darüber hinaus kann das Land die Finanzhilfe zurückfordern, wenn sie oder die den Vereinen zugestellten Mittel zweckwidrig verwendet werden. Es gehe nicht an, meinte der Ausschuß für innere Verwaltung, daß es bei der »zweiten Stufe« des Förderungssystems keine Möglichkeiten zur Prüfung vor Ort gibt. Eine Ausweitung der Prüfungsmöglichkeiten des Rechnungshofs, der dies selbst angeregt hatte, hielten die Vertreter der SPD allerdings nicht für erforderlich. Außerdem wurde die Nachweisquote statt auf, wie zunächst geplant, 80 Prozent auf nur noch 67 Prozent gesenkt.[154] Die Verbände müssen also lediglich für zwei Drittel der ihnen zugeteilten Mittel Belege sammeln. Eine merkwürdige Regelung. Ob die Niedersachsen Ursache dafür hatten, strenger auf die Mittelverwendung bei den Wohlfahrtsverbänden zu schauen, ist nicht bekannt geworden. In Bremen dagegen sorgte eine Einrichtung für die unangenehme Erkenntnis: Auch Sozialarbeiter betrügen.

In Bremen entscheiden die Senatoren im Einvernehmen mit den sogenannten Deputationen über Anträge – Ausschüsse, in denen die im Parlament vertretenen Parteien je nach Fraktionsstärke repräsentiert sind. Dies geschieht allerdings auf Vorlage der Verwaltung, die als Vorfilter fungiert. Von abgelehnten Anträgen und aussichtslosen Fällen erfährt die Deputation nichts. »Persönliche Kontakte zur Verwaltung sind da sehr nützlich«, meint Karoline Linnert (Bündnis 90/Die Grünen). Die »Tendenz, Große fett zu machen« sei erkennbar. Die Arbeiterwohlfahrt (AWO) etwa, den sie »SPD-verfilzten Wohlfahrtsverband« nennt, komme stets gut weg.

Vielleicht fühlte sich der Verein »Bremer Hilfe zur Selbsthilfe« deshalb bemüßigt, durch falsche Angaben mehr Geld herauszuschlagen – Haushaltsmittel, Lottogelder und auch von der Aktion Sorgenkind. Der Drogenverein hat offenbar, berichtet Linnert, »doppelt und dreifach kassiert«. So sollen Personalkosten gleichzeitig dem Bildungsminister und auch dem Amt für soziale Dienste vorgelegt, die Miete für Häuser in mehreren Fällen in überzogener Höhe geltend gemacht worden sein. Außerdem sollen dem Senator für Arbeit Rechnungen für Druckmaschinen präsentiert worden sein, die gar nicht beschafft worden waren. Die Ermittlungen der Staatsanwaltschaft waren 1998 noch nicht abgeschlossen. Pikant für die regierende SPD und deren Senatoren ist, daß der Vorsitzende des Vereins, Volker Tegeler, gleichzeitig AWO-Geschäftsführer in Bremerhaven und Unterbezirksdelegierter der SPD gewesen ist. Außerdem stand eine SPD-Abgeordnete auf der Gehaltsliste des Vereins. Bei dessen Gründung standen viele Bremer Sozis Pate.

Der Zuwendungsbetrug gelang, meint Karoline Linnert, »weil die Vergabelisten offenbar nicht ausreichend kontrolliert und abgeglichen werden«. Die Wohlfahrtsverbände weigerten sich in Bremen sogar, genaue Zuwendungsbescheide zu schicken. »Das stinkt zum Himmel«, schimpft Linnert. »So ist es nahezu unmöglich, Doppelfinanzierungen zu entdecken. Der Sozialbereich hat sich gegen jede Art von Kontrolle perfekt abgeschottet.«

Kultur: Magnus der Große und andere Lottoimpresarios

Wendelin Müller-Blattau, sechsundsiebzigjähriger Musikwissenschaftler aus Saarbrücken, hat reiche Erfahrung im Kampf um die Fördertöpfe. »Im Mittelalter waren die Fürsten für das Wohlergehen der Kultur verantwortlich«, sagt er. »Das war gar nicht so schlecht für die Kultur. Heute haben die Rolle der Fürsten diejenigen übernommen, die über Lottogelder verfügen können.« Das sei nicht immer so gut. Die neuen Fürsten verteilten das Geld oft nicht nach Notwendigkeit oder kultureller Qualität, sondern »nach Gutdünken«, und deshalb dürfe man es sich mit ihnen nicht verscherzen.[155]

Verscherzt hat es sich Schleswig-Holstein mit seiner einzigen bedeutenden Galeristin. Im April 1998 kehrte Andrée Sfeir-Semler Kiel den Rücken. Die international anerkannte Galeristin hatte genug vom Provinzmief der Stadt und zog nach Hamburg. Nicht nur, daß Kiel keinen ausreichend großen Markt geboten hatte: Bei Bewerbungen um öffentliche und Lotteriemittel waren ihr immer wieder Knüppel zwischen die Beine geworfen worden. Ihr »Lieblingsgegner«: Magnus Staak. Staak war bis 1998 Vorsitzender des Landeskulturverbandes und gehört weiteren Kunstvereinen an, etwa als Vorsitzender dem Verein der Kunstfreunde e.V. Multiple Art, Kronshagen, die praktischerweise beide dieselbe Adresse samt Telefonnummer haben – seine private nämlich. Er spricht in zahlreichen Gremien mit und berät offenbar auch Banken beim Ankauf von Kunstgegenständen. Außerdem gehört er dem dreiköpfigen Vorstand der Kulturstiftung des Landes an.

Bis zu 1,9 Millionen Mark erhielt die Kulturstiftung des Landes Schleswig-Holstein früher jährlich zur Förderung von Projekten mit herausragender Bedeutung für das Land. Heute behält der Finanzminister das Geld lieber selbst. Ganze 100 000 Mark teilt der Landeshaushalt, über den die Zweckerträge laufen, der Kulturstiftung heute noch zu. Geschäftsführer Heinz Jaekel will dennoch nicht jammern, schließlich werde überall gekürzt, ganz besonders bei der Kultur. Jaekel kann sein vermutlich vorhandenes Mißfallen an den Kürzungen nicht ausdrücken, weil sein Stiftungsvorsitzender zugleich Staatssekretär ist. Der würde zwar wahrscheinlich auch gerne mehr Geld für die Kultur abzweigen, schließlich darf er es ja auch verteilen – zusammen mit einem »Bänker«, so Jaekel, und einem »angesehenen Kulturmenschen«. Als Staatssekretär im Ministerium für Bildung, Wissenschaft, Forschung und Kultur muß er aber mögliche Gelüste auf ein dickeres Impresariosäckel zügeln und statt dessen dafür sorgen, daß die Landesregierung nicht im Schuldenloch versinkt.

Erfrischend aufrichtig erklärt Jaekel, daß die Zweckerträge in Schleswig-Holstein schon immer über den Haushalt laufen und rein »deklaratorisch« so genannt werden. Faktisch aber flössen die Millionen, »als wären es eingegangene Steuermittel«. Für Jaekel, der als Beamter im Ministerium für Bildung, Wissenschaft, Forschung und Kultur arbeitet, scheint es nicht so sehr relevant zu sein, ob die Kultur aus dem Haushalt oder über die Stiftung gespeist wird. Auch den Kultureinrichtungen wird letztendlich gleichgültig sein, woher sie ihr Geld bekommen – wenn sie es denn bekommen. Den Antragstellern, die keine Zuteilung von der Stiftung erhalten, weil kein Geld da ist, wird's nicht gleichgültig sein. Allerdings ist es bedenklich, wenn Lottomittel Zuwendungen aus dem Haushalt des Landes ersetzen.

Der Rechnungshof hatte schon 1991 kritisiert: »Die Vermischung allgemeiner Deckungsmittel mit Lotterieeinnahmen widerspricht der gemeinnützigen Zweckbindung der Lotteriezweckerträge [...].« Die Behörde kämpft seit vielen Jahren insbesondere gegen die Zuwendung von Lotterieerträgen an Stiftungen, die »nicht zulässig sind, wenn diese Mittel zur Aufstockung des Stiftungskapitals verwendet werden und das Land als Vermögensempfänger i. S. d. § 61 AO bestimmt wurde«. Lotteriemittel seien vielmehr »unmittelbar für begünstigte Zwecke im Sinne der AO zu verwenden«. Doch auch in Schleswig-Holstein hat die Politik die Hand auf der Kulturstiftung. Das Kulturstiftungsgesetz legt erstens fest: »Mit Mitteln der Stiftung erworbene Gegenstände, Werke oder Güter werden Eigentum des Landes.« Auf dem Umweg über die Stiftung kommen damit die Lottomillionen als Gemälde, Skulpturen oder antike Vasen wieder in den Besitz des Landes zurück. Zweitens sitzt dem Kontrollorgan der Stiftung, dem Stiftungsrat, der jeweilige Chef des Vorstandsvorsitzenden vor, nämlich der Minister für Bildung, Wissenschaft, Forschung und Kultur. Die Beschlüsse des Vorstandes allerdings nickt der Stiftungsrat nur noch ab. Welche Anträge negativ beschieden worden sind, erfährt der Stiftungsrat nicht. Allerdings ist das Ministerium mit seiner gewichtigen Vertretung in beiden Organen der Stiftung – Stiftungsrat und Vorstand – Herr im Haus.

Warum also bekommt die Stiftung so wenig Geld? Die Antwort ist einfach: Weil sie jahrelang ein Millionenvermögen ansparen durfte. Das ausschließlich aus Lottomitteln stammende Stiftungskapital (18 Millionen Mark) wirft jährlich immerhin knapp eine Million Mark an Erträgen ab. Geld, das an die richtigen Empfänger verteilt sein will. Und hier kommt der Name Staak wieder ins Spiel: Der »angesehene Kulturmensch«, von dem Jaekel sprach, ist Staak. Der ebenso angesehene »Bänker« ist Dietrich Rümker, Direktor der Landesbank, die in Schleswig-Holstein die Lottogeschäfte besorgt. Zusammen mit dem Staatssekretär verteilt dieser Dreierrat also eine Million jährlich. Anträge, so Staak, müßten »an die Kulturstiftung gerichtet werden, also an den Vorstand«. Der entscheide dann, ob das Anliegen der weiteren Begutachtung zugeführt wird oder ausscheidet.

Aber reden auch alle drei mit? Hans-Werner Schmidt, Direktor der Kunsthalle zu Kiel, berichtet von einem Treffen mit Dietrich Rümker. Zu Schmidts Überraschung sagte der: »Warum kaufen Sie nicht mal einen Kirkeby?« Schmidt erzählt, er sei aus allen Wolken gefallen. »Aber Sie haben doch gerade meinen Antrag auf Ankaufsmittel für Per Kirkebys ›Malt Winter‹ abgelehnt.« Rümker soll geantwortet haben: »Aber davon weiß ich ja gar nichts.« Immerhin muß der Antrag aber bis ins Ministerium vorgedrungen sein. Dort gibt Andreas von Randow als Kunstreferatsleiter ein Votum ab, wenn der Vorstand es verlangt. Ihm fiel auf, daß der Kirkeby von Andrée Sfeir-Semler angeboten wurde. Dort aber habe man in den Jahren zuvor schon gekauft. »Alles bei einer Galerie, das wird dann zuviel.«[156] Er beschied den Antrag deshalb negativ.

Schleswig-Holsteins Kulturszene geht davon aus, daß Staak weitgehend allein über Anträge befindet, die bei der Kulturstiftung eingereicht werden. Manche Antragsteller, stimmt von Randow zu, richteten ihre Anträge »direkt an Staak«. Und der, so scheint es, führt sich auf, wie es seinem Namen gebührt: Magnus der Große. Staak läßt antreten. Schmidt erzählt, wie er wegen eines Antrags für einen Ausstellungskatalog zum hundertfünfzigjährigen Bestehen der Antikensammlung bei Staak »auf die Couch mußte, um den Antrag noch einmal zu begründen«. Staak zitierte den Kunsthallenleiter zu sich nach Hause. Die Leiterin der graphischen Sammlung, Ingeborg Kähler, versetzte Staak, weil sie »den Termin nicht rückbestätigt hatte«. Andrée Sfeir-Semler berichtet von einem Antrag der Kunstsammlung für den Ankauf von 100 Zeichnungen von Barbara Camilla Tucholski. Staak sagte, bevor er zustimme, müsse er die Zeichnungen sehen. Sfeir-Semler nennt das eine »Unverschämtheit«. Staak sei Jurist und unterstelle, »daß wir die Qualität nicht beurteilen können«. Sie »möchte wissen, wann Staak zum letzten Mal bei einer Ausstellung oder einer Kunstmesse gewesen ist«. Liebe zur Kunst und Engagement will sie dem Förden-Impresario ja gar nicht absprechen, aber die Stiftungsmittel würden »nicht nach Qualitätskriterien verteilt, sondern nach vetternwirtschaftlichen«.[157] Erst beim zweiten Antrag wurden die Zeichnungen erworben.

Staak selbst will »diese Darstellung weder bestätigen noch etwas dagegen sagen«. Nur soviel: »Die Beratungen des Vorstandes werden von allen drei gleichberechtigten Mitgliedern voll mitgetragen.«[158] Hans-Werner Schmidt verschickt die Anträge für die Kunsthalle inzwischen dreimal – an jedes Vorstandsmitglied extra.

Laut Christoph Munk, Kulturchef der *Kieler Nachrichten*, gebe es in Kiel und Schleswig-Holstein in der Kulturszene »so wenig Leute, daß die Gefahr von Interessenkonflikten in jedem Gremium gegeben ist«.[159] Der Leiter der Volksbühne Kiel, Gerd Müller, meint, Staak sei eben ein »umtriebiger Mensch«. Für andere als ihn sei es schwierig, die zunehmend knapperen Kassen anzuzapfen. »Ob es für einen Antrag Geld gibt, das ist wie beim Lottospielen.« Hans-Werner Schmidt meint, sein Haus bekomme zwar immer wieder Mittel, habe aber bei der Stiftung einen »ganz schlechten Stand«. Bis vor wenigen Jahren habe Heinz Spielmann mit im Vorstand der Stiftung gesessen, der Chef des Schleswig-Holsteinischen Landesmuseums auf Schloß Gottorf. »Das war praktisch ein Selbstbedienungsladen. Heute vertritt Staak die Politik des Landesmuseums.« Wäre die Zahl der Förderungen ein Indikator für diese These, Schmidt hätte nicht unrecht. Das Landesmuseum ist überdurchschnittlich oft vertreten.

Schmidt kennt auch die hessische und die nordrhein-westfälische Kulturszene, wo er zuvor arbeitete. Überall bauten sich Seilschaften auf, die Lottomittel, aber auch andere Geldquellen ausschöpften. »Das sind meist ältere, bereits gesettelte oder im Ruhestand lebende Herren, die die Kulturszene für sich entdeckt haben.« Natürlich gehe es auch um Macht, Antragsteller würden – gerade in Schleswig-Holstein – »wieder auf die Schulbank gedrückt. Ich muß wieder Besinnungsaufsätze schreiben, selbst wenn mein Antrag offensichtlich ist.«[160]

Auch Schmidts Vorgänger, der langjährige Leiter der Kunsthalle Jens Christian Jensen, hat gesehen, »wie Vorstandsmitglieder hofiert werden«. Er spricht von einem »selbstherrlichen Vorstand« und findet es »unerträglich, daß ohne fachliche Kompetenz und ohne Einsicht der Öffentlichkeit entschieden wird«. Er fordert deshalb seit Jahren die Berufung eines Kunstbeirats, der frei von der Kultusbürokratie arbeiten solle und an dessen Empfehlungen sich der Vorstand der Stiftung zu halten habe. Doch das ist auch in Schleswig-Holstein offenbar nicht gewollt. Dabei sei es doch so, wie der tschechische Kulturminister Pavel Tigrid gesagt habe: »Ich lege meinen Beamten ans Herz, die Kultur nicht zu ernst zu nehmen. Literatur, Theater, die bildende Kunst und die Kunst überhaupt sind doch immer auch ein Spiel mit der Phantasie, niemals ein Produkt der Bürokratie. Je länger ich Kulturminister bin, um so mehr bin ich davon überzeugt, daß eine wahre Demokratie ein ver- und überbürokratisiertes Kulturministerium gar nicht braucht.« Auch Jensen meint, je mehr die Bürokratie abgebaut werde, je mehr sie »die Dinge laufen läßt, sich also zurücknimmt, um so freier können sich Phantasie und eigenverantwortlicher Gestaltungswille entfalten«.

Doch die Politik hält lieber die Hand auf den Lottotopf, damit sie selbst entscheiden kann, wo und welche Kultur etwas abbekommt. Und weil das so ist, ist der Verdacht der Kungelei sofort vorhanden, werden bei Vergabeentscheidungen kulturpolitische Interessen unterstellt.

Das ist auch andernorts so: Der Berliner Abgeordnete Albert Eckert (Bündnis 90/Grüne) wunderte sich 1992, warum ein Konzertmogul der Stadt ein Darlehen erhält. Das damalige »Quartier«, betrieben von der Kabarettgruppe »Die 3 Tornados« und der Kölner Rockband BAP (Quartier GmbH), mußte damals aufgrund seines knappen Eigenkapitals schließen. Die Wintergarten Varieté Theater Betriebsgesellschaft mbH übernahm. Sie erhielt auf Antrag ein zinsloses Darlehen in Höhe von 1,5 Millionen Mark mit einer selbstschuldnerischen Bürgschaft des Senats. Eckert stellte in Frage, ob es nötig war, dem »Konzertmogul S.«, Peter Schwenkow, solch ein »Schleuderpreisdarlehen« anzubieten. Mit einem derartigen Darlehen, wie es der »reichste Kulturwirtschaftler Berlins« erhalten habe, hätten auch die vorherigen Betreiber leicht ihren Konsolidierungskurs fortführen können, glaubt Eckert. Und er fragte den Senat: »Bedeutet die Bevorzugung des S. in der Vergabesitzung etwa gegenüber Projekten bezirklicher Kulturarbeit eine Veränderung des Lottomottos in ›Wer hat, dem wird gegeben‹?« Vielleicht findet sich ja eine Erklärung in der CDU-Parteimitgliedschaft Schwenkows.

Im Parlament schickte der Regierende Bürgermeister den damaligen parteilosen Kultussenator Ulrich Roloff-Momin vor. Der erklärte, die Senatsverwaltung habe gemäß der Satzung die Anträge nur »auf Förderungswürdigkeit und Angemessenheit der geplanten Maßnahme sowie darauf zu prüfen, ob der Antragsteller die Voraussetzungen für eine ordnungsgemäße Bewirtschaftung der Zuwendung bietet«. Ob der Antragsteller »finanzstark« sei oder ein »Konzertmogul«, sei nicht Gegenstand der Prüfung.[161]

Ob Eckert recht hat oder nicht, spielt keine Rolle. Wichtig ist: Wo öffentliche oder halböffentliche Mittel mehr oder weniger freihändig vergeben oder in für die Öffentlichkeit unkontrollierbaren Einrichtungen verschoben werden, da entstehen Neid und Mißgunst, aber auch Mißtrauen und Verdächtigungen. Peter Schwenkow hat inzwischen eine »monopolähnliche Stellung im Konzertbereich der Stadt« erreicht. Ein Konkurrent ist die »Arena« im Ostberliner Bezirk Treptow. Zur Renovierung des Spielortes stellte die Europäische Union 7 Millionen Mark bereit, 7,6 weitere Millionen sollte die »Arena« selbst aufbringen. Wie Schwenkow damals beim »Wintergarten« stellten nun die »Arena«-Betreiber bei der Lottostiftung einen Antrag über 4,5 Millionen Mark. Er wurde nicht genehmigt. Mathew D. Rose orakelte in der *Zitty:* »Peter Schwenkows Erfolgsweg scheint sich in Berlin unaufhaltsam fortzusetzen – dank der Großen Koalition.«[162]

Während früher auch die Kultur vom zuständigen Senator verwaltet wurde und damit zumindest potentiell fürs Parlament kontrollierbar war, werden jetzt auch in diesem Bereich Aufgaben zunehmend ausgelagert. GmbHs wie die Berliner Kulturveranstaltungs- und Verwaltungsgesellschaft mbH (seit 1997 nur noch Kunstveranstaltungsgesellschaft mbH) sind eine Möglichkeit. Gesellschafterin ist das Land Berlin mit einer Einlage von 50 000 Mark. Im Aufsichtsrat führt der Kultussenator den Vorsitz. Die Gesellschaft verfolgt »ausschließlich gemeinnützige Zwecke«. Wenn Lottomittel dorthin fließen, gibt also ein Teil des Stiftungsrats immer einem Parteifreund.

Die derzeit wohl beliebteste Form, Lottomittel außerhalb der Öffentlichkeit zu parken, sind Stiftungen. Natürlich bleiben auch sie alle fest in Politikerhand. Denn wenn ein Politiker Geld aus der Hand gibt, heißt das noch lange nicht, daß die Empfänger damit machen können, was sie wollen.

Auch Nordrhein-Westfalen gründete 1990 eine Kulturstiftung, die Stiftung Kunst und Kultur des Landes Nordrhein-Westfalen. Und auch diese ist von der Politik bestimmt. 3,5 Millionen Mark ließ ihr 1990 und 1991 das Land zukommen, davon eine Million Mark als Grundstock fürs Stiftungsvermögen. 39 Millionen Mark aber gab es aus Lotteriemitteln in den ersten drei Jahren. 1996 erhielt die Stiftung mehr als 13 Millionen Mark aus den Zweckerträgen. Johannes Rau antwortete im Landtag auf eine Anfrage einiger Abgeordneter der CDU, die durch Meldungen beunruhigt schienen, daß die Kulturstiftungen des Landes »willkürlich und ohne hinreichende parlamentarische Kontrolle ihre Gelder verteilen«. Der damalige Ministerpräsident erläuterte, daß die Einrichtungen selbständige Stiftungen des privaten Rechts seien. Damit unterliegen sie nicht den für die öffentliche Verwaltung geltenden Vorschriften des Verfassungsrechts oder des Finanzrechts.[163] Und das ist auch der Sinn der Übung: eine wirksame Kontrolle kann nicht mehr stattfinden. Es besteht lediglich eine Rechtsaufsicht des Staates – und der ist in Nordrhein-Westfalen die SPD. Auch die Stiftung Naturschutz, Heimat- und Kulturpflege ist nach diesem Muster gestrickt. Sie erhielt 1990 bis 1992 68 Millionen Mark aus Lotteriemitteln, keine Mark dagegen aus dem Landeshaushalt.

»Nicht Nothelfer, sondern produktiver Wegbegleiter« der Kunst sollte die Stiftung Kunst und Kultur sein, formulierte Rau zur Gründungsfeier als Motto. Er sitzt dem Kuratorium vor, dem auch der jeweilige Kultusminister des Landes, Städtepolitiker, Banker und auch Kulturschaffende angehören. Alle werden auf Vorschlag des Ministerpräsidenten auf drei Jahre berufen. Der vormalige Werbedirektor der Landeshauptstadt Düsseldorf, Reinhard Linsel, wurde erster Sekretär (und damit Leiter) der Stiftung. 1997 übernahm der stellvertretende Sekretär, der Jurist Fritz-Theo Mennicken, einst langjähriger Ministerialbeamter im Kultusministerium. Er vertrat das Land in Gremien der Stiftung Preußischer Kulturbesitz, der Kulturstiftung der Länder sowie der Kultusministerkonferenz. Auch die Sekretäre werden auf Vorschlag des Ministerpräsidenten und des stellvertretenden Vorsitzenden des Kuratoriums (des jeweiligen Ministers für Kultus) berufen. Entscheidend ist, daß die Lottomittel, die für die Kultur vorgesehen sind, unter Politikerkontrolle bleiben – und damit auch die Möglichkeit der Einflußnahme. Otmar Böhmer, Verwaltungsdirektor der Kunstsammlung Nordrhein-Westfalen, sieht eine solche politische Einflußnahme – zumindest werde die Stiftung auf Programme der Landesregierung achten und diese möglicherweise bevorzugt fördern.

Wichtig war der Landesregierung beispielsweise das Schloß Moyland. Nach zehn Jahren Bauzeit wurde dieses Wasserschloß in Bedburg-Hau bei Kleve 1997 wieder eröffnet. Schloß Moyland blickt auf eine lange Tradition zurück: Erstmals wurde es 1307 erwähnt. 1740 trafen sich dort Voltaire und Friedrich II. Heute beherbergt es die Sammlung moderner Kunst von Hans und Franz Joseph van der Grinten, darunter rund 5000 Exponate von Joseph Beuys. Zur Renovierung von Schloß und Garten schoß das Land 90 Prozent der 65 Millionen Mark Gesamtkosten zu. Wenn das Land soviel Geld aufbringt, ist zu erwarten, daß ihm auch das weitere Wohlergehen am Herzen liegt. Und damit wohl auch der Stiftung Kunst und Kultur. Mehrere Projekte wurden inzwischen gefördert. Nützlich könnte einmal sein, daß Fritz-Theo Mennicken als Sekretär der Landesstiftung über die Anträge entscheidet. Er ist seit 1990 Mitglied des Vorstands der Stiftung Schloß Moyland, deren Kuratorium der Ministerpräsident selbst angehört, »als Vorsitzender«, wie es in einer Presseinformation der Stiftung heißt, »vertreten durch die für Kultur zuständige Ministerin«.

Das Stiftungswesen: Ernst Albrechts Geldhahn abgedreht

Klar, irgend jemand muß die Arbeit machen. »Aber warum gerade ich?«, fragen sich täglich ausgebuffte Faulpelze. Gut, daß es eine Hierarchie gibt, und wer nicht ganz unten sitzt auf der Leiter, der kann unangenehme Jobs an andere delegieren. »Der Müller hat doch gerade nichts zu tun, soll der das doch machen!« Große Wirtschaftsunternehmen haben sich diese praktische Lebenshaltung des kleinen Mannes zu eigen gemacht. Dort heißt es »Outsourcing«. Outsourcing ist in der Wirtschaft zu einem beliebten Mittel geworden, um Kosten einzusparen. Bestimmte Aufgaben werden an Geschäftspartner delegiert, der Betrieb kann leichter kalkulieren. Der übernehmende Betrieb kalkuliert deshalb enger, und für die Beschäftigten schwinden die Möglichkeiten, Arbeit an geringer Beschäftigte des eigenen Betriebes abzuschieben.

Auch Ministerien betreiben heute Outsourcing. Sogar Lotterieerträge werden heute an andere weitergereicht, die sie verteilen sollen. Das Unbegreifliche daran ist, daß die Einrichtungen das Geld nicht etwa freudig annehmen, sondern sagen: Wenn wir euer Geld verteilen sollen, dann müßt ihr auch unsere Verwaltungskosten ersetzen! Die Ministerien aber haben ebenfalls keine Lust, die Verteilung der Millionen aus ihren Haushalten zu bezahlen. Da ist ohnehin meist Ebbe. Und so haben sich in zahlreichen Ministerien hochrangige Beamte den Kopf darüber zerbrochen, wie das zu regeln wäre. Da muß einiges an Schweiß geflossen sei. Es ist eben anstrengend, Millionäre zu machen!

Aber schließlich hatte wohl jemand eine Idee. Warum zweigen wir nicht einen Teil der Lottozweckerträge ab, um das Personal und die Bleistifte für diejenigen kaufen zu können, die uns diese anstrengende Arbeit abnehmen? Wieder müssen zahlreiche Ministerialbeamte in zahlreichen Papieren gewühlt haben, bis einer etwas fand: Nein, das geht nicht, die Zweckerträge müssen zweckgebunden vergeben werden, und das Verteilen der Zweckerträge ist kein Zweck. Also dürfen Lottomittel nicht angeknappst werden. Wieder dachten viele, viele Staatsdiener nach – und plötzlich fiel der Groschen: Klar, wir gründen Stiftungen. Denen geben wir ein Grundkapital, und aus den Zinsen sollen die dann ihre Verwaltungskosten begleichen. Natürlich bleiben die Stiftungen in unserer Hand, damit wir immer kontrollieren können, was die mit unserem Geld machen. Das muß ein Schulterklopfen gewesen sein! Vielleicht beförderte ein glücklicher Minister diesen hervorragenden Fachmann sogar.

Inzwischen lebt eine wachsende Zahl von Stiftungen aus Lotterieerträgen, solche für Kultur, Landschaftspflege, Umweltschutz und andere. Die Stiftung Niedersachsen etwa hat inzwischen 74 Millionen Mark angehäuft. Bis 1993 überwies Toto-Lotto Niedersachsen jährlich rund zehn Millionen Mark, von denen die Stiftung stets die Hälfte zurücklegte. Mit dem 1997 verabschiedeten Lotteriegesetz hat die Landesregierung die Verteilung der Mittel neu geregelt. 1999 kann die Stiftung Niedersachsen nur noch mit 2,8 Millionen Mark aus dem Lottotopf rechnen. Zusammen mit den Zinsen aber bewältigt sie damit nicht nur ihre Verwaltungskosten, sondern hat noch immer eine schöne Summe zu verteilen.

Eine andere Stiftung hat der Stiftung Niedersachsen heute den Rang abgelaufen, jedenfalls hinsichtlich der Zuwendungen. Die 1993 gegründete Lottostiftung bekommt annähernd acht Millionen Mark. Sie nimmt Aufgaben wahr, die dem Land heute wichtiger sind als die bloße Kunst. Ein SPD-Abgeordneter begründete die Ungleichbehandlung der beiden Stiftungen schon 1994 im Haushaltsausschuß: Sie sei politisch gewollt, weil der Stiftung Niedersachsen auch private Mittel zugeführt würden. Im übrigen mache die Bevorzugung der Lottostiftung vor dem Hintergrund der Erweiterung ihres Aufgabenfeldes um die Bereiche Expo/Kultur Sinn. Schon im Vorfeld der Expo 2000 sollte »ein buntes und vielfältiges Kultur- und Ereignisprogramm Vorfreude auf die Weltausstellung wecken«, sagte Expo-Kulturmanager Tom Stromberg. Dazu gehören auch spannende Produktionen freier Theatergruppen. Dafür war bereits 1997 ein Förderpreis über 30 000 Mark ausgeschrieben, getragen und finanziert von der EXPO 2000 Hannover GmbH, dem Förderkreis freie Theater e. V. und der Niedersächsischen Lottostiftung. Stromberg erklärte, der Preis sei als Ansporn für die »lebendige Theaterszene der Weltausstellungsstadt« gedacht.

Mit der Zuteilung eines »Aufgabenfeldes« wird ziemlich deutlich, wie sehr die Politik die Lotterie zur eigenen Disposition stehend betrachtet. Aus der Höhe der Zuwendung wurde ein Staatsgeheimnis gemacht. Die Stiftung selbst hält die Herausgabe jeglicher Zahlen bezüglich der Mittelverwendung für »wenig sinnvoll«, so Stiftungsleiter Frank Seidel. »Die geben wir nicht raus.« Auch bei der Expo wollte man nichts sagen, »solange die Verträge nicht unterschrieben sind«.

Interessant ist: Die Stiftung erhielt zunächst als Einlage drei Millionen Mark, die »ungeschmälert zu erhalten« sind – natürlich aus Lotterieerträgen. Die sollen eigentlich unmittelbar eingesetzt und für gemeinnützige Zwecke verwendet werden. Statt dessen erzielt auch die Niedersächsische Lottostiftung nach dem inzwischen üblichen Modell aus den Einsätzen der Spieler Zinserträge, die dazu dienen, die Verwaltungskosten abzudecken.

Daß die Expo aus Lotteriemitteln gesponsert wird, hat Tradition in Hannover. Der Landesrechnungshof hatte bereits bei früheren Prüfungen beanstandet, daß ein gewerbliches Messeunternehmen, an dem das Land beteiligt ist, 10 000 (1988) und 50 000 Mark (1990) für eine Kunstausstellung im Rahmen einer Messe erhalten hatte. Ein weiteres Messeunternehmen, an dem das Land ebenfalls beteiligt ist, bekam unter anderem nachträglich eine Vollfinanzierung für ein Verkehrsgutachten (64 000 Mark) und außerdem 50 000 Mark für Imagewerbung niedersächsischer Unternehmen. Die Lottogesellschaften, so der Rechnungshof, »leisteten damit aus Lotterieerträgen einen Beitrag zur Verbesseung des Geschäftserfolgs des Messeunternehmens; zugleich förderten sie Interessen eines Teils der niedersächsischen Wirtschaft. Beides kann nicht allgemeiner Billigung im Sinne der Lotterieverordnung sicher sein.«

Eine Anfrage des damaligen Grünen-Abgeordneten Jürgen Trittin mag vielleicht eine zusätzliche Erklärung dafür liefern, warum die Stiftung Niedersachsen im inzwischen seit acht Jahren von der SPD regierten Land kürzer gehalten wird: Trittin bemerkte 1989, als noch die CDU regierte, daß dem Beirat der Stiftung eine Reihe von CDU-Landesministern angehöre. Die Antwort der damaligen Finanzministerin Birgit Breuel, die darauf hinwies, daß Zweckerträge »kraft Gesetzes keine öffentlichen Mittel« seien, entbehrt nicht einer gewissen Komik: »Ich muß bekennen, daß mir nicht bekannt ist, welchen Parteien die einzelnen Mitglieder der Stiftung angehören.« Ein weiterer Nachfrager wollte wissen, ob es zutreffe, daß auch sie, Frau Breuel, dem Stiftungsrat angehöre, und welche sonstigen Mitglieder der Landesregierung dort säßen. Breuel antwortete so: »Herr Schörshusen, wenn Sie damit fragen wollen, welcher Partei ich angehöre [Lachen bei den Grünen], dann muß ich Sie darauf hinweisen, daß für diese Frage das Datenschutzgesetz nicht gilt. Ich gehöre der CDU an. [...] Es mag noch einige mehr geben, die der CDU angehören. Die werde ich aber hier nicht nennen, weil dies dem Datenschutz unterliegt.«[164] Und so ist diese Geschichte auch eine der Politik: Die niedersächsische Landesregierung vertraute die Lottomillionen lieber der Lotteriestiftung an, denn dort hielten Gerhard Schröder und der SPD-treue Reinhard Scheibe die Zügel in der Hand. Bei der Stiftung Niedersachsen heißt der Präsident dagegen noch heute Ernst Albrecht, bis 1990 Ministerpräsident der CDU-geführten Regierung.

Naturschutz: »Da habt ihr 300 000 Mark«

Die Stiftung Umwelt und Naturschutz in Magdeburg konnte ihr Glück gar nicht fassen: Plötzlich schüttete Lotto sein Füllhorn über den Naturschützern aus. Der Abteilungsleiter im Umweltministerium und stellvertretende Vorsitzende der Stiftung, Ulrich Koehler, erinnert sich: »Plötzlich tauchte Toto-Lotto auf und sagte: Da habt ihr 300 000 Mark.« Der überraschende Geldsegen kam, weil das Lotteriegesetz vorsieht, daß auch der Naturschutz aus den Zweckerträgen bedient werden muß, genauer: aus der Losbrieflotterie. Wohin mit dem Geld? Da kam es gerade recht, daß »eine alte Dame aus Essen« 1996 verstarb und die 18 Erben ihr Haus in der Steubenallee 2 zum Verkauf anboten, in dem ohnehin schon eine Handvoll Umweltverbände residierten. Die Stiftung griff zu. Für rund 400 000 Mark erwarb sie das baufällige Haus, die Renovierung kostete noch einmal soviel. Heute haben dank Hunderttausenden von Loskäufern sieben Umweltverbände zwar eine mietgünstige Heimstatt und die Stiftung sogar laufende Mieteinnahmen, aber bis 1998 konnte die Stiftung kein einziges Projekt fördern, weil kein Geld da war. Eigentlich sollen mit den Zweckerträgen kleinere Projekte mit bis zu 10 000 Mark unterstützt werden. Die Erträge aus der Losbrieflotterie ZipZap, die im April 1997 mangels Umsatz eingestellt wurde, können die Tipper heute nicht in der Natur, sondern im Umwelthaus betrachten. Daß Lottomittel an Stiftungen vergeben werden, um einen Kapitalstock zu errichten, nimmt überhand. Daß die Magdeburger sich eine Immobilie anschaffen durften, ist eine Variante. Die häufigere ist es aber, Stiftungskapital anzuhäufen und die in der Zukunft anfallenden Zinsen für die eigentlichen Zwecke oder die Verwaltung zu gebrauchen.

Die Stiftung Naturschutz Schleswig-Holstein hat die Aufgabe übernommen, für den Naturschutz besonders geeignete Grundstücke anzukaufen. Rund 12 000 Hektar Land, ein Prozent Schleswig-Holsteins, hat die Stiftung in den 20 Jahren ihres Bestehens übernommen und rund 120 Millionen Mark investiert. Insgesamt gehört ihr derzeit schon ein Zehntel der Fläche des nördlichsten Bundeslandes. In den Räumen des Geschäftsführers, Walter Hemmerling, hängt eine große Landkarte, darauf viele markierte Flächen. »15 Prozent sind das Ziel«, erläutert Hemmerling. Angekauft wurde zunächst aus Haushaltsmitteln des Landes. »Mit zunehmend knapperen Landeskassen wurde dann auch auf Lotto zurückgegriffen«, meint Hemmerling. Im Prinzip wäre dagegen nichts zu sagen, denn die in Schleswig-Holstein gültige Verordnung über die Genehmigung öffentlicher Lotterien und Ausspielungen vom 6. März 1937 genehmigt Lotterien, wenn »ihr Ertrag Zwecken zugute kommt, die allgemeiner Billigung sicher sind«. Ein Gummiparagraph zwar, mit dem ein charismatischer Diktator auch einen Krieg hätte finanzieren können, aber gültig.

Bis 1997 war die in Kiel beheimatete Stiftung Naturschutz Schleswig-Holstein im Umweltministerium untergebracht und wurde von einem Beamten geleitet. Heute residiert sie im dritten Stockwerk eines neuen Klinkerbaus direkt am Hafen. Hemmerling war zuvor beim Landesamt für Natur und Umwelt (Lanu) beschäftigt. Den Vorstand beruft die Landesregierung nach Wahl durch den Stiftungsrat. Diesem sitzt laut Satzung der Staatssekretär im Umweltministerium vor, derzeit Henriette Berg. Das Ministerium überprüft auch den Haushalt der Stiftung. Bei der Verwaltung ihrer Ländereien unterstützt die Schleswig-Holsteinische Landgesellschaft mbH die Stiftung. Sie sitzt wie die Stiftung in der Fabrikstraße 7 zu Kiel. Die Landgesellschaft gehört zu knapp 60 Prozent dem Land, zu 25,5 Prozent dem Bund und zu kleinen Teilen einigen Banken und den Kommunen. Inzwischen ist sie Teil eines Konzerns geworden, der Landesentwicklungsgesellschaft Schleswig-Holstein. Die angekauften Grundstücke gehen in den Besitz der Stiftung.

Daß das Land sich so stark für den Naturschutz einsetzt, ist lobenswert, und so kann Hemmerling auch ohne Scheu sagen: »Ja, wir sind ein Instrument der Landesregierung.« Doch Hemmerling und seine Kollegen streben mehr Unabhängigkeit an. Der Landesregierung scheint das nicht unrecht zu sein. Die Stiftung erhält aus dem Zweckertrag des Spiels 77 jährlich 1,5 Millionen Mark. Bisher wurde das Geld überwiegend zum Ankauf der Flächen verwendet, in den nächsten drei Jahren soll damit das Stiftungskapital, bislang zehn Millionen Mark, aufgestockt werden. »Aus den Zinsen«, freut sich Hemmerling, »sollen dann künftig unsere Verwaltungskosten bestritten werden.«

Das Ansammeln von Kapital ist nach dem Lotteriegesetz nicht zulässig, wird gleichwohl auch in anderen Bundesländern immer beliebter. Lotteriemittel sind nach der Lotterieverordnung von 1937, die mangels eines landeseigenen

Lotteriegesetzes in Schleswig-Holstein gültig ist, *unmittelbar* für begünstigte Zwecke zu verwenden. »Aufgrund dieser eindeutigen Zweckbindung«, so der Rechnungshof, »kommt eine Thesaurierung der Mittel und eine auf Kapitalerträge begrenzte Verwendung bei der jeweiligen Stiftung zugunsten des Landes nicht in Betracht.«

Es erübrigt sich zu sagen: Die erworbenen Grundstücke fallen im Fall einer Auflösung der Stiftung dem Land zu und gehören de facto diesem. Gleichermaßen gehen die von der schleswig-holsteinischen Kunststiftung angekauften Kunstwerke in den Besitz des Landes über. So bereichert sich auch Schleswig-Holstein auf undurchsichtige Weise an den Spieleinsätzen der Tipper.

Brandenburg: Acht Millionen von Regine

Was sich im Westen bewährt, nehmen auch ostdeutsche Politiker auf – auch solche, die nicht aus Bonn in den Osten geschickt worden, sondern dort aufgewachsen sind. Das Brandenburger Umweltministerium spart Haushaltsmittel, seit es die Stiftung Naturschutzfonds Brandenburg gegründet und ihr zwei Millionen Mark aus Lottomitteln geschenkt hat. Aus dem Ertrag werden die Verwaltungskosten gedeckt. Die Stiftung betreut die sogenannten Ausgleichsabgaben, die beispielsweise beim Bau von Autobahnen oder Bahntrassen bezahlt werden müssen, um Umweltverbrauch auszugleichen. Die Aufgabe, staatliche Einnahmen zu verteilen, die sich aus dem Naturschutzgesetz ergeben, hätte natürlich das Ministerium übernehmen können. Das hätte aber Geld gekostet. Die Stiftungslösung erschien da als die preisgünstigere Alternative. Doch Mittel für eine dauerhafte Deckung der Personalkosten bereitstellen wollten die Brandenburger ebensowenig. Um zu vermeiden, daß Verwaltungskosten aus der Ausgleichsabgabe bezahlt werden müssen, kam man offenbar auf die ebenso zweifelhafte Idee, Lottomittel als Grundstock zweckzuentfremden. Seit die Stiftung die Lottomillionen erhalten hat, »finanzieren wir daraus anteilig auch die Verwaltungskosten«, erklärt Geschäftsführer Bernhard Schmidt-Ruhe, also sein Geschäftsführergehalt, die Entlohnung einer Assistentin und weiterer Mitarbeiter, Miete, Papier etc. Das Umweltministerium kürzt seit der Zuweisung der Lottomittel die Haushaltsmittel. Deshalb wird auch von den Erträgen aus dem Lotteriekapital immer weniger für Projekte ausgegeben. Schmidt-Ruhe: »Bald werden wir unter fünfzig Prozent liegen.«[165]

Die Entscheidung, zwei Millionen Mark für die Stiftung auszugeben, klärt auch eine noch offene Frage: Hat sich das Umweltministerium 1995, als es mehrere Millionen Lotteriemark weniger verteilte, als es einnahm, einen Kredit verschafft? Hat es nicht, behauptet Sprecher Dieter Schütte. 1995 seien schlicht weniger Anträge eingegangen. Wurde für die Stiftung angespart? »Definitiv nicht!« Allerdings sei die Staatsregierung schon lange mit diesen Plänen schwanger gegangen. Man habe aber 1995 noch »Bedenken gehabt«. Wenige Stunden später wurde diese Version korrigiert. Man habe erst 1996 daran gedacht, eine Stiftung einzurichten, und »niemals formelle Bedenken gehabt«. Sollte es doch welche gegeben haben, so waren sie 1996 ausgeräumt.[166]

Regine Hildebrandt ist bekannt dafür, daß sie hilft, wo sie kann.[167] Richtig geklotzt hat sie aber bei der Stiftung Hilfe für Familien in Not, die insgesamt acht Millionen Mark aus Hildebrandts Lottokasse bekam. Damit schlug die Ministerin zwei Fliegen mit einer Klappe. Sie selbst spart Haushaltsmittel, und darüber hinaus bekommt sie seither von dritter Seite zusätzlich Geld. Mit Einrichtung der Stiftung konnte nun auch Brandenburg Anspruch auf Steuermittel der Bundesstiftung Mutter und Kind erheben. Die Geschäftsführerin der Brandenburger Stiftung, Helga Ramp, erläutert: »Als Voraussetzung, um an die Mittel der Bundesstiftung Mutter und Kind zu kommen, muß ein Land die Bedingungen schaffen. Die Ministerin hat die Stiftung gegründet, damit wir die Bundesmittel kriegen.« Alles für den guten Zweck. 463 Familien konnte damit die Hildebrandt-Stiftung seit 1993 helfen, mit insgesamt 1,6 Millionen Mark. Das ist ein schöner Erfolg, doch der Becher enthält einen dicken Wermutstropfen: Die bei der Stiftung angelegten Lottomittel dienen nicht dazu, Familien unmittelbar zu helfen. Sie helfen vielmehr der Ministerin, Ausgaben für ihre Schöpfung einzusparen. Die Kosten für die drei Mitarbeiter, die Bescheide, Papier und Porto, erläutert Helga Ramp, also »die Verwaltungskosten werden von den Erträgen des Stiftungskapitals finanziert«, mithin von den Zinsen der Lottomittel. Diese kamen damit keinesfalls unmittelbar der Förderung gemeinnütziger Zwecke zugute, wie das Lotterierecht vorschreibt. Für die Ausstattung der Geschäftsräume gab es 1995 zusätzlich 1285 Mark, wenig später für die Anschaffung eines PC noch einmal 4700 Mark.[168]

8. Der »deutsche Lottokrieg«: Das Ringen um die Millionen

Die Claims sind abgesteckt: Jede Landesregierung kassiert im deutschen Lottoföderalismus bei ihren Landeskindern ab, so gut sie kann. Wehe, eine streckt ihre Finger über die Grenzen hinaus aus. Dann steht der Block vor der Spaltung. Als der ehemalige Studienrat Norman Faber vor rund 20 Jahren begann, ins Lottogeschäft einzusteigen, dachte noch niemand daran, daß er einmal den Block zum Wanken bringen könnte. Eine Anzeige von WestLotto, die um das Überleben ihres Annahmestellennetzes fürchtete, schlug die Staatsanwaltschaft Bochum 1981 nieder. Heute dürfte WestLotto sich glücklich schätzen, damals unterlegen zu sein. Faber soll inzwischen jährlich 120 Millionen Mark umsetzen. Die Spielscheine gibt er allesamt in Nordrhein-Westfalen ab, was allein an Lotteriesteuern 20 Millionen Mark in die Kassen Nordrhein-Westfalens spült. Wie das Nachrichtenmagazin *Report* ermittelte, gehen die Scheine sämtlich an die Annahmestelle eines Studienfreundes, der damit mehr als sieben Millionen Mark an Provisionen einnehmen soll.

Fabers Erfolg weckte auch bei anderen Unternehmen das Verlangen, am Lottoboom teilzuhaben. Saartoto schloß 1995 einen Vertrag mit einem Systemanbieter (Lotto Pool) ab, der zwar bundesweit Scheine einziehen, diese aber alle im Saarland abliefern wollte. Die Firma war Data Service

Leistungssysteme (DSL) und gehörte zu annähernd einem Drittel der Ehefrau des Schweizers Cesar Lüthi, der als Partner des Deutschen Fußballbundes und einiger Bundesligavereine Stadion- und Bandenwerbung betrieb. Für Faber, der in zahlreichen Stadien wirbt, eine heikle Situation. DSL-Geschäftsführer war Max Boxheimer, früher ein Bezirksdirektor beim baden-württembergischen Lotto. Er war mit 20 Prozent beteiligt. Der ehemalige Fußballprofi Günter Netzer saß bei der Vorstellung des Lotto Pools im Münchener Hotel »Bayerischer Hof« neben Lüthi.

Im »Haus des Sports«, das der Saartoto gehört, wurde in der früheren Geschäftsstelle des 1. FC Saarbrücken ein Büro eingerichtet, eine Sonderannahmestelle, wie es hieß. Die Annahmestellenprovision von 6,9 Prozent sollte DSL behalten dürfen, zusätzlich war die Rede von einem Rabatt von zwei Prozent.[169] Aus Bayern tobte Karl Rodler: »Wer in anderen Ländern grast, der stiehlt!« Schleswig-Holsteins Lottochef Rolf Stypmann meinte dagegen: »Die Saarländer haben aus ihrer Sicht das Richtige getan, nämlich in anderen Bundesländern zu wildern, statt sich von denen nur beklauen zu lassen.« Doch Saarlotto-Geschäftsführer Albert Wagner, der auf einen zusätzlichen Umsatz von 700 Millionen Mark hoffte, wartete vergeblich auf den Startschuß. Die 7000 ausgefüllten Lottoscheine, die am Saarufer in der Saarbrücker Zentrale bereitlagen, wurden nie gespielt. Nach vier Wochen hatte DSL gerade 32 000 Mark eingenommen, nach 20 Wochen soll's eine halbe Million gewesen sein. Lüthi, Boxheimer und Saartoto gaben das Vorhaben Ende Mai 1995 auf – der Lotto- und Totoblock hatte in Cottbus gegen die Stimmen Nordrhein-Westfalens, Hamburgs und des Saarlandes beschlossen, gewerbliche Spielgemeinschaften künftig aus dem Spiel auszuschließen. Insider meinen, auch der hohen Werbekosten wegen habe sich das Geschäft nicht rentiert.

Faber dagegen spielt bis heute mit. Er bekam vor dem Berliner Kammergericht recht und darf sein Angebot weiter verbreiten. Schon das Bundeskartellamt hatte den Blockbeschluß als unzulässige Wettbewerbsbeschränkung bewertet. Das Berliner Kammergericht entschied den »deutschen Lotto-Krieg« (*Die Welt*) schließlich endgültig zugunsten Fabers und WestLottos.

Inzwischen hat der »Lottokrieg« eine europäische Dimension erreicht. Die EU-Kommission hat es bisher unterlassen, sich klar zu entscheiden: Sind Lotterien Wirtschaftsunternehmen, oder haben sie auch eine ordnungspolitische Aufgabe? Der Europäische Gerichtshof muß deshalb erneut entscheiden, ob der Glücksspielmarkt weiterhin in viele nationale Parzellen unterteilt bleiben darf. Den Rechtsstreit hat ein finnischer Geschäftsmann ausgelöst, der 1996 Geldspielautomaten in Großbritannien geleast und sie in seinen Geschäftsräumen in Finnland betrieben hatte. Damit verstieß er gegen finnisches Recht. Doch der Europäische Gerichtshof hatte 1994 festgestellt, daß das Betreiben einer Lotterie eine Dienstleistung sei und nationale Vorschriften eine Beschränkung des freien Dienstleistungsverkehrs seien. Allerdings seien wegen der »ganz besonderen Natur der Lotterien« nationale Beschränkungen möglich, ja sogar Verbote. Deutsche Lotterieveranstalter und die Landesregierungen stützten sich bisher auf dieses Urteil. Nun fürchten sie, die seit 1994 praktizierte Regelung könnte kippen. Dann könnten neue Anbieter als Konkurrenten auftreten, die den Gesetzen ihres Landes unterliegen. Sollten dort weder Zweckerträge noch Lotteriesteuer anfallen, so hätte der Konkurrent einen Vorteil. »Die Auswirkungen wären gewaltig«, orakelte im Sommer 1998 der Sprecher des damaligen Blockführers Bremen, Peter Zerfowski. »Wenn gesagt werden würde: Lotto ist eine Dienstleistung, dann entfallen diese Gelder.« Nicht nur »Einnahmeeinbrüche« befürchtete Zerfowski, sondern er erinnerte auch an die Gefahren der Spielsucht. Der Deutsche Lotto- und Toto-Block sei »nicht interessiert an einer Erweiterung des Umsatzes. Wenn wir aber freie Konkurrenz hätten, wäre der Block auf der Gewinnerstraße.« Die wirtschaftliche Macht der deutschen Lotterieunternehmen sei so groß wie nirgendwo sonst, die kreative Kompetenz ebenso.[170]

Der Deutsche Sportbund jammerte, ohne die Lottomillionen müßten Nachwuchsarbeit, der Bau neuer Sportanlagen, die Förderung von Spitzen- und Breitensport reduziert werden. Alles würde »massiv leiden«, orakelte der Generalsekretär des Deutschen Sportbundes, Mark Niederhöfer.

Da heulen Krokodile! Das Urteil von 1994 mußte der Europäische Gerichtshof fällen, weil die Süddeutsche Klassenlotterie in fremden Gefilden gewildert hatte – in Großbritannien. Die Glücksspirale konnte bis 1996 auch in Luxemburg gespielt werden. Die Sport Toto GmbH Staatliches Zahlenlotto Rheinland-Pfalz schließlich betreibt seit Jahr und Tag eine Generalagentur mit mehreren Annahmestellen in Luxemburg. Ganz legal.

Es ist schon merkwürdig: Ausgerechnet beim Lotto rufen die Deregulierer dieser Jahre geschlossen nach nationalen Parzellen. Das ist natürlich Unsinn! Was allerdings vor einer Öffnung des Lotteriemarktes nötig wäre, sind einheitliche Gesetze in ganz Europa. Wenn jede europäische Lotterie einen bestimmten Steuersatz sowie Zweckerträge in festgelegter Höhe abliefern muß, hat keine einen Wettbewerbsvorteil. Aber das bessere Angebot wird sich durchsetzen. Das ist nicht nur in allen anderen Bereichen die derzeit gültige Marktideologie, sondern bietet den deutschen Lotterien auch Chancen im Ausland, die sie zweifellos sofort ergreifen würden. Und weil das deutsche Angebot ja das beste ist, wie unsere Lotteriemanager immer wieder betonen, bleibt die Frage: Warum soviel Angst?

Die Deutschen wollen eben lieber das behalten, was sie haben – auch die Lotteriemanager. Doch nicht nur von außen drängen Konkurrenten ins Land, auch national wollen sich bisher benachteiligte Gruppen einen Teil vom Millionenkuchen abschneiden: Umweltschützer und Menschenrechtler. Sie versuchen seit Jahren, eine eigene Lotterie aufzumachen, um Geld für ihre Projekte zu gewinnen. Denn der Umwelt geht's bisher bei Toto und Lotto vergleichsweise dreckig.

Umweltlotterie: Wie die Länder ihre Pfründen verteidigen

In einem jahrelangen Ringen haben zehn »grüne« Verbände 1998 ihren ersten Punktsieg errungen: Seit Mai 1994 bemühten sich UNICEF, Deutsche Welthungerhilfe, Bund Umwelt- und Naturschutz Deutschland (BUND), Terre des Hommes, World Wildlife Fund (WWF), Greenpeace, Deutscher Naturschutzring, Naturschutzbund, Kindernothilfe und Misereor darum, eine Umwelt- und Entwicklungslotterie gründen zu dürfen. Das Konzept steht seit langem: Vorbild ist die niederländische »Nationale Postcode Loterij«. Gleich den bestehenden Lotterien in ARD und ZDF sollte die neue Lotterie in Zusammenhang mit einem kommerziellen TV-Sender (die ARD hatte schon 1995 ein Kooperationsangebot ausgeschlagen) veranstaltet werden. Doch alle Bundesländer mauerten. Am 12. Juni 1998 hat das Verwaltungsgericht Hannover das Land Niedersachsen verpflichtet, der Arbeitsgemeinschaft Neue Bundeslotterie für Umwelt und Entwicklung eine Genehmigung zu erteilen.

Alle Diskussionen in den Länderparlamenten zeigen: Die neue Bundeslotterie für Umwelt und Entwicklung wird als Konkurrenz betrachtet, die Antragsteller rannten gegen geschlossene Türen an. Beispielhaft ein Schreiben des Stuttgarter Innenministeriums, das »im Einvernehmen mit dem Finanzministerium und mit dem Umweltministerium« eine Anfrage des SPD-Abgeordneten Wolfgang Drexler beantwortete:

»Die ständige Konferenz der Innenminister und -senatoren der Länder hat am 25. November 1994 einstimmig folgenden Beschluß gefaßt:

Zu bundesweiten Lotterien gemeinnütziger Träger ist die Innenministerkonferenz folgender Auffassung:

1. Das Bedürfnis der Bevölkerung, an solchen Lotterien teilzunehmen, wird gegenwärtig weitgehend befriedigt.

2. Ein gemeinnütziger Zweck stellt selbst kein Legitimationselement für die Zulassung einer Lotterie dar, sondern ist vielmehr nur eine der weiteren Voraussetzungen für ihre Genehmigungsfähigkeit.

3. Es sollen möglichst wenig Lotterien gleichzeitig veranstaltet werden.

4. Anträge auf Genehmigung weiterer Lotterien sind nach diesen Maßgaben im Einzelfall zu prüfen. Sofern neue gemeinnützige Zwecke gefördert werden sollen, sind sie vorrangig in bestehende Lotterien einzubeziehen.«

Die Schwaben schlugen deshalb vor, den »Umweltbereich« in der Glücksspirale zu berücksichtigen, was die Finanzministerkonferenz im September 1997 als Vorschlag übernahm. Weiter unten im Schreiben wird deutlich geäußert, was die Finanzminister befürchten: »Es ist davon auszugehen, daß sich durch eine neue bundesweite Lotterie das Spielaufkommen und damit die Reinerträge nicht bedeutend erhöhen würden, sondern die Spieleinsätze sich nur auf mehr Lotterien verteilen würden. In diesem Fall wäre nicht sichergestellt, daß der Zweck bestehender Lotterieveranstaltungen ungeschmälert weiter verwirklicht werden könnte.«

In der Tat: Würden die Tipper den Veranstalter wechseln,

weil er ihnen klar erkärt, wofür seine Einsätze verwendet werden, wären die Länderfinanzminister die Verlierer. Die holländischen Erfahrungen sind anders: Die Einsätze für die Umweltlotterie gingen nicht zu Lasten der Staatslotterien, sondern auch diese konnten ihre Zahlen verbessern. Allerdings wüßten die Tipper, wohin ihr Geld geht: Die neue Bundeslotterie soll Mittel einspielen, um die Arbeit der erwähnten Verbände unterstützen zu können, aber auch Umweltprojekte und Entwicklungshilfemaßnahmen kleiner Träger. »Wir versuchen durch unsere Initiative nur das zu bekommen«, erläutert Projektleiter Udo Weiß, »was Sport und Wohlfahrtsverbände schon seit Jahrzehnten in Milliardenbeträgen bekommen.«

Weiß, der früher Geschäftsführer des WWF war, beklagt eine staatliche »Verhinderungsstrategie«, die sich folgendermaßen gestaltet: Alle Landesregierungen, die sich mit der Frage einer Genehmigung einer Umweltlotterie beschäftigen mußten, sahen für diese keinen Bedarf. Außerdem dürfe der Spieltrieb nicht weiter angefacht werden. »Das ist ja lächerlich angesichts der mehr als 100 Millionen Mark, die bei Lotto für Werbung ausgegeben werden«, meint Weiß. Nach dieser ersten Verteidigungsmauer wurde die nächste errichtet: Niedersachsen, wo die Umweltlotterie zuerst eingeführt werden sollte, veranstaltete ein eigenes Bingo-Lotto zugunsten des Umwelt- und Naturschutzes. Das Innenministerium hat das Projekt einer eigenständigen Umweltlotterie gegenüber diesem Bingo-Lotto stets benachteiligt. In einem Ablehnungsbescheid an die Arbeitsgemeinschaft hieß es, daß »ein hinreichendes öffentliches Bedürfnis nicht ersichtlich ist«. Zum schließlich nach nur zehn Monaten genehmigten Bingo-Lotto meinte dasselbe Haus, ein öffentliches Interesse »kann bei wohlwollender Betrachtung gerade noch unterstellt werden«.[171] Was den Gesinnungswandel erzeugt hat, geht aus einem

Schreiben des Innenministers an den Hamburger Innensenator hervor: »Mit der Bingo-Lotterie soll ein neues Lotteriespiel eingeführt werden, das ein vermutetes Spielbedürfnis abdecken soll, das von den bestehenden Angeboten nicht erfaßt wird. [...] Daneben wird mit der Zweckbestimmung ›Umwelt‹ ein von der Gesellschaft als wichtig erkannter Bereich gefördert. [...] Forderungen nach einer Öffnung des Lotteriewesens stehen weiterhin im Raum, so daß es für die Toto- und Lottounternehmen zukunftsorientiert sinnvoll sein kann, Lücken in ihren Angeboten zu schließen.«[172] 120 000 Niedersachen erwarben für dieses Bingo-Lotto pro Runde ein Los. Es kostet fünf Mark, außerdem eine Bearbeitungsgebühr von 50 Pfennig. Die Zweckerträge werden durch die Lottostiftung vergeben, die nach Meinung der Geschäftsführer von UNICEF und BUND, Dietrich Garlichs und Winfried Pickler, »schon aufgrund der Zusammensetzung ihrer Gremien eine kompetente Mittelvergabe für Umweltprojekte kaum sicherstellen kann. Die Vertreter der Umweltverbände und der Entwicklungsorganisationen haben im Verhältnis zu den Vertretern der Parteien und der übrigen Verbände nur eine Minderheitsstellung.«[173]

Das ist nicht korrekt: Rund sechs Millionen Mark Zweckerträge brachte Bingo bis zum Sommer 1998 ein. Die Lottostiftung vergab 4,7 Millionen Mark an 222 Projekte: von 150 Mark für Eulennistkästen bis zu 300 000 Mark, die der BUND einstecken durfte. Die Organisation baute damit Burg Lenzen um, die nun ein europäisches Zentrum für Auenökologie, Umweltbildung und Besucherinformation beherbergt. Beraten läßt sich die Lottostiftung vom Umweltrat, dessen Vorsitz Renate Backhaus übernommen hat, die Vorstandsvorsitzende des BUND in Niedersachsen. Neben ihr sitzen im Umweltrat Vertreter des Naturschutzbundes, des WWF, des Landesverbandes Bürgerinitiativen Umweltschutz, des Niedersächsischen Heimatbundes, des

Vereins Entwicklungspolitischer Initiativen Niedersachsen und des Forums Entwicklungszusammenarbeit Niedersachsen, das im Haus der Gesellschaft für bedrohte Völker in Göttingen untergebracht ist. Unter den sechs übrigen Vertretern befindet sich noch die Vorsitzende der Landtagsfraktion Bündnis 90/Die Grünen, Rebecca Harms. Von einer Minderheit der Umweltverbände und der Entwicklungsorganisationen kann also nicht gesprochen werden. Allerdings berät das Gremium nur, die Entscheidung trifft immer noch der Chef, Lottogeschäftsführer Reinhard Scheibe.

Mit 120 000 Mitspielern trägt sich Bingo-Lotto kaum. Erst bei 180 000, hatte die Toto-Lotto-Niedersachsen GmbH zunächst kalkuliert, lohne das Spielangebot. Deshalb, und weil die Bingo-Lotto-Sendungen über N3 ebenfalls in anderen Bundesländern empfangen werden können, will Niedersachsen sein Bingo-Lotto auch in den anderen norddeutschen Ländern anbieten. Doch dagegen wehrten sich zunächst die Gesellschaften in Schleswig-Holstein, Hamburg, Bremen und Mecklenburg-Vorpommern. Inzwischen ist die Landesregierung in Kiel aufgesprungen. Allerdings sollen in Schleswig-Holstein nur 20 Prozent der Einsätze für Umweltzwecke abgezweigt werden. In Niedersachsen sind es 25 Prozent. Mecklenburg-Vorpommern schwankte lange. Die Landesregierung hatte ein hinreichendes Bedürfnis nicht gesehen. Außerdem befürchtete sie Verluste von mehr als 100 000 Mark im Jahr, die mit Gewinnen aus den anderen Lotterien ausgeglichen werden müßten – mit Folgen für den Landeshaushalt, an den in Mecklenburg-Vorpommern alle Lotterieerträge gehen. Auch Niedersachsen hatte offenbar unterm Strich bis Sommer 1998 keine Gewinne eingefahren. Für Mecklenburg-Vorpommern sei wegen des ohnehin geringeren Interesses damit zu rechnen, daß »der Losabsatz auf Dauer erheblich unter dem für einen wirtschaftlichen Betrieb der Lotterie notwendigen Absatz bleiben wird«. Das erwartete Defizit zu Beginn aus Zweckerträgen zu decken lehnte die Landesregierung ab. Die Spielteilnehmer könnten sich hintergangen fühlen. Allerdings könnten zwei Arbeitskräfte für die Bearbeitung der Anträge aus dem Zweckertrag finanziert werden, meinte die Regierung – 150 000 Mark. Das wäre rund ein Sechstel der jährlich erwarteten Zweckerträge. »Da hier ein unmittelbarer Zusammenhang mit der Verwendung der Lotteriezwecke für Umweltprojekte gegeben ist, bestehen [...] keine Bedenken eines zweckfremden Einsatzes.«[174] Diese Einschätzung ist falsch. Die Veranstalter erhalten einen ausreichenden Anteil aus den Einsätzen sowie Bearbeitungsgebühren. Damit sollen die Veranstaltungskosten der Lotterie gedeckt werden, und dazu gehört auch das Verteilen der Mittel.

Die Veranstalter der neuen Bundeslotterie wollen 38 Prozent der Einsätze als Zweckerträge verteilen. Das ist annähernd das Doppelte dessen, was staatliche für den guten Zweck abzweigen – sofern dies überhaupt geschieht. Eine Stiftung soll die Zweckerträge verwalten. 70 Prozent sollen an die Verbände gehen, 30 Prozent an eine Stiftung Neues Handeln, die andere Begünstigte aus dem Themenfeld bedienen soll. Kritik an dieser Lösung begegnet Udo Weiß mit der Bemerkung, das sei »eine heute übliche typische Outsourcing-Lösung«. Die Stiftung vermeide damit ein finanzielles Risiko. Und noch ein Argument klingt glaubhaft: »Die NGOs [Non-Government Organisations – nichtstaatliche Organisationen, P. K.] würden alle ihre Glaubwürdigkeit riskieren, wenn durch die Lotterieveranstaltung Lotterieskandale entstehen.«

Wermutstropfen für die Spieler: Nur maximal 27 Prozent der Einsätze sollen an die Gewinner gehen. Udo Weiß hebt den guten Zweck hervor und erklärt, die Umweltlotterie sei eine »Fund-raising-Lotterie« und unterscheide sich insofern von allen anderen.

Der Staat bekommt nur die Lotteriesteuer, ein Sechstel der Einsätze. An Kosten wurden 18 Prozent kalkuliert, was mehr ist als bei den eingeführten Lotterien. Nach fünf Jahren soll der Kostenanteil auf 15,5 Prozent abgesenkt worden sein. Im Vergleich zum niedersächsischen Bingo-Lotto schneidet die geplante Lotterie allerdings besser ab. Während das Innenministerium den hohen Betriebskostenanteil bei der Umweltlotterie monierte, weist Bingo-Lotto offiziell 18,3 Prozent Kostenanteil aus. Doch selbst diese reichen nicht aus. Für die Finanzierung der TV-Produktion werden auch Rabatte eingesetzt. Ein Vertragsentwurf mit der Bingo-TV Produktions- und Marketing-Gesellschaft mbH sah vor: »Die seitens der Bingo-TV akquirierten Sachpreise werden zu Netto-Ladenverkaufspreisen zzgl. Umsatzsteuer an die TLN [Toto-Lotto Niedersachsen GmbH, P. K.] weiterveräußert. Sollten der Bingo-TV beim Erwerb der Sachpreise größere Mengenrabattstaffeln eingeräumt werden, wird sie ab dem 1. 4. 1998 einen Teil dieser Rabatte an die TLN weitergeben und die Sachpreise damit unter den Netto-Ladenverkaufspreisen an TLN veräußern.« Den Beamten des Innenministeriums, die das nicht hinnehmen wollten, wurde beschieden: »Die Rabattregelung dient zentral zur Mitfinanzierung der TV-Sendung. Dies ist in allen Gesprächen mit dem Innen- und Finanzministerium deutlich dargestellt und von diesen akzeptiert worden. Die vorliegende Formulierung würde eine Finanzierung der TV-Sendung unmöglich machen und damit die Lotterie verhindern.«[175]

Mitfinanziert hat auch der NDR: »Zur Abgeltung aller auf den NDR zu übertragenden Rechte zahlt der NDR einen Betrag in Höhe von DM 920 000 inkl. der gesetzlichen Mehrwertsteuer. In Worten: Deutsche Mark neunhundertzwanzigtausend.«[176]

Auch das Verbot von Wirtschaftswerbung im Zusammenhang mit Lotterien wird beim Bingo-Lotto offenbar mißachtet. Die Lotteriereferenten stellten Ende 1996 auf ihrer Tagung in Potsdam fest: »Als besonders gravierend wird die Verbindung der Lotterie mit Produktwerbung und Sponsoring angesehen.« Das Innenministerium Nordrhein-Westfalen stellte deshalb fest: »Soweit ersichtlich, würde auch erstmals eine Lotterie in Kooperation mit der ›Wirtschaft‹ durchgeführt werden.« Auch das hessische Innenministerium wunderte sich: Bingo-Lotto gebe »den bisher von allen Ländern vertretenen Grundsatz auf, daß Lotterien nicht mehr mit eigenwirtschaftlichen Interessen verknüpft sein sollen, als durch die Ausstellung gespendeter Sachgewinne unvermeidbar ist. [...] Bei der gesamten für Sonntag von 17.00 bis 18.00 Uhr geplanten Sendung scheint es sich um eine unterhaltende Werbesendung zugunsten umweltfreundlicher Produkte mit Lotterieelementen zu handeln.« Und schließlich wunderte sich selbst das niedersächsische Finanzministerium: »Im ersten Satz auf Blatt 2 wird verräterischer- und bedenklicherweise die gesamte Sendung im dritten Programm des Norddeutschen Rundfunks als ›Werbung‹ hingestellt.«[177]

Bingo-Lotto ging im September 1997 auf den Markt. Neben dem politischen Willen, es so zu machen, war mitentscheidend, wer die Anträge bearbeitete: Der Staatssekretär des zuständigen Innenministeriums sitzt im Aufsichtsrat der Toto-Lotto-Niedersachsen GmbH. Gerhard Schröder, der sich zwar für eine Umweltlotterie ausgesprochen hatte, aber angesiedelt unter dem staatlichen Lotteriedach, ist bekanntlich mit Lottogeschäftsführer Reinhard Scheibe eng befreundet, der einmal Leiter der Staatskanzlei Schröders war. Und die zweite Geschäftsführerin der Toto-Lotto Niedersachsen GmbH, Christiane von Richthofen, ist Mitglied im Verwaltungsrat des NDR.

Spielgemeinschaften im Internet:
»Wer braucht kein Geld?«

»Sie spielen Woche für Woche Lotto und zahlen auch noch dafür? Wenn Sie diese Frage mit JA beantworten, klicken Sie bitte hier!« Ein unbetiteltes Dokument lockt die Surfer weiter hinein ins Netz. »Wissen Sie, daß in Deutschland wöchentlich ca. 20 Millionen Menschen Lotto spielen und dafür, je nach Höhe des Jackpots, zwischen 150 und 200 Millionen DM ausgeben?«, fragt die nächste Plattform. Eine Ebene weiter lockt das Lotto Team Online: »Partizipieren Sie auch an diesem Millionengeschäft! Auf Provisionsbasis – mit eigener Web-Site – dadurch 24 Std. erreichbar!« Wieder ein Klick. Nun erklärt die Firma, wie man teilhaben kann am Lottogeschäft. »Ihre Aufgabe: die Vermittlung neuer Mitspieler für eine Systemspielgemeinschaft an die Firma Lotto Team in Düsseldorf. Das Produkt: Anteile des Lottovollsystems Super-Gigant 11, 6 aus 49 mit Spiel 77 & Super 6.« Als Verdienst versprechen die Düsseldorfer: »Sie verdienen permanent eine Provision gemäß dem Marketingplan (25–31,2%).« Wem es gelingt, vier Spielpartner zu gewinnen, der spielt umsonst Lotto, weil er seine Provision einsetzen kann. Wer Interesse hat, kann gleich online ein E-Mail-Formular ausfüllen: »Entscheiden Sie sich, bevor es andere tun!«

Wenige Tage später liegt ein Vertrag auf dem Tisch. Und weitere Erklärungen des Bezirksleiters M. Riedel. 20 Millionen Menschen, schreibt er, spielten jede Woche Lotto. »Unser Bestreben ist es, weitere 10 Millionen Menschen direkt anzusprechen, damit im Lotto wöchentlich eben 30 Millionen Woche für Woche spielen. Und so haben wir mit Lotto Team den Direktvertrieb eröffnet und bezahlen sehr gut für fleißige Leute wie die, die z. B. eine Agentur aufmachen und dieses Geschäft hauptberuflich vertreiben.« Folgendes müsse man wissen: Wer in Deutschland eine »Lotto-Bude« betrete, der müsse zunächst bezahlen – und zwar zuerst den Lottoschein. Und dann die Sendung im ARD-Fernsehen, »oder glauben Sie im Ernst, das Fernsehen würde diese Ziehung der Lottozahlen umsonst ausstrahlen?« Riedel nennt die Summe von »etwa pro Woche über 600 000 DM«. Das ist natürlich nicht wahr, ebensowenig wie die folgenden Zahlen zutreffen: »Auch die Lottoannahmestellen erhalten 7% und die Sammelstellen halt 14%, sehen Sie, und auf diese Weise werden 55% der Einnahmen für den Vertrieb verbraucht, einschließlich der vielen Gehälter von diesen Lotto-Machern im Deutschen Lottoblock selbst.« Ausgehend von diesem Popanz kommt Riedel nun zur Sache: »Und von diesen 55% aller Einnahmen, die nur für den Vertrieb ausgegeben werden, zahlt Lotto Team an seine Vertriebspartner bis zu 32,5% aus, für die von Ihnen getätigten Abschlüsse.«

Wie das gehen soll, wird dann im folgenden erklärt: 100 Mark ist der Einsatz. Man brauche nur vier Spieler zu werben, die je 25 Mark einzahlen, und schon spiele man umsonst! »Wenn Sie nun das gleiche den von Ihnen geworbenen Leuten erzählen, dann machen die das doch gerne auch, denn wer braucht kein Geld.« Dem ist natürlich zuzustimmen. Von jedem direkt Geworbenen erhält deren Werber 25 Mark, der Werber dieses Werbers drei Mark. Wenn also jede dieser Agenturen 1000 Leute werbe, die für je 25 Mark spielen, dann bekomme man 3000 Mark monatlich, »ohne jegliche Arbeit«. Und so weiter. Riedel erklärt, er habe bereits 14 Agenturen, und nach seinem Rechenbeispiel verdiente er dann 42 000 Mark im Monat. Wichtig sei, daß jeder Vertriebspartner »mindestens 20 eigene Lottospieler oder Vertriebspartner werben sollte, damit er mit voller Vergütung arbeiten kann, denn bei 20 eigenen werden Sie vom Vertriebsbeauftragten zum Bezirksbeauftragten hochgestuft und erhalten dann statt 25% eben 28% und dann immer weiter nach oben bis 32,5%«.

Merkwürdig an diesen Unterlagen ist: Zwar darf man auf dem Antragsformular seine Kontoverbindung angeben – wegen der Überweisung der künftigen Tantiemen, wie man zunächst annimmt. Offenbar aber werden diese nicht mit dem eigenen Einsatz verrechnet, denn gleichzeitig soll auch die Kreditkartennummer angegeben oder eine Unterschrift zum Lastschrifteinzug geleistet werden. Man soll ja auch selbst spielen. »Wir verlangen keine Gebühren für Lizenzen oder Franchising, nur in das Lottospiel muß man schon einsteigen, um Vertriebspartner zu werden«, schreibt Riedel. »Als Mitarbeiter der Firma Lotto Team erwartet die Firma natürlich, daß Sie das angebotene Produkt auch selbst nutzen. Erstens ersieht die Firma hier Ihre Produktidentifikation und zweitens, sind wir ehrlich, wem möchten wir ein lukratives Lottospiel anbieten, wenn wir selbst nicht spielen. Ihr Interessent braucht Sie nur zu fragen, ob Sie auch spielen. Was würden Sie sagen? Würden Sie lügen? Sehen Sie, es macht nur Sinn, wenn jeder Mitarbeiter auch selbst spielt.«

1,25 Mark kostet jeder Anteil pro Wochenausspielung, und damit erscheint es so, als koste eine Reihe soviel wie in der Annahmestelle. Im Kleingedruckten aber ist zu lesen, wofür die 1,25 Mark stehen: Neben dem Anteil für Spiel 77 und Super 6 sind darin enthalten die Spielscheingebühr von sechs Pfennig und – entscheidend – »eine Servicegebühr von DM 0,45«. In Klammern ist erklärt: »Es handelt sich hierbei um das Entgelt für das Lotto Team.«

Wer keine Einzugsermächtigung schickt, sondern per Anweisung oder Scheck bezahlt, muß eine Selbstzahlergebühr von 15 Pfennig pro Buchung und Anteil entrichten, bei 25 Mark Einsatz für 20 Anteile also drei Mark. Natürlich gibt es auch noch umfangreiches Schulungsmaterial zu erwerben. Die CD kostet 85 Mark. Zunächst aber will die Firma Vertrauen schaffen und schickt deshalb »erst einmal zwei verschiedene Kassetten, eine für Hausfrauen und eine für Profis«.

Wer auf das Angebot eingeht, beteiligt sich keinesfalls an einem Unternehmen, sondern an einer geschickt getarnten Tippgemeinschaft, die nach dem Prinzip des Schneeballsystems aufgebaut ist. Wer dabei gewinnt, ist das Lotto Team. Denn die Mitspieler und die vielen fleißigen Ameisen, die in ihren Sportvereinen und Stammkneipen die Arbeit leisten, bezahlen ihre Provisionen selbst. Von ihrem Einsatz dienen bei Lotto Team rund 40 Prozent der Verwaltung, deutlich mehr als bei Abgabe der Lottoscheine bei einer Annahmestelle.

Otto Lotto hat nachgerechnet: Wenn er vier seiner Kumpel überredet, für je 25 Mark mitzuspielen, dann kann er 100 Mark an das Lotto Team vermitteln, und er spielt umsonst. Aber von den 100 Mark seiner Freunde hat die Gesellschaft viermal neun Mark (20 Anteile à 45 Pfennige) abgezogen, also 36 Mark. Außerdem zwanzigmal sechs Pfennig Spielscheingebühr von jedem der vier, also viermal 1,20 Mark, macht noch einmal 4,80 Mark. Zu Recht warnt deshalb die Toto-Lotto-Gesellschaft in Stuttgart, ebenfalls im Internet: »Ein Teil wird im Lotto und ggfs. auch im Spiel 77 und Super 6 eingesetzt. Der Rest sind Gebühren (30% des Einsatzes sind keine Seltenheit), die die Betreiber der Spielgemeinschaft einstreichen.« Gewinne zahlten manche Spielgemeinschaften nur auf Anforderung aus oder lediglich dann, wenn die Gewinnsumme ein Mehrfaches des Spieleinsatzes betrage. »Wenn nicht ausbezahlt wird, wird der Gewinnbetrag dem Spielerkonto gutgeschrieben und wieder eingesetzt.«

Gerd Eich von der Sport Toto Staatliches Zahlenlotto Rheinland-Pfalz rechnet vor, daß 1848 Lottoreihen beim von Lotto Team angebotenen System Super-Gigant 11 bei einem Einsatz von 1,25 Mark pro Reihe insgesamt 2310 Mark kosten. Außerdem kommt je viermal der Einsatz für Super 6 und Spiel 77 hinzu, 18 Mark. Insgeamt beträgt der Einsatz also 2328 Mark. Die »maximal 208 Teilnehmer«, wie bei Lotto Team behauptet wird, bezahlen aber, wenn sie je 25 Mark einsetzen, 5200 Mark ein. Macht einen Überschuß von 2872 Mark, mehr als 50 Prozent.[178]

Auch andere kommerzielle Spielgemeinschaften sind keine Wohltäter. Faber, so hat Eich errechnet, »liegt bei über 40 Prozent Bearbeitungsgebühren«. Otto Lotto geht deshalb weiterhin selbst zur Annahmestelle, auch wenn das Mitspielen bei einer Tippgemeinschaft bequem ist. Er findet, daß diese Bequemlichkeit teuer erkauft ist. Und sein Annahmestellenleiter würde ihn auch nicht mehr grüßen. Außerdem müßte er im Falle eines Sechsers mit vielen anderen teilen. Da bleibt von einem Millionengewinn für den einzelnen nicht viel übrig.

Niedersachsens Lottozentrale warnt deshalb, ebenfalls im Internet: »Verschiedentlich bieten sogenannte Vermittler die Beteiligung an den von den Unternehmen des Deutschen Lotto- und Totoblocks veranstalteten Lotterien auch über Internet an. Eine direkte oder indirekte Verbindung dieser Vermittler zu den Gesellschaften des Deutschen Lotto- und Totoblocks besteht aber nicht. Eine Teilnahme über diese Vermittler erfolgt also auf eigene Gefahr.«

Deutlicher wird die Hessische Lotteriegesellschaft: Es sei »nicht sicher, ob die gewerblichen Lotto-Anbieter auch tatsächlich die Tippscheine abgeben, weil dies niemand kontrollieren kann«. Darüber hinaus gebe es »ernsthafte Befürchtungen«, daß sich bei der wachsenden Zahl von gewerblichen Tippgemeinschaften auch die Mafia daran beteiligen könnte, um auf diesem Wege ihre Gelder zu waschen.[179]

Spielsysteme: »Weggeworfenes Geld«

Als am 6. Oktober 1997 die Gewinnquoten veröffentlicht wurden, platzte bei 124 Lottotippern der Traum vom Millionär. Sie alle hatten dieselbe Zahlenreihe angekreuzt. Mit 53 092 Mark mußten sie sich deshalb zufriedengeben. 1977 hatten schon einmal 205 Spieler dieselben Zahlen, der Gewinn betrug damals noch ganze 30 000 Mark. 1988 hatten sogar 222 Menschen auf den »Sixpack« 24, 25, 26, 30, 31, 32 gesetzt. Damals gab's für jeden 84 000 Mark.

Wer auf Geburtsdaten setzt oder Muster auf die Tippscheine malt, hat zwar die gleiche Chance auf einen Sechser wie jeder andere, aber die Wahrscheinlichkeit eines richtig hohen Gewinns ist eher gering. Denn es gibt Lottozahlen, die beliebt sind, während andere seltener getippt werden. Darauf bauen professionelle Tippgemeinschaften wie Faber ihre Marketingstrategien auf. Motto: Wenn schon gewinnen, dann richtig! Vier Prozent aller Einsätze sollen inzwischen bei solchen Unternehmen abgegeben werden.

Wer etwa bei Lotto Team einsteigt, beteiligt sich am Vollsystem Super-Gigant 11. Neunzig Prozent aller möglichen Spielzahlen, wirbt der Prospekt, werden abgedeckt. Wie bei den meisten kommerziellen Anbietern setzen die Spielgemeinschaften darauf, beliebte Zahlen nicht zu tippen. In Büchern, die das Glück erzwingen wollen, und mehr noch im Internet ist ein regelrechter Glaubenskrieg um die besten Strategien ausgebrochen.

Zum Super-Gigant 11 merkt ein Kritiker an: »Wenn man 90% bis 100% aller Lotto-Zahlen verwendet, ist prinzipiell keine durchgängige Hochquotenstrategie mehr möglich, vor allem dann nicht, wenn man die Zahlen über Vollsysteme vollständig permutiert!« Die Hochquotenstrategie geht davon aus, daß man hohe Gewinne nur erreichen kann, wenn man seltene Zahlen spielt. Ein weiteres Problem sei, daß Tippgemeinschaften »ihre Tips immer mehrere Wochen konstant halten. Aus zahlentheoretischen Überlegungen (und in der Praxis verifizierbar) sind bei den Lotto-Ziehungen durchschnittlich jede zweite Woche Mehrlinge (Zwillinge usw.) zu erwarten und jede zweite Woche nicht! Ein Tip über mehrere Wochen liegt also tendenziell jede zweite Woche total daneben und ist weggeworfenes Geld!« Mehrlinge sind mehrere Zahlen in Folge. Und schließlich meint der unbekannte Stratege: Je mehr »unbeliebte« Zahlen von solchen Spielergemeinschaften getippt werden, desto mehr gleicht sich deren Häufigkeit derjenigen beliebter Zahlen an.

Wie also sollte eine erfolgversprechende Tippstrategie aussehen? »1. Keine Vollsysteme spielen. 2. Echte Hochquotenreihen spielen. 3. Keine Mehrwochenscheine spielen. 4. Keine Quick-Tipps spielen.«

Auch die Glücksspiel-GmbHs bieten in ihrer Kundenzeitschrift *Spiel mit* ein »Lottobarometer« an. Dies sei aber lediglich »ein spielerischer Versuch, die Präferenz, daß eine bestimmte Zahl von 1 bis 49 bei der nächsten Ziehung der Lottozahlen gezogen wird, mittels einer Kennziffer auszudrücken«. Sie ergibt sich aus der Formel:

$n \times 6/49 + w - z = k$ (Kennziffer)

Man geht dabei von der Anzahl der bisherigen Ausspielungen (n) aus, multipliziert diese Zahl mit 6 und dividiert sie durch 49. Dazu addiert man die Zahl »wie lange nicht gezogen« (w = Zahl der Wochen) und zieht die Ziehungshäufigkeit (z) dieser Lottozahl ab. »Selbstverständlich ist damit keine bestimmte ›Vorhersage‹ möglich«, schränkt Toto-Lotto in Stuttgart ein, »zumal die Wahrscheinlichkeit, daß eine bestimmte Zahl gezogen wird, bei jeder Ziehung gleich ist.« Eine »mathematische Berechnung« der Ziehungswahrscheinlichkeit sei »damit sicher nicht möglich«.

Auch Otto Lotto glaubt, daß das Glück nicht zu erzwingen ist, schon gar nicht beim Lotto. Auf keinen Fall können noch so ausgeklügelte Strategien die Prozente wiedergutmachen, die von cleveren Geschäftsleuten für ihre Bemühungen ums Glück kassiert werden. Die Hälfte der Einsätze wird ohnehin einbehalten, und deshalb stehen die Sieger bei den Lotterien fest: die Finanzminister und mit ihnen alle, die das Spiel veranstalten. Und so behält auch bei diesem Versuch, den Zufall zu beeinflussen, Bert Brecht recht: »Ja, renn nur nach dem Glück, doch renne nicht zu sehr! Denn alle rennen nach dem Glück, das Glück rennt hinterher.«

Albert Einstein soll sich lange Jahre mit Roulette beschäftigt haben und schließlich zur Erkenntnis gelangt sein, daß es nur zwei Wege gibt zu gewinnen: Jetons zu stehlen oder Systeme zu verkaufen. Das gilt bis heute, nicht nur beim Roulette, sondern auch beim Lotto.

9. Privatisierung: »Der Raub der Lottomillionen«

Kein Mensch verkauft seine Wertpapiere, wenn die Rendite hoch ist – außer er ist in Not. Die Bundes- wie auch viele Landesregierungen sind in Not. Alle Haushalte haben Schulden und weisen jährlich weitere aus. Die Bonner wie auch viele Länderregierungen bieten deshalb ihr Tafelsilber feil. Niedersachsens damaliger Ministerpräsident Gerhard Schröder hatte bis 1996 einen Schuldenberg von 65 Milliarden Mark angehäuft. Knapp 40 Milliarden hatte er von der vorherigen Regierung übernommen, mehr als zwei Milliarden kommen derzeit pro Jahr hinzu. Nach dem Verkauf der Harzwasserwerke an ein Konsortium unter Führung des Energiekonzerns Preussen Elektra verscherbelte das Land im darauffolgenden Jahr seine Mehrheitsbeteiligung an der Lottogesellschaft. Für knapp 400 Millionen Mark erwarben die Norddeutsche Landesbank (NordLB) und eine Gesellschaft der niedersächsischen Sparkassen, die Fördergesellschaft des Niedersächsischen Sparkassen- und Giroverbandes mbH & Co., die Anteile des Landes. Das entspricht dem Modell Nordrhein-Westfalens, wo die Westdeutsche Landesbank die Lotteriegeschäfte betreibt. Eine geringe Einlage halten in Niedersachsen weiter die Sportverbände. Andere Interessenten wurden erst gar nicht gehört, obwohl eine höhere Einnahme möglich gewesen wäre. Finanzminister Willi Waike meinte aber, mit Landesbank und Sparkassen sei »durch ihre Nähe zur öffentlichen Hand auch für die Zukunft eine zuverlässige Trägerschaft« garantiert.[180]

Schon diese Einschätzung muß relativiert werden: Die gescheiterte Fusion der NordLB mit der Bankgesellschaft Berlin hätte die viertgrößte Bank der Republik geschaffen. Die öffentliche Hand hätte nur 71 Prozent gehalten, die nach einer Vereinbarung der Bankvorstände auf 60 Prozent hätten reduziert werden können. Doch Gerhard Schröder benötigte die Millionen. Der Abgeordnete Erwin Jordan (Bündnis 90/Die Grünen) beklagte im Landtag den Handel und meinte, hier wurde Landesvermögen »verschleudert«. Nicht einmal der Kaufpreis sei bisher von der Landesregierung schlüssig dargelegt worden.[181] Finanzminister Waike nannte als Stammwert des Unternehmens 103,4 Millionen Mark. Als Wertsteigerung der Gesellschaft, die durch die geringe Konzessionsabgabe eintrete, verbuchte er 231,4 Millionen Mark. Bei durchschnittlichen Lohneinsätzen von 800 Millionen Mark errechnete er allerdings eine jährliche Senkung der Konzessionsabgabe um 32 Millionen Mark, mithin in 13 Jahren 416 Millionen Mark. Seine Kalkulation rechnete Waike herunter, indem er einen Abzinsungsfaktor von acht Prozent ansetzte, weil das Land für die Einnahme von 400 Millionen Mark aus dem Verkauf in den nächsten Jahren keine Schuldzinsen bezahlen müsse. Kritiker sprachen angesichts dieser Interpretation von einem »verdeckten Kredit«, weil das Land den höheren Erlös durch einen Verzicht auf künftige Einnahmen erreicht habe. Waike verwies darauf, daß dieses Verfahren rechtlich einwandfrei und auch von einer Wirtschaftsprüfungsgesellschaft für korrekt befunden worden sei. Das mag sein, aber den Wert des Unternehmens für die Käufer beeinflußt der Schuldenstand des Landes nicht im geringsten. Wohl aber die Verhandlungsposition: Wer nicht an den Verkauf größerer Posten von Landesbesitz wie der VW-Beteiligung denkt, aber in

Zeitnot ist, muß sich mit einem geringeren Angebot zufriedengeben.

Der haushaltspolitische Sprecher der CDU-Fraktion, Hartmut Möllring, machte eine andere Rechnung auf als Waike: Bei einer zu erwartenden Erhöhung der Umsätze um drei Prozent errechnete er eine Wertsteigerung von einer halben Milliarde Mark, die verschenkt werde. Allein dies sei mehr als der gesamte Kauferlös. Außerdem sei eine zusätzliche Steigerung der Umsätze durch die Euro-Einführung zu erwarten, »weil die Leute ihre Spielgewohnheiten nicht aufgeben«, eine Reihe dann aber statt einer Mark einen Euro kostet, an die zwei Mark. Die schriftlich fixierte Reduzierung der Personal- und Sachkosten um eine Million Mark erhöhe den Betriebswert um weitere 8,6 Millionen Mark. Die Banken erwürben außerdem mit den 2900 online-vernetzten Vertriebsstellen eine hervorragende Vertriebsstruktur, ein Wettbewerbsvorteil, der »bares Geld wert« sei. »Insgesamt kann ich kein hundertprozentiges Geschäft für das Land sehen. Für die Sparkassen und damit für die Kommunen und die Organisationen schon, aber für das Land sieht mir das sehr kritisch aus.«

Möllring wunderte sich nicht, daß die Anteile, die der Sparkassenseite zustanden, innerhalb weniger Tage völlig überzeichnet gewesen seien. Bei einer Renditeerwartung von 8,9 Prozent sei dies auch nicht verwunderlich.[182] An der Fördergesellschaft des Niedersächsischen Sparkassen- und Giroverbandes mbH & Co., Beteiligungsgesellschaft bürgerlichen Rechts mit beschränkter Haftung und ohne Einlage, beteiligten sich schließlich 69 kommunale Banken, von der Kreissparkasse Bersenbrück mit 89 900 Mark bis zur Landwirtschaftlichen Brandkasse Hannover, die 25 Millionen Mark investierte. Die Fördergesellschaft wurde extra für diesen Kauf gegründet. »Gegenstand der Gesellschaft ist der Erwerb, die Verwaltung und die Veräußerung von

Anteilen an der Toto-Lotto-Gesellschaft Niedersachsen Gesellschaft mit beschränkter Haftung.« Nebenbei bemerkt: Über ihren eigentlichen Auftrag hinaus ist die Fördergesellschaft auch an der Expo-Vorbereitungsgesellschaft der S-Finanzgruppe mbH beteiligt.

Die Union vergaß dabei, daß auch sie während ihrer Regierungszeit zweimal selbst zugegriffen hatte. Im Haushaltsentwurf 1987 sah die Landesregierung vor, die Zweckbindung der Lottomittel aufzuheben. Damals war es die SPD-Opposition, die sich vor allem daran störte, daß aufgrund dieser Maßnahme die Förderung von Forschungsprojekten nicht mehr gewährleistet erschien (Historische Kommission Niedersachsen etc.). Sie sah darin eine »forschungsfeindliche Gesinnung«, so der Abgeordnete Wernstedt (SPD), »weil sie eines der wenigen Instrumente zur flexiblen Finanzierung junger Wissenschaftler zerschlägt«. Bisher seien Berufungsverhandlungen mit hochqualifizierten Forschern »zuweilen durch den Hinweis darauf erleichtert, daß man für landesspezifische Projekte auch Toto-Lotto-Mittel mit einsetzen könne«.[183] Die Landesregierung, so kündigte Kultusminister Oschatz damals an, werde das Ziel, die Zweckbindung wiederherzustellen, »nicht aus dem Auge verlieren«.[184]

Nun hatte Gerhard Schröder die Lotterie versilbert. Der Kaufpreis, fällig am 1. Juli 1997, wurde als allgemeine Dekkungsmittel in den Haushalt eingestellt. In Baden-Württemberg und auch im Saarland führte der Deal sofort zu ähnlichen Diskussionen. Erwin Teufel, Ministerpräsident im »Ländle«, fand die Idee seines Wirtschaftsministers Walter Döring (FDP) »sehr interessant«. Im Saarland lobte der Präsident des Saarländischen Sparkassen- und Giroverbandes sofort die »glänzende Idee«. Doch Finanzministerin Christiane Krajewski gab zu bedenken: »Wenn es nur darum geht, fiskalisch einen kurzfristigen Erfolg zu erzielen und durch den Verkaufserlös seine eigene Bilanz zu verschönern, dann ist das nicht besonders intelligent. Denn ein Kuchen läßt sich nur einmal verfrühstücken.« Die Niedersachsen mußten besonders hungrig gewesen sein. Ein kleines Loch im Haushalt konnte mit dem Verkauf sicher gestopft werden, aber der Anteil am Gesamthaushalt war so gering, daß die Einnahmen aus dem Verkauf nach ganzen drei Tagen verbraucht waren. An anderer Stelle entstanden allerdings viele neue Löcher, die jahrelang erhalten bleiben werden – bei den Lottodestinatären. Die Konzessionsabgabe beim Zahlenlotto, so vereinbarten die Vertragspartner, wurde für 13 Jahre von 24 auf 20 Prozent reduziert. Der Landeshaushalt muß mindestens bis zum Jahr 2020 mit Einnahmeverlusten rechnen wie auch die Empfänger der zweckgebundenen Lotterieerträge in Sport, Kultur und im sozialen Bereich.

Norbert Roske (Bündnis 90/Die Grünen) sprach von einem »Sonderangebot« an die Banken und beklagte den Verzicht des Landes auf einen Teil der Konzessionsabgaben, die er einen »Springquell nachhaltiger Quasi-Steuereinnahmen« nannte. Im Kaufvertrag stehe sogar ein Passus, der festlege, daß vor einer Wiederanhebung der Konzessionsabgabe die dem Kaufpreis zugrunde gelegte Renditeerwartung zu berücksichtigen sei. Das heißt, wenn die Renditeerwartung nach Anhebung nicht erreicht werde, verliere das Land auf Dauer die Möglichkeit, die Senkung der Konzessionsabgabe zurückzunehmen.[185] Verluste müssen durch die Kürzung der Konzessionsabgabe insgesamt auch die Destinatäre hinnehmen. Vermutlich auf Dauer. Bei den Ausschußberatungen für das neue Lotteriegesetz im Ausschuß für innere Verwaltung war die Bestimmung über die Konzessionsabgabe um ein entscheidendes Wörtchen geändert worden. Der ursprüngliche Entwurf sah vor, daß die Abgabe an das Land aus dem Zahlenlotto »mindestens«

20 vom Hundert des Spielkapitals sein solle, im Ausschuß wurde dieses Wort gestrichen.

Von den Konzessionsabgaben sollten 1999 demnach 127 Millionen Mark (von rund 275 Millionen Mark insgesamt) zweckgebunden vergeben werden und der Betrag sich jährlich um 2,8 Millionen Mark erhöhen – eine Art Inflationsausgleich. 37,4 Prozent erhält der Landessportbund, 31,2 Prozent die Spitzenverbände der Freien Wohlfahrtspflege, 6,2 Prozent die Niedersächsische Lottostiftung, 2,2 Prozent die Stiftung Niedersachsen, 1,2 Prozent die Niedersächsische Umweltstiftung, 0,5 Prozent die Stiftung »Kinder von Tschernobyl«, deren Kuratorium die Exgattin des damaligen Ministerpräsidenten, Hiltrud Schröder, bis 1997 fünfeinhalb Jahre lang vorgestanden hatte und deren Sitz sich in der niedersächsischen Staatskanzlei befindet.[186] Der große Rest geht als allgemeine Deckungsmittel in den Haushalt ein. Maximal die Hälfte darf zweckgebunden an die obengenannten Einrichtungen gehen. Damit, so meinte der Abgeordnete Collmann (SPD), seien »die Interessen des Landes unserer Ansicht nach deutlich besser gewahrt«.[187]

Der Zugriff der niedersächsischen Landesregierung auf die Lottomittel hat damit zwar nicht ein Ende, aber einen Rahmen gefunden. 1983 und 1987 hatte die damalige CDU-Regierung die Zweckerträge erstmals gedeckelt. 1993 zog die SPD-Grünen-Regierung 20 Millionen Mark zusätzlich zur allgemeinen Haushaltsdeckung ab, worauf sich die Wohlfahrtsverbände und der Landessportbund beschwerten. Eine kleine Anfrage beantwortete der damalige Innenminister Gerhard Glogowski im Landtag mit der lakonischen Feststellung, die »angespannte Lage der öffentlichen Haushalte erfordert Einsparungen in fast allen Bereichen«.[188] Der damalige Finanzminister Swieter schob die Kürzungen auf die Kosten der Einheit, zu denen der Sport nun mit sieben, die Wohlfahrtsverbände mit sechs Millionen

Mark beitrügen. Es ist offensichtlich: In Niedersachsen – aber nicht nur dort – betrachten Politiker die Lottomittel wie Haushaltsposten, über die sie frei verfügen können. Die CDU sprach denn auch zu Recht vom »Raub der Lottomillionen«.

Und noch jemand bezahlt diesen Deal mit: der niedersächsische Lottospieler. 13,4 Millionen Mark mehr konnte das Land bei den Käufern immerhin herausschlagen, weil zuvor eine Erhöhung der Bearbeitungsgebühren für den Spielschein von 50 auf 60 Pfennig beschlossen worden war. Finanzminister Waike erklärte am 9. Juli 1997 im Plenum ausdrücklich, die Erhöhung der Gebühren sei bereits im Gutachten der Wirtschaftsprüfungsgesellschaft berücksichtigt worden, die den Wert des Unternehmens bestimmt hatte. Vielleicht werden daraus die Renditen für die Banken bezahlt.

Die Lotterien vollends in private Hände zu legen kann nicht Ziel einer verantwortungsbewußten Politik sein. Der Berliner Journalist Harry Nutt stellte 1994 »Erkundungen zum Glücksspiel« an und kam zu dem Schluß: »Keine Volkswirtschaft überläßt den Glücksspielmarkt einer wettbewerblichen Selbststeuerung.«[189] Die Aufhebung einer staatlichen Regulierung des Gücksspiels könne »ebensowenig das Ziel einer sozialpolitisch verantwortungsbewußten Glücksspielpolitik sein wie die Forderung nach stärkerer Anwendung des allgemeinen Glücksspielverbots«. Sinnvoll wäre es, »eine Situation zu schaffen, die das Glücksspiel als Angebot eines Marktgeschehens definiert«. Es gelte, darauf zu achten, daß der Spieler beim Spiel faire Bedingungen vorfinde.[190]

10. Was tun?

Jürgen Gansäuer, Vizepräsident des niedersächsischen Landtags, muß es wissen. »Früher, so vor 20 Jahren, da hätten Sie bei Lotto suchen müssen, da hätten Sie noch was gefunden.« Gansäuer hatte einmal selbst drei Annahmestellen. Der frühere Lottochef Ewald Zapfe habe ihn einmal angerufen. Auf der Messe sollte eine Annahmestelle eingerichtet werden. Doch am Tag vor der Eröffnung sei der Leiter abgesprungen. Da habe er mit seiner Frau den Job gemacht. So einfach und unkompliziert war damals alles beim Lotto. »Wenn der Zapfe damals zu einer Hauptversammlung des Sportverbandes ging, dann haben die ihn fast noch in der Sänfte hereingetragen.« Und wenn er den Landtag besucht habe, hätten ihm alle auf die Schultern geklopft. Der Zapfe hatte immer Geld, und er lieferte die Scheine pünktlich ab. »Draufgeschaut hat damals noch keiner«, erinnert sich Gansäuer. »Da war ja immer genug da. Heute sind die Kassen knapp, und deshalb wird jetzt auch beim Lotto genauer hingeschaut.«[191]

Offenbar nicht genau genug. Sechzehn Lottogesellschaften betreiben Toto, Lotto und die Losbrieflotterien, und sie geben sich viel Mühe, ihre Geheimnisse zu wahren. Was Otto Lotto und die Tipper vorne abliefern, wird hinter den Kulissen möglichst diskret verteilt. Selbst Hessens Ministerpräsident Eichel hat gesagt, was er von dieser Art von Mauscheleien hält: Er sprach vom Lotto-Sumpf, und in seinem Land ist dieser beileibe nicht der tiefste. Wie sich eine Männergruppe im Saarland gegen Blicke von außen abschottet und damit zwischen Sport und Politik verquickte Interessen geheimhält, würden deutsche Politiker mit dem Etikett »Mafia« bekleben, handelte es sich um eine Männergruppe aus Sizilien oder Rußland. Wenn Banken als Treuhänder die Lotterien betreiben oder verwalten, ist die Öffentlichkeit weitgehend ausgeschlossen. In Nordrhein-Westfalen darf nicht einmal der Rechnungshof hinter die Kulissen von WestLotto blicken. Allein die Ministerien haben noch Einblick, nicht aber das Parlament. Und schon gar nicht die Tipper, die den gefräßigen Glücksspielkonzernen jährlich zwölf Milliarden Mark in den Rachen werfen.

Alle Lotteriegesellschaften werben offensiv mit dem Argument, das Spiel diene auch einem guten Zweck – und führen die Öffentlichkeit damit in den meisten Fällen an der Nase herum. Zwei Milliarden Mark Lotteriesteuer gehen an die Haushalte der Länder, jede sechste eingesetzte Mark. Daß es den Finanzpolitikern mit ihren Krakenarmen inzwischen gelungen ist, auch den größten Teil der rund drei Milliarden Mark Zweckerträge und Konzessionsabgaben in ihre Haushaltssäckel zu stecken, ist ein Skandal – nicht weil es so ist, wie es ist, sondern weil die Tipper belogen werden. Wer Toto und Lotto spielt, muß wissen: Mit seinen Einsätzen unterstützt er in den wenigsten Bundesländern gemeinnützige Ziele, sondern hilft in erster Linie den Finanzministern aus der Klemme. Beweise dafür wurden hier reichlich vorgelegt. Was not tut, ist eine effektive, wirkliche Kontrolle der staatlichen Lotterien. Mehr Demokratie, also eine Veröffentlichung aussagekräftiger Bilanzen der Unternehmen samt aller Zahlen, die hier mühsam zusammengetragen wurden, wäre der richtige Weg. Die wirklich interessanten, heiklen Ausgaben – beispielsweise Geschäftsführergehälter, Provisionen, Werbekosten, Betriebskosten – verstecken die Lotteriegesellschaften in ihren Hochglanz-Geschäftsberichten in umfangreichen Posten, meist unter dem Titel: »Sonstige betriebliche Ausgaben«.

Die Kontrolle muß sich auch auf alle Einrichtungen erstrecken, die Lotteriemittel zur freien Verfügung gestellt bekommen – von den Sportverbänden bis hin zu den Wohlfahrtsverbänden. Das Gegenteil ist derzeit der Fall. Niedersachsen fordert zwar neuerdings auch von den Wohlfahrtsverbänden Belege, warum aber nur für 60 Prozent? Alle Lotteriebeteiligten verschleiern nach Kräften die Zahlen, die weiteren Aufschluß über *die* Frage dieses Buches geben würden: Wo bleiben die Lotteriemilliarden?

Sinn des staatlich organisierten Glücksspiels soll es sein, die Wettleidenschaft der Menschen zu bändigen. Die Gesellschaften aber heizen diese Neigung durch massive Werbung und hohe Gewinnversprechen nicht nur an, sondern die wachsenden Umsätze verlocken auch offenbar einige der Beteiligten, sich auf Kosten der Tipper zu bereichern: Luxus in den Lottozentralen, Selbstbedienung durch überhöhte Gehälter vor allem bei den Managern, eine aufgeblähte Bürokratie, Günstlingswirtschaft bei der Besetzung von hohen Positionen und bei der Verteilung der Lottomittel sowie Mißbrauch derselben – die Mißstände sind hier dokumentiert und schreien nach Veränderung.

Lotterien zu verbieten macht keinen Sinn, auch wenn die bestehenden Lotteriegesellschaften und interessierte Finanzpolitiker ihrerseits das Entstehen neuer Lotterien verhindern. Auch die Prohibition hat die Alkoholsucht nicht beseitigt – im Gegenteil: Sie hat Kriminalität und Verbrechen erzeugt. Der umgekehrte Weg, Lotterien zu privatisieren, ist ebenfalls keine Lösung. Eine Kontrolle der Wettunternehmen wäre dann noch schwieriger, die Verlockung zum Betrug würde zunehmen. Die mangelnden Kontrollmöglichkeiten werden schon heute bei denjenigen Gesellschaften offenbar, die als Sondervermögen des Landes selbst die Herausgabe minimaler Informationen lediglich an das sie kontrollierende Ministerium gewähren – und das noch geschützt durch Gesetze.

Demokratischer und ehrlicher als die derzeitige Praxis in den meisten deutschen Ländern wäre es, die Lottomittel in die Haushalte der Länder einzustellen. Die Spielteilnehmer wüßten dann, wo ihr Geld bleibt und könnten sich überlegen, ob sie den Staat nicht nur mit ihren Steuern, sondern auch durch ihre Spieleinsätze zusätzlich alimentieren wollen. Gleichzeitig wäre damit die Lüge vom Tisch, Lotteriezweckerträge würden eingesetzt, um gemeinnützige Ziele zu verfolgen. Wie gesehen, trifft das nur für bescheidene Anteile am Gesamtaufkommen zu. Der Nachteil dieser Regelung liegt auf der Hand: Schnelle Hilfe für Projekte und Vereine durch eine unbürokratische Instanz wäre dann nicht mehr möglich. Aber der ausufernde Lotto-Sumpf wäre damit trockengelegt. Denn nicht nur ein paar Minister oder Funktionäre hätten dann einen Überblick über den Verbleib der Lottomilliarden, sondern deren Verwendung müßte auch im Rahmen der Haushaltsdebatten in den Landtagen diskutiert werden. Ein Königsweg ist aber auch diese Lösung nicht.

Otto Lotto hat seinen eigenen Weg gefunden. Er will wissen, was mit seinen Spieleinsätzen geschieht – ohne Wenn und Aber. Solange dies nicht geschieht, hat er beschlossen, künftig sein Geld nicht mehr zu Leuten zu tragen, die damit ihre eigenen Interessen verfolgen und sich bereichern.

Anmerkungen

1 Ossenbühl, Fritz: Rechtsfragen der Genehmigung öffentlicher Lotterien, in: Verwaltungs-Archiv 2/1986 vom 1. 4. 1995, S. 187 ff.
2 Meyer, Gerhard; Bachmann, Meinolf: Glücksspiel: Wenn der Traum vom Glück zum Alptraum wird. Berlin, Heidelberg (Springer Verlag) 1993, S. 17
3 Nutt, Harry: Chance und Glück: Erkundungen zum Glücksspiel in Deutschland. Frankfurt/M. (Fischer) 1994, S. 45
4 Gespräch mit Daniel Kreutz am 4. 3. 1998; Gespräch mit Manfred Busch am 5. 3. 1998
5 Der historische Überblick ist zusammengestellt aus verschiedenen Quellen: aus den Internet-Angeboten der Veranstalter, einer Broschüre der Toto-Lotto Niedersachsen GmbH mit dem Titel »Lotto Stories« sowie einem Jubiläumsband der Bayerischen Lotterieverwaltung: 50 Jahre Bayerische Staatslotterie. Eine Chronik der Staatlichen Lotterieverwaltung. München 11/1996
6 Alle baden-württembergischen Fälle sind dokumentiert in der Landesdrucksache Drs 11/3780
7 Oberlandesgericht Stuttgart, Urteilsbegründung vom 5. 5. 1995
8 Ossenbühl, Fritz: Rechtsfragen der Genehmigung öffentlicher Lotterien, in: Verwaltungs-Archiv 2/1986 vom 1. 4. 1995, S. 187 ff.
9 Drs. 12/1218 vom 26. 3. 1991
10 Brief vom 4. 11. 1997
11 Albers, Norman: Ökonomie des Glücksspielmarktes in der Bundesrepublik Deutschland. Berlin 1993, S. 115
12 Albers, S. 116 f.
13 Albers, S. 231
14 Drs 11/4121
15 Drs 11/4121
16 Drs 11/3596
17 Gespräch mit Klaus Sattler am 10. 6. 1998
18 OLG Stuttgart, Urteil vom 5. 5. 1995 (Geschäftsnummer 2 U 136/94/17 O 105/94)
19 Aus dem Bericht des Rechnungshofs über die Betriebsprüfung 1994, S. 74 ff.

20 Aus dem Bericht des Rechnungshofs über die Betriebsprüfung 1994, S. 76 ff.
21 Drs 11/3290
22 »Vetternwirtschaft in Stuttgart?«, in: *Frankfurter Allgemeine Zeitung,* 25. 1. 1994
23 Drs 11/3780
24 Drs 11/3609 sowie Drs 11/3363
25 Gespräch mit Wettstein am 13. 7. 1998
26 PlPr 11/47
27 PlPr 11/47, 15. 6. 1994, S. 3744 ff.
28 Zit. im Bericht des Rechnungshofs über die Betriebsprüfung 1994, erstellt auf Bitte des Landtags vom 2. 3. 1994 (Drs 11/3461)
29 Geschäftsbericht 1995
30 Gespräch mit Antje Edelmann am 17. 2. 1998
31 Brief der Geschäftsführung vom 4. 11. 1997
32 »14 Luxusautos wurden von Lotto-Gewinnern vergessen«, in: *Neue Presse,* 15. 5. 1996; »Lottospieler weiß nichts vom Glück«, in: *Braunschweiger Zeitung,* 11. 12. 1996; »Lotto online: 200 Millionen Mark Gewinne weg«, in: *Bild,* 24. 6. 1996
33 Radiointerview mit Holger Beller in »Forum West«, WDR Radio 5 vom 9. 10. 1995
34 *Die Welt,* 8. 11. 1996
35 *Braunschweiger Zeitung,* 25. 11. 1996
36 Gespräch mit Klaus Sattler am 10. 6. 1998
37 Gespräch mit Herbert John am 15. 7. 1998
38 Brief der Gesellschaft vom 4. 6. 1998
39 Lediglich der Einsatz an Geldautomaten steigt bei Arbeitslosen offenbar an, was im Sinne der Absichten des Gesetzgebers als Regulierungsbegründung dienen kann (Albers, S. 184). Zwar besuchten Arbeitslose häufiger die Pferderennbahn, aber die Höhe der Einsätze nahm dafür ab.
40 Albers, S. 128 und S. 231
41 Meyer/Bachmann, S. 1
42 Albers, S. 170 f.
43 Österreichische Lotto Toto Gesellschaft m. b. H. 1986, zitiert in: Albers, S. 199 f.
44 PlPr 11/10 vom 4. 10. 1990
45 Brief der SKL vom 8. 4. 1998 und der NKL vom 24. 3. 1998
46 PlPr 11/14 vom 13. 11. 1990
47 Brief vom 8. 4. 1998
48 *Der Kontakter,* 50/1996
49 Geschäftsbericht für das Wirtschaftsjahr 1994/95
50 Gespräch mit Peter Zerfowski am 21. 7. 1998
51 Albers, S. 97
52 Gespräch mit Daniel Kreutz am 4. 3. 1998; Gespräch mit Manfred Busch am 5. 3. 1998
53 Gespräch mit Pressesprecher Lichtenberg am 27. 5. 1998

54 Gespräch mit Herbert John am 15. 7. 1998
55 Bemerkungen 1991, S. 62
56 Protokoll der außerordentlichen Gesellschafterversammlung vom 22. 4. 1996
57 Drs 13/166
58 »Polizeipräsident gestürzt! Jetzt neues Glück als Lottochef?«, in: *Hamburger Morgenpost,* 16. 12. 1987; »Roter Filzteppich für Gobrecht«, in: *die tageszeitung,* 19. 12. 1987; »Wohin mit dem Ex-Polizeipräsidenten?«, in: *Hamburger Abendblatt,* 29. 3. 1987; »Glück ist machbar – oder: Fall und Aufstieg des Dieter H.«, in: *Welt am Sonntag,* 23. 10. 1988; »CDU: Hamburgs Bürger werden für dumm verkauft«, in: *Bild* Hamburg, 21. 10. 1988
59 »Wie teuer wird Carlot?«, in: *Hamburger Abendblatt,* 10. 9. 1990
60 Protokoll der Gesellschafterversammlung vom 15. 12. 1992
61 Drs 12/1752, 16. 7. 1991
62 »Von einem, der seine Lotto-Millionen ohne Tippschein macht«, in: *Die Rheinpfalz,* 21. 9. 1996
63 »Die satten Gewinne der Lottoherrscher«, in: *Süddeutsche Zeitung,* 13. 10. 1995
64 SWF 4, Rheinland-Pfalz-Echo, 19. 5. 1995
65 »Mehrere Millionen dem Sport entzogen«, in: *Allgemeine Zeitung,* 20. 5. 1995; »Lotto-Chef Weiler verzichtet auf Tantiemen«, in: *Die Rheinpfalz,* 28. 6. 1995; »Zu hohe Gehälter bei der Sport-Toto«, in: *Allgemeine Zeitung,* 6. 10. 1995; »SWF: Rechnungshof-Kritik an Sport-Toto-Gesellschaft«, in: *Allgemeine Zeitung,* 6. 10. 1995; »Geburtstagsempfang für mehr als 18 000 Mark«, in: *Allgemeine Zeitung,* 11. 10. 1995; Jahresbericht 1994 des Rechnungshofs, Drs 12/6600
66 »Abschied wurde mit Tantiemen versüßt«, in: *Trierischer Volksfreund,* 13. 9. 1996
67 »Wirbel um Sportbund-Präsident«, in: *Mannheimer Morgen,* 21. 9. 1996
68 PlPr 12/117, 27. 9. 1995, S. 9064
69 »Land will Kontrolle beim Lotto«, in: *Allgemeine Zeitung,* 24. 10. 1996
70 Gespräch mit Sarrazin am 23. 7. 1998
71 Brief der Geschäftsführung der Sport-Toto GmbH Staatliches Zahlenlotto Rheinland-Pfalz vom 24. 6. 1998
72 Gespräch mit Ise Thomas am 10. 2. 1998
73 »Ich werde meinen Regierungsstil ein bißchen ändern«, in: *Frankfurter Allgemeine Sonntagszeitung,* 23. 1. 1994
74 PlPr 13/75, 30. 9. 1993, S. 4377 ff.
75 »Unnötige Abfindung zu Lasten des Landes«, in: *Frankfurter Allgemeine Zeitung,* 28. 9. 1995
76 »Hans Eichels Versuch eines Befreiungsschlages«, in: *Frankfurter Rundschau,* 14. 1. 1994
77 »Kräftiger Gehaltsaufschlag für den neuen Lotto-Chef«, in: *Darmstädter Echo,* 11. 1. 1994
78 Gespräch mit Rückel am 26. 1. 1998

79 »Beziehungsgeflecht entwirren«, in: *Frankfurter Allgemeine Zeitung,* 12. 1. 1994
80 »Dreifacher Befreiungsschlag«, in: *Frankfurter Rundschau,* 13. 1. 1994
81 PlPr 13/85, 26. 1. 1994, S. 4994
82 PlPr 13/101, 13. 9. 1994, S. 5909
83 48. Sitzung des Haushaltsausschusses vom 9. 11. 1994
84 Sitzung des Haushaltsausschusses vom 9. 11. 1994; »Skandalverträge: Lotto-Bosse kassierten auch CDU-Kanther ab«, in: *Bild,* 25. 1. 1994. Bericht des Untersuchungsausschusses 13/2, Drs 13/7082 vom 14. 12. 1994. – Die Fraktionen der CDU und der FDP gaben je einen abweichenden Bericht zu Protokoll. Das heutige Finanzministerium in Hessen unter Weltekes Nachfolger Karl Starzacher sieht »keinen zeitlichen Zusammenhang« mehr zwischen der Vertragsverlängerung Dumschats und der Bestellung Wolfgang Pralles zum Bezirksgeschäftsführer (Gespräch mit Pressesprecher Thomas Kreuder am 6. 3. 1998).
85 HHA 13/48, 9. 11. 1994
86 Fax des Ministeriums für Finanzen und Energie vom 11. 3. 1998
87 Gespräch am 22. 1. 1998
88 Drs 11/4121
89 *Bild am Sonntag:* »Skandal um Lotto-Direktoren«, 4. 1. 1998. Nach dem Artikel in *Bild am Sonntag* führte *Die Tabak-Zeitung* die Diskussion fort: »Die Lotto-Annahmestellen müssen endlich ihren gerechten Lohn erhalten« (9. 1. 1998), und: »Reißerisch aufgemacht mit Halbwahrheiten und Spekulationen« (16. 1. 1998)
90 Gespräch mit Rückel am 26. 1. 1998
91 Gespräch mit Germar am 22. 1. 1998
92 Gespräch mit Thielen am 23. 1. 1998
93 Protokoll der 147. Sitzung des Aufsichtsrats vom 26. 2. 1985 in Stuttgart
94 Allerdings behilft sich Baden-Württemberg mit dem Einsatz einer größeren Zahl von Teilzeitkräften, wobei die Personalkosten insgesamt nur das Doppelte dessen ausmachen, was Saartoto ausgibt.
95 Gespräch mit Sarrazin am 23. 7. 1998; Protokoll der Rechnungsprüfungskommission vom 28. 10. 1996
96 »Lotto-Geschäftsführer bekam doch Abfindung«, in: *Frankfurter Allgemeine Zeitung,* 7. 1. 1994; »Eichel hält in ›Lotto-Affäre‹ an Staatssekretär Geske fest«, in: *Frankfurter Allgemeine Zeitung,* 11. 1. 1994
97 Drs 11/4121; Ossenbühl, Fritz: Rechtsfragen der Genehmigung öffentlicher Lotterien, in: Verwaltungs-Archiv 2/1986 vom 1. 4. 1995, S. 187 ff.
98 *Frankfurter Allgemeine Zeitung,* 22. 1. 1994
99 Brief vom 7. 5. 1997
100 PlPr 01/0009, 29. 1. 1991
101 Drs 1/99: Entwurf eines Gesetzes zur Umwandlung von Lotto und Toto in eine Staatslotterie
102 Drs 1/3231
103 Brief des Innenministeriums vom 4. 3. 1997

104 Brief des Staatssekretärs im Ministerium der Finanzen, Ingolf Deubel, vom 3. 3. 1998
105 Mehrere Gespräche am 6. 3. 1998
106 Gespräch am 16. 3. 1998
107 1. Lesung am 11. April 1991
108 Der Abgeordnete Norbert Roske (Bündnis 90/Die Grünen) am 9. 7. 1997 im Landtag. PlPr 13/88, S. 8710
109 Bericht des niedersächsischen Landesrechnungshofs 1993 zur Haushalts- und Wirtschaftsführung, 4. 5. 1993, LT-Drs 12/4820, S. 150 ff.
110 *Berliner Morgenpost,* 21. und 22. 9. 1994
111 Protokoll der Mitgliederversammlung vom 14. 1. 1995
112 So in der *Berliner Morgenpost,* 4. 5. 1995
113 Parlamentssitzung vom 7. Februar 1991
114 Protokoll der Verwaltungsratssitzung vom 4. 7. 1995
115 Gespräch mit Monika Zimmermann am 22. 7. 1998; Zimmermann, Monika: »Die Kunst gewinnt beim Glücksspiel«, in: *Der Tagesspiegel,* 10. 6. 1996; dies.: »Mächtiger Kanzler, schmächtiges Zelt«, in: *Der Tagesspiegel,* 17. 6. 1997; dies.: »Der Zeitgeist-Skandal«, in: *Der Tagesspiegel,* 15. 11. 1996; Ruthe, Ingeborg: »Zeitgeist und Kontrolle«, in: *Der Tagesspiegel,* 21. 11. 1996;
116 Telefonat am 5. 2. 1997
117 »Der Kandidat der guten Beziehungen«, in: *die tageszeitung,* 9. 4. 1997
118 In einer Stellungnahme zur 11. mündlichen Anfrage des Abgeordneten Klein (PDS) vom 23. 5. 1996 über das umstrittene Bismarck-Denkmal, für das Lottogelder ausgegeben wurden
119 Rose, Mathew D.: Berlin: Hauptstadt von Filz und Korruption, München 1997
120 Gespräch mit Rilling am 8. 7. 1998
121 Gespräch mit Friedhelm Wachs am 24. 6. 1998
122 Gespräch am 15. 7. 1997 im Landtag
123 Anträge werden in Sachsen-Anhalt in der Lotto-Toto GmbH durch die Geschäftsleitung vorgeprüft. Zusammen mit dem Votum des Geschäftsführers und Stellungnahme der Fachministerien und -verbände erarbeitet der Beirat Vorschläge für den Aufsichtsrat, der diese meist absegnet. In der Praxis sieht das meist so aus, daß die Ministerien den Antrag entweder ablehnen oder in voller Höhe befürworten. Der Geschäftsführer empfiehlt meist eine reduzierte Summe, die dann meist vom Beirat erneut gemindert wird. Äußerst selten gelingt es einem Antragsteller, den vollen Umfang seines Antrags bewilligt zu bekommen. Direkt durch den Geschäftsführer vergeben werden Mittel für Projekte bis 10 000 Mark – jährlich noch einmal rund sechs Millionen Mark.
124 Laut Aufsichtsratsprotokoll vom Mai 1994; in den darauffolgenden Jahren wurden nur noch die Vergütungen für die Aufsichtsratsmitglieder angegeben.
125 Telefonat mit Dieter Roßmann am 22. 10. 1997
126 Drs 2/1118, 1. Beratung im Thüringer Landtag, 40. Sitzung, 19. 6. 1996 sowie 2. Beratung, 43. Sitzung, 5. 9. 1996

127 Die Volkstanz- und Trachtengruppe Brotterode e. V. bekam 9000 Mark für Trachten, »die Hühner« (so ihr Anrufbeantworter, der sich einschaltet, wenn sie »nicht auf der Stange sitzen«) Ute und Frank Huhn für den Kulturkreis e. V. Steinbach-Hallenberg »Heimatliches Brauchtum im Haselgrund« ebenfalls für Trachten 13 500 Mark, die Kindertrachtengruppe der evangelischen Kirchengemeinde Seligenthal 20 000 Mark, die Teenie Dancers Kostüme für 15 000 Mark, die Blaskapelle Kleinschmalkalden für eine Beschallungsanlage 4500 Mark. Die Schwallunger Blasmusik e. V. brauchte eine Vereinsfahne für 6000 Mark, das Staatliche Gymnasium Schmalkalden schaffte sich mit 4000 Mark aus dem Lottotopf Musikinstrumente an, und die Kirchengemeinde Haindorf richtete ein Jugendzentrum ein (20 000 Mark). Schließlich erhielt noch die Sportgemeinschaft Springstille e. V. 10 000 Mark für »Innenausstattung des Sportlerheimes, für Festzelt, für Ehrungen, Pokale und Erinnerungsgeschenke«.

128 Aus einer Selbstdarstellung im Internet

129 Geschäftsbericht 1996, abgedruckt im Bundesanzeiger, 21. 6. 1997

130 »Der letzte Topf für gute Taten«, in: *Berliner Zeitung,* 4. 9. 1997

131 Gespräch mit Frank Gregor am 16. 2. 1998; Gespräch mit Alexander Popitz am 18. 2. 1998

132 Brief des Pressesprechers des Innenministeriums vom 18. 2. 1998

133 Die Gespräche mit Kenneth Frisse fanden am 29. 1. und 11. 2. 1998 statt.

134 Mit fünf Geschäftsstellen bildet die T.IN.A zusammen mit den sieben Technologietransferstellen an den Hochschulen, vier bei den Handwerkskammern und fünf Service- und Beratungszentren bei den Kammern ein Netz von Technologie-Infrastruktureinrichtungen. In den letzten sechs Jahren hat ihr die Landesregierung etwa 200 Millionen Mark Fördermittel geschenkt. In der Konzeption sind für Brandenburg sechs Technologiesektoren definiert, von denen man sich besondere Chancen im Wettbewerb erhofft: Produktionstechnologie, Managementmethoden, Softwaretechnologie, Werkstofftechnologie, Mikrotechnologie und Biotechnologie. Sechs Technologie-Initiativkreise wurden gegründet.

135 Die Liste des Mißbrauchs von Lottomitteln für Wirtschaftsförderung aus dem Ministerium Dreher ließe sich beliebig verlängern: Für 69 516,30 Mark durfte sich die Berliner Gesellschaft für zukunftsorientierte Berufsförderung mbH um den »Aufbau wirtschaftlicher Kooperation Brandenburger Unternehmen mit Unternehmen der Region Dnjepropetrowsk/Ukraine« kümmern. 66 000 Mark erhielten zwei weitere GmbHs für ein Gutachten zum Projekt »Konversion als Wirtschaftsfaktor im Land Brandenburg«. Dabei gehe es, so Frisse, um die »Umnutzung ehemaliger militärisch genutzter Flächen«, also um »Altlasten, Altlasten und noch mal Altlasten«. Das Gutachten nutze das Ministerium »als Grundlage unserer Arbeit«. Selbstverständlich waren all diese Maßnahmen für die Wirtschaft Brandenburgs aus dem Lottotopf finanziert.

136 Auch im Saarland werden die Ministerien gelegentlich umgeschichtet. In der Legislaturperiode 1994 bis 1999 betreute Christiane Krajewski das aus zwei

Ministerien zusammengelegte Ministerium für Wirtschaft und Finanzen, Henner Wittling übernahm am 18. 9. 1996 das Ministerium für Bildung, Kultur und Wissenschaft von Diether Breitenbach, das bis 1994 ebenfalls noch in ein Ministerium für Bildung und Sport (Ministerin: Marianne Ganz) und für Wissenschaft und Kultur (Minister: Breitenbach) aufgeteilt war.

137 Ausschuß für Bildung, Kultur und Wissenschaft, Niederschrift der Sitzung vom 16. 4. 1997

138 Sitzung vom 16. 10. 1997

139 Sitzung des Landtags vom 16. 10. 1997

140 Gespräch mit Ulrike Jungmann am 24. 4. 1997

141 Drs 10/1869

142 Drs 10/1869 vom 21. 3. 1994. Beim angesprochenen Fall dürfte es sich um den früheren Finanzminister Ferdi Behlers handeln, der bis 1979 saarländischer Totochef war.

143 »Fette Pfründe bei Oskar«, in: *Focus* 4/1997

144 Interner Aktenvermerk einer Besprechung im Finanzministerium am 16. 6. 1993 mit Datum vom 21. 6. 1993

145 »Vor Konkurs? Scherhag fehlen 25 Millionen«, in: *Saarbrücker Zeitung,* 15. 4. 1997

146 »Saartoto in der Pflicht«, in: *Saarbrücker Zeitung,* 10. 3. 1998, und: »Schmilzt das Eis für immer?«, in: *Saarbrücker Zeitung,* 25. 3. 1998

147 »Bericht über die Prüfung der Verschmelzung der Saarlandhalle GmbH, Saarbrücken, und der Kongreßhalle Betriebs GmbH, Saarbrücken« vom 18. 7. 1995

148 Gespräch mit Monika Loncar am 24. 7. 1998

149 Gespräch mit Gerd Meyer am 26. 6. 1998

150 46. Sitzung des Landtags des Saarlands am 16. 10. 1997 sowie 54. Sitzung vom 25. 3. 1998

151 Gespräch mit Reinecke und Rosenkötter am 15. 1. 1998

152 Aus dem Protokoll der Versammlung

153 Protokoll der Rechnungsprüfungskommission vom 28. 10. 1996

154 PlPr 13/86, 18. 6. 1997, S. 8547

155 Gespräch mit Wendelin Müller-Blattau am 13. 2. 1998

156 Gespräch mit Andreas von Randow am 25. 3. 1998

157 Gespräche mit Schmidt, Kähler und Sfeir-Semler am 23. und 24. 3. 1998 in Kiel

158 Gespräch mit Magnus Staak am 25. 3. 1998

159 Gespräch mit Christoph Munk am 24. 3. 1998

160 Gespräch mit Hans-Werner Schmidt am 15. 1. 1998

161 Kleine Anfrage des Abgeordneten Albert Eckert vom 15. 5. 1992, beantwortet durch den Senat am 20. 8. 1992

162 »Vorhang zu, Fragen offen«, in: *Zitty* 17/1997

163 Drs 11/5283 vom 23. 2. 1993

164 Drs 11/3679 vom 13. 3. 1989

165 Gespräch mit Bernhard Schmidt-Ruhe am 2. 2. 1998

166 Zwei Gespräche mit Schütte am 6. 2. 1998

167 Die Vergabeliste der Ministerin für Arbeit, Soziales, Gesundheit und Frauen, Regine Hildebrandt, ist die längste von allen: von der Eberswalder Frauengruppe HIBBZ Eberswalde e. V. bis zum Mostar-Friedensprojekt e. V. Potsdam, von der European Age Generation e. V. zu Potsdam bis zum Friedensdorf Storkow e. V. – alle profitieren sie von Hildebrandts Lottomitteln. 234 Projekte bekamen 1995 und 1996 aus ihrer Hand, die zuvor in den hauseigenen Lottotopf gegriffen hatte, ein Almosen. Auch das eigene Haus vergißt sie nicht: Als das Versorgungswerk des Landes, das sogenannte Versorgungsamt, an die Ruinenbergkaserne zog, gab es ein Problem. »Damit die Behinderten da hinein können«, so Potsdams Tiefbauamtsleiter Peter Lohrenz, habe er eine Bushaltestelle neu einrichten müssen. Außerdem war der Gehweg zu reparieren. »Wegen der kurzfristigen Entscheidung waren keine Mittel da. Ich habe deshalb einen Antrag auf Lottomittel gestellt.« Und siehe da: Das Sozialministerium genehmigte. Heute stehen am Voltaireweg zwei Haltestellen, und der Weg ist frisch geteert. 80 Prozent der Kosten für die Haltestellen bezahlte, wie sich das gehört, das Land aus Steuermitteln, den zwanzigprozentigen Eigenanteil der Stadt Potsdam, 26 100 Mark, übernahm die Lottokasse, die Kosten für den Gehweg, 83 200 Mark, in voller Höhe. Aber was interessieren Frau Hildebrandt Gesetze, wenn es zu helfen gilt? Und außerdem bleibt das Geld ja so gut wie im eigenen Haus: Das Versorgungsamt untersteht dem Hildebrandt-Ministerium.

168 Gespräch mit Helga Ramp am 29. 1. 1998. Die Stiftung sitzt im Hause des Ministeriums für Arbeit, Soziales, Gesundheit und Frauen in der Potsdamer Heinrich-Mann-Allee 103. Die Frage, ob die Stiftung Miete ans Ministerium zahle, beantwortete Ramp zunächst so: »Wir kriegen Rechnungen.« Wie hoch? »In der üblichen Größenordnung.« Woraus die bezahlt werden? »Aus den Erträgen des Fonds.« Eine Nachfrage beim Ministerium ergab eine gegenteilige Auskunft: »Die Stiftung zahlt keine Miete für die Nutzung von Räumen.« Auf Nachfrage wollte sich die Geschäftsführerin nun nicht mehr an ein Gespräch erinnern, das 14 Tage zuvor stattgefunden hatte. Auf neuerliche Nachfrage (16. 2. 1998) sprach Ramp von einem »Mißverständnis«. Die Stiftung arbeite »mietfrei« im Ministerium.

169 Jungmann, Michael: »Saartoto läßt in fremden Revieren grasen«, in: *Saarbrücker Zeitung*, 9. 1. 1995

170 Gespräch mit Peter Zerfowski am 21. 7. 1998

171 Ablehnungsbescheid des bundesweiten Antrags vom 17. 11. 1995 und IM LI-12251/192 vom 7. 6. 1996, abgedruckt in einer Dokumentation der Arbeitsgemeinschaft.

172 Brief des Innenministeriums Hannover an den Innensenator von Hamburg vom 13. 8. 1996

173 Brief an das niedersächsische Innenministerium vom 13. 11. 1997

174 Landtag von Mecklenburg-Vorpommern, Drs 2/3883

175 Vertragsentwurf vom 3. 3. 1997 sowie Fax von O. Popinga an einen Beamten des Innenministeriums vom 13. 6. 1997, nachgedruckt in einer Dokumentation der Arbeitsgemeinschaft

176 § 6 des Vertragsentwurfs NDR/TLN vom 14. 2. 1997, wiedergegeben in einer Dokumentation der Arbeitsgemeinschaft
177 Protokoll der Lotteriereferententagung in Potsdam vom 11./12. 11. 1996; Innenministerium Nordrhein-Westfalen vom 29. 8. 1996; hessisches Innenministerium vom 29. 10. 1996; Finanzministerium, Notiz vom 5. 3. 1997, S. 8. Alle Papiere sind in einer Dokumentation der Arbeitsgemeinschaft wiedergegeben.
178 Gespräch mit Eich am 3. 7. 1998
179 »Hessen drängt auf Verbot professioneller Lottogemeinschaften«, in: *Welt am Sonntag,* 9. 4. 1995
180 PlPr 13/85, 30. 5. 1997, S. 8478
181 PlPr 13/86, 18. 6. 1997, S. 8549
182 PlPr 13/85, 30. 5. 1997, S. 8481, sowie: PlPr 13/88, 9. 7. 1997, S. 8735
183 PlPr 11/5, S. 363 f., 22. 10. 1986
184 PlPr 6/11, S. 453, 23. 10. 1986
185 PlPr 13/88, 9. 7. 1997, S. 8741
186 Die Internet-Seite der Stiftung nannte 1998 als »Ansprechpartner: Herr/Lutz Bardelle/Planckstrasse 2 /Niedersächsische Staatskanzlei.«
187 PlPr 13/86, 18. 6. 1997, S. 8547
188 Drs 12/5641
189 Nutt, S. 36
190 Nutt, S. 59
191 Gespräch mit Gansäuer am 16. 7. 1998

Register

Sachregister